Skills in Gestalt Counselling & Psychotherapy
(Third Edition)

格式塔咨询与治疗技术
（第三版）

［英］菲尔·乔伊斯　　夏洛特·西尔斯／著
　（Phil Joyce）　　（Charlotte Sills）

叶红萍 等／译　　李　鸣／审校

中国轻工业出版社

图书在版编目(CIP)数据

格式塔咨询与治疗技术：第三版／(英)乔伊斯
(Joyce, P.) 等著；叶红萍等译. —北京：中国轻工业
出版社，2016.10（2024.7重印）

ISBN 978-7-5184-1010-1

Ⅰ.①格… Ⅱ.①乔…②叶… Ⅲ.①完形心理学
Ⅳ.①B84-064

中国版本图书馆CIP数据核字（2016）第150857号

版权声明

English language edition published by SAGE Publications of London, Thousand Oaks, New Delhi and Singapore, © Phil Joyce & Charlotte Sills, 2014

保留所有权利。非经中国轻工业出版社"万千心理"书面授权，任何人不得以任何方式（包括但不限于电子、机械、手工或其他尚未被发明或应用的技术手段）复印、拍照、扫描、录音、朗读、存储、发表本书中任何部分或本书全部内容，以及其他附带的所有资料（包括但不限于光盘、音频、视频等）。中国轻工业出版社"万千心理"未授权任何机构提供源自本书内容的电子文件阅览、收听或下载服务。如有此类非法行为，查实必究。

责任编辑：戴　婕　　　责任终审：杜文勇
策划编辑：阎　兰　　　责任校对：刘志颖　　　责任监印：吴维斌

出版发行：中国轻工业出版社（北京鲁谷东街5号，邮编：100040）
印　　刷：三河市鑫金马印装有限公司
经　　销：各地新华书店
版　　次：2024年7月第1版第6次印刷
开　　本：710×1000　1/16　印张：27
字　　数：252千字
书　　号：ISBN 978-7-5184-1010-1　定价：78.00元
读者热线：010-65181109
发行电话：010-85119832　　010-85119912
网　　址：http://www.chlip.com.cn　　http://www.wqedu.com
电子信箱：1012305542@qq.com
版权所有　侵权必究
如发现图书残缺请拨打读者热线联系调换
240621Y2C106ZYW

译　序

格式塔治疗是一种以现象学为指导的存在主义治疗，由 Fritz Perls 在 20 世纪 40 年代创建。此后，经过半个世纪的理论探索和临床实践，格式塔治疗已成为主要的心理治疗流派之一。目前，世界上至少有 60 多个格式塔治疗机构，并且还在不断蓬勃发展。最近几年，国内格式塔治疗的培训和应用也如雨后春笋般地迅速发展，其临床应用价值也正得到越来越多治疗师的关注与认可。

格式塔心理治疗的许多概念与传统心理治疗迥然不同，但却被许多心理治疗流派所接受。格式塔治疗的总体目标是认识自我、外在世界以及自我与外在世界的联系，最终促进个体全身心地投入到此时此地的生活，并能根据当前的需要创造性地做出调整，增进个体健康和活力。格式塔治疗的治疗理念概括如下：首先，人都有能力处理好自己的事情，心理治疗鼓励来访者主动承担责任，发掘个人资源和潜能；其次，人应该将注意力聚焦在此时此地，而不应僵化地固守过去行之有效的适应模式；最后，使人积极面对现实并健康成长的一个重要手段，就是帮助他完成未完成事件，以排除过去未完成事件对此时此地的干扰。格式塔的干预技术可谓是独具特色、灵活细腻，颇富创造力，例如现象学探索、觉察力提升、躯体工作、试验、梦的工作、接触调整，等等。在临床治疗中，格式塔治疗的理念和技术两者相辅相成，缺一不可，是确保治疗效果的基本保障。

时隔十年，我有幸再次担任《格式塔咨询和治疗技术》（第三版）的主译工作。经过十年的咨询实践，我对格式塔治疗的理论和技术有了更深刻的领悟和体验。在翻译的过程中，一边阅读，一边反思，常常会不由自主地联想到我过去或目前正在干预的个案。每当想到如何将笔尖的格式塔治疗理念和技术用以增进对个案的理解和干预时，我总忍不住有拍案叫绝的冲动和兴奋。确实，本书为心理咨询师理解和干预个案提供了广阔的视角，其最大的优点是理论架构清晰，实践操作性强。全书汇集众多著名的格式塔治疗师和培训师多年的实践经验，全面系统地讲解了格式塔治疗的基本理念和特定技术。此外，为帮助读者更好地理解和掌握格式塔治疗技术，本书每个章节都穿插了各类体验练习和案例。最值得一提的是，本书第三版在前两版的基础上又新增两大部分的内容，分别介绍格式塔治疗如何应对常见的临床挑战（例如创伤治疗、危机评估、抑郁和焦虑治疗等），以及格式塔治疗在特定情形下的应用（例如跨文化咨询、短程咨询等）。

本书共分为三个部分二十五章。第一部分为格式塔治疗的技术，第二部分为应对挑战，第三部分为格式塔在特定背景下的应用。本书的翻译由以下人员完成：叶红萍（序、1～9章），缪小幼（17～23章、25章），杨帆（10～16章、24章）。全书由我统稿，我的导师李鸣教授负责审校。谨此特别感谢李鸣教授在百忙之中为本书投入的大量时间和精力，他严谨的治学风格、广博的学科知识保证了译文的信实和流畅。

最后，我真诚地希望本书对读者的个人成长和专业成长都会有所帮助。翻译中如有不确切之处，还望有识者不吝赐教。

叶红萍

2015年12月　苏州

关于作者

  Phil Joyce 是英国伦敦西区的一名治疗师、督导师、培训师及顾问。1979 年至今他在不同的心理卫生机构从事临床心理治疗与咨询工作。作为伦敦的注册精神科社会工作者，Phil Joyce 在临床多学科小组团队中工作，在对心理障碍人群的治疗方面积累了相当丰富的经验。同时，他也是伦敦 Metanoia 学院格式塔治疗理学硕士课程的首席教练和整合治疗方案的客座教师。近 15 年来，作为格式塔协会的核心成员，Phil Joyce 一直活跃在各种国际性会议与论坛上。Phil Joyce 一直致力于心理健康事业的发展，最近几年尤其专注于创伤治疗的探索与研究，并正式成为眼动脱敏与再加工（EMDR）的督导师与咨询师。此外，他也关注人类体验中的超个人因素。他发现，格式塔理论为创伤治疗和超个人心理学提供了一个崭新而独特的视角。

  Charlotte Sills 是英国皇家精神心理咨询协会的注册心理治疗师，私人执业，同时也是多家机构的督导师、培训师及顾问。1979 年执业至今，作为英国心理咨询与治疗协会高级注册督导师，她主要负责沟通分析（Transactional Analyst）的教学与督导工作。此外，她还是英国米德尔塞克斯郡大学的客座教授和伦敦 Metanoia 学院的教师，在 2007 年之前，她一直承担部分该学院的领导工作。她的另一个兴趣是关注治疗与培训的双重作用。此外,她还是英国赫特福德郡阿什里奇商学院执行教练组的导师之一。

Charlotte Sills 认为所有人类系统——从关系到机构组织——都离不开关系中的人。她把格式塔治疗看成是发展并促进有效、生动的人际关系的理想途径。

Charlotte Sills 出版过大量心理咨询与治疗的书籍,其中包括与 Phil Lapworth 和 Billy Desmond 合著的《格式塔疗法入门》(*An Introduction to Gestalt*,2012)以及与 Erik de Haan 合编的《培训关系》(*Coaching Relationships*,2012)

序 言

格式塔咨询与治疗技术——概述

这是一本实践用书。1999 年，我们在准备本书第一版本的时候，这样写道：

我们意识到，用于格式塔治疗培训和督导的经典理论及哲学著作汗牛充栋，而关于格式塔临床实践技术的著作却是凤毛麟角。即便有一些技术和技巧的泛泛描述，也犹如隔靴搔痒，没能为求知欲旺盛的读者提供系统全面的论述。不管是初学者还是老学员，当他们面对临床实践的困境时，对格式塔治疗的诸多概念仍感到困惑迷茫。他们往往无法确定对一场成功的格式塔治疗而言，其基本要领是什么，比如如何进行初始访谈，如何评估来访者的自杀风险，如何作出诊断，如何对躯体进行干预，如何处理伦理道德上的难题和如何进行结束访谈，等等。我们的目的则在于论述作为格式塔治疗师所需的特定技术，以便完成上述任务。比如，如何处理未完成事件，如何觉察躯体反应，如何"消除"内射或如何形成诊断。当然，我们也意识到片面强调技术的危险性。公众和某些专业人士往往对格式塔治疗存在刻板印象，认为它只不过是一些技术的简单拼凑，甚至认为仅仅有两项技术（击打软垫和空椅技术）。因此，我们特别强调，首先，格式塔咨询与治疗完全以生活理念和生活实践的整体哲学为依据。其次，格式塔治疗确实拥有自己特定的技术和技巧。

当准备本书第三版本时，我们发现上述描述依然非常适用。只是与之前版本相比，本书在如下诸方面还是有着显著的不同的。

- ◆最近十年，神经科学和发展心理学的大量实证研究结果为格式塔理论和临床实践提供了生理学证据。这些研究结果中，首要的重大发现便是人类大脑早期发育与自我意识的重要联系，以及人际关系与人际接纳对个体健康的深远影响。这一重大发现促使心理治疗更多地关注治疗中主体间关系以及共同创建的治疗关系——这也是格式塔治疗始终关注的焦点。另一重大发现是成人大脑的持续可塑性（或学习能力）。研究证明，贯穿人生始终的任何实验（格式塔的另一个核心概念）都有助于行为的改变和塑造。
- ◆如今，神经科学研究进一步证实了觉察（格式塔的核心概念）的价值，它作为正念技术而被整合入许多现代的心理治疗方法之中。
- ◆人们越来越关注心理健康的生活及其过程，尤其是积极心理学倡导的心理复原力、感恩、乐观等价值观念。这促使我们把寻求优势资源作为应对困难或保持适应的重要条件（参见第七章、第八章）。
- ◆无论是关注费用的医疗保险机构，还是英国国家卫生与临床优化研究所的指导手册，都不断要求评估心理治疗的疗效应具有实证依据。
- ◆抑郁障碍、焦虑障碍、儿童创伤以及各种精神疾病，其发病率呈整体上升趋势。

观念转变

新版本尤为关注格式塔治疗与其他心理治疗方法之间的联系与差异。最近二十年,不管是社会政治领域,还是整个心理治疗领域都正在产生变革。这种变革被称为"关系转变",或是从最初把人类看成具有生物需要和本能冲动(驱力理论)的单独个体发展到目前被看成与环境相互依存的生命体。这一转变也促使心理治疗师,包括我们,在实践中探索和发展关系理念(这一理念与两人互动的观点较为一致)。

然而,在探索提高治疗技术的效率时,还必须关注其实际操作性。来访者的问题——往往在咨访二人的互动过程中被激发——但常常是其内心被扰动的结果,治疗师不应该忽视从咨访互动的视角去理解来访者的问题。来访者问题的最初形成无疑与环境有关,但是,在咨访互动中,他的问题无疑又反映出其自身问题。这在创伤治疗中显得尤为重要,具体分析将在第二十章、第二十一章阐述。

换言之,治疗师或治疗过程会激起来访者的某些特定反应,这些特定反应也许与治疗师本身并无直接关系,在治疗中所唤醒的是与来访者早年创伤经历或生活环境相关的体验。

在这一版中,我们希望在上述两种时间状态之间架起方法学的桥梁,整本书我们都会在当前和过去的两种状态中来回穿梭,尤其是在本书的第二部分,我们将着重阐述来访者在创伤和冲突过程中的自我形成与发展。

用词说明

首先,整本书我们将交替使用"她""他"以及令人费解的"他们"来指代来访者,在案例中,我们通常会选择让咨询师和来访者呈现不同的性别。这纯粹是为了使表述更为清晰。此外，我们还会混合使用咨询/治疗、咨询师/治疗师来泛指治疗场景，因为我们认为本书所指的技术广泛适用于各种治疗情形，也可用于各种培训项目。通常，治疗形式的不同只存在于治疗合同的差异、会谈的频率和疗程的差别。

其次，正如我们先前提到的，片面强调技术具有危险性，过度缜密的技术可能导致读者对格式塔治疗的误解。大多数格式塔概念聚焦于生命个体与其自身或他人（包括环境）"保持接触"的方式。之所以在*保持接触*上加引号，是提醒读者：一旦运用语言来描述体验，就势难避免在体验与体验者之间造成对立。而我们想表达的是，个体都生活于其体验中并"拥有"自己的体验。格式塔治疗关注体验的性质——是否完整、是否被充分觉察、是否强烈，或是否无意识、或被割裂、或一知半解？对某一时刻的格式塔技术和方法的描述难免会误导读者把瞬息万变的基本体验过程误读成一成不变的状态；为此，我们提前致歉。

为讲解格式塔治疗的技术和技巧，我们汲取了许多格式塔先驱者（接下来的章节我们会陆续提到他们）多年的培训和指导经验。在讲解课程的发展过程中（这与格式塔所倡导的实践出真知的传统一致），我们必然会从格式塔同行那里吸收与整合一些新观点和新技术。因此，我们提到的技术与观点很可能来源于其他格式塔治疗师或培训师。在本书中我们难免会疏忽而没有提及这些富有影响力的人，在此，我们也深表歉意，同时，我们诚挚地感谢所有格式塔治疗师为本书提供的丰富灵感与宝贵资源。

最后，我们要感谢 SAGE 出版社的工作团队以及丛书编辑 Francesca Inskipp 的辛勤工作。当然，我们还要特别感谢所有参加我们培训与督导的学员所给予我们的反馈与挑战，我们还要感谢所有的来访者，感谢他们毫不保留地让我们分享他们的经历和痛苦。

目 录

译　序 ·· i
关于作者 ··· iii
序　言 ·· v

第一部分　格式塔治疗技术 ··· 1

第一章　治疗的准备 ·· 3
第二章　现象学与场理论 ·· 20
第三章　觉察 ··· 40
第四章　治疗关系的建立 ·· 58
第五章　评估与诊断 ··· 72
第六章　治疗注意事项 ··· 93
第七章　加强支持 ··· 105
第八章　羞愧 ·· 116
第九章　实验 ·· 129
第十章　接触风格：接触和极性的调整 ···································· 145
第十一章　未完成事件 ··· 166
第十二章　移情与反移情 ·· 178

第十三章　躯体过程 ………………………………………… 201
第十四章　梦的工作 ………………………………………… 216
第十五章　自我督导 ………………………………………… 225
第十六章　治疗旅程的终结 ………………………………… 230

第二部分　应对挑战 …………………………………………… 245

第十七章　风险评估与应对 ………………………………… 247
第十八章　发展优势资源 …………………………………… 260
第十九章　抑郁与焦虑 ……………………………………… 277
第二十章　创伤（上）：评估与稳定 ……………………… 306
第二十一章　创伤（下）：加工与整合 …………………… 321

第三部分　格式塔治疗技术在特定背景下的运用 …………… 341

第二十二章　短程治疗 ……………………………………… 343
第二十三章　反思：格式塔治疗的研究 …………………… 356
第二十四章　文化和伦理的差异 …………………………… 375
第二十五章　灵性咨询 ……………………………………… 389

参考文献 ………………………………………………………… 398

第一部分
格式塔治疗技术

PART ONE

GESTALT
THERAPY
IN
PRACTICE

第一章　治疗的准备
第二章　现象学与场理论
第三章　觉察
第四章　治疗关系的建立
第五章　评估与诊断
第六章　治疗注意事项
第七章　加强支持
第八章　羞愧
第九章　实验
第十章　接触风格：接触和极性的调整
第十一章　未完成事件
第十二章　移情与反移情
第十三章　躯体过程
第十四章　梦的工作
第十五章　自我督导
第十六章　治疗旅程的终结

第一章 治疗的准备

我们认为，有效的格式塔治疗必须具备以下五个特征：

1. 聚焦于此时此地的体验（通过觉察、现象学探索以及改变的悖论）；
2. 坚持关系共建的视角；
3. 提供对话式关系；
4. 场理论的观点；
5. 对生活和治疗关系的创造性和实践性思维。

在整本书中，我们将深入探索这五个方面。我们假设读者对格式塔理论有所掌握，因此，我们将尽可能减少对理论的阐述（关于格式塔理论的详尽介绍，请参见本章最后的推荐书目）

我们决定先谈格式塔治疗的第一步，这也是所有咨询或治疗展开之前所必需的准备阶段。这一章主要用于初学者的培训，包括以下几个方面：

◆ 治疗室和治疗师自身的准备；

◆ 初次会见来访者；

◆ 使用初次访谈记录表；

◆ 解释格式塔治疗的工作原理；

◆ 签订治疗协议；

◆ 确定来访者是否适合治疗；

◆ 做好会谈记录。

治疗室和咨询师自身的准备

咨询室的布置将向来访者传递许多重要的信息。同样，治疗师的衣着服饰也会影响来访者对你的初步印象。这些细节将向来访者展示你的人格特征和治疗风格，来访者甚至会揣摩你将如何对待他/她。本书强调治疗性体验是共同创建的——这意味着你对待来访者的方式将会影响来访者对待你的态度，反之亦然。

> **建议：**想象你作为来访者步入治疗室，第一次见到治疗师。想象你走近治疗室时的感受，想象你的所见所闻，听到什么。想象你步入咨询室，你注意到了什么，对治疗室的整体印象。想象你作为自己的治疗师正在接待自己，你会如何迎见，你会对来访者产生怎样的影响。而作为来访者对此影响又会有何反应？

然而，对于治疗师来说，同样重要的是，你在此时此地的投入程度以及对来访者所抱有的真正开放与倾听的程度。许多咨询师都曾有过这样的体验：治疗师的焦虑和杂念会妨碍对来访者的关注和倾听。虽然这些反应有时与治疗密切相关，但却需要被悬搁（bracketed）——将其搁置一边——就好像与治疗毫不相关。因此，在准备阶段，治疗师需要做一次接地练习（grounding exercising），这将对治疗有所帮助。

> **建议：**体验自己端坐椅子、脚踏地面的感觉。留意自己呼吸速率和深浅，关注肢体的张弛，觉察自己的注意力是否收放自如，体会是否思前虑后、心神不宁；觉察自己的感觉、知觉和思维。

> 识别自己的关注和担忧与即将到来的治疗的关系，并设法摒弃杂念。尽可能理解自己内心此刻的体验，并顺其自然。对你周围环境保持敏感，感知当下的自己、自己的存在以及对身体的体验。聚焦于胸腹部起伏的节律。使自己全然临在当下，聚精会神地接诊来访者。此外，在会见来访者之前，你还需要注意：
>
> ◆ 查看上次的会谈记录，回想尚未解决的议题；
> ◆ 记住需要提醒的注意事项，比如即将到来的假期，来访者人格中需注意的某一特质，或者你和来访者在一起的关系类型；
> ◆ 牢记此次会谈的重点或目的；
> ◆ 理清上述注意事项，返回此时此刻的情景中，充分准备迎接来访者。

初次会见来访者

咨询师在初次访谈中，需完成多项重要的任务。首先，需要与来访者建立良好的治疗关系。我们将在第四章（治疗关系）阐述这一重要任务。在这里我们只对初次会谈的其他事项做一简述。

了解来访者对即将到来的会谈有何种期待。你可能已经在电话预约时与来访者有过沟通，双方都对彼此形成了一定的印象。

为了使治疗双方能判断治疗是否有助于来访者以及治疗师是否适合来访者，初次会面应该是个相互评估的过程，告知来访者这一点是非常重要的。征询来访者是否允许治疗师对其个人成长经历、既往重要事件以及当前处境等做简要记录。也许有人会质疑，询问来访者的既往经历与格式塔治疗的工作原则背道而驰，真正的格式塔着重探究"来访者自然产生"或"伴随涌现"的内容。这一争论将在本书随后的章节中得到详细讨论。然而，在初次访谈中，治疗师应着重评估来访者当前的主要问题，以及考虑自己所提供的治疗是否有效，或其他特定的治疗是否可能更为有效。作为咨询师还应询问相关问题以确定来访者是否存在潜在的风险，特别是治疗过程中容易激发的危机，或者其他治疗性干预对来访者所形成的扰动或可能的伤害（参见第七章）。因此，了解来访者的过去史对评估和确定治疗的适应性和安全性至关重要。

使用初次访谈记录表

下一页是初次谈话的记录表，表1和表2是我们建议你在初次访谈时需要询问的一些重要问题。表中罗列了信息的重要方面以指导采集来访者的既往史。这包括个人资料、重大生活事件、精神病史，等等。

切记，应该将来访者的名字、住址和联系电话与主要的访谈记录分页记录。

你需要决定初次访谈的结构化程度，确保留出时间让来访者自由讲述，并与你发展互动关系。此外，你还需要留出时间以便双方对是否继续治疗作出判断。最后，你还需要向来访者解释保密原则的条件、取消治疗的规则，等等。

对很多来访者而言，初次面对咨询师和治疗情景时，治疗会谈的结构化往往能让他们有安全感和控制感。根据你对来访者的感觉，你很可能会这样说：

"一开始我想先了解一下你的个人经历，然后，你可以谈谈你来咨询的原因。或许，在治疗结束前，我还会留出10分钟的时间对本次会谈进行总结，并商讨接下来的治疗计划。你觉得可以吗？"

来访者访谈表 1

姓名：

出生日期：

年龄：

住址：

电话：（家庭）/ 移动电话

（单位）

电子邮箱：

全科医生：　　　　　　　　　住址 / 电话

初次会面日期　　　　　　　　转介者

【此表必须和案例记录分开保存】

来访者访谈表 2

名字或编号：

治疗开始日期：

职业：   种族/文化/宗教信仰等：

婚姻状况：   子女：

父母：

兄弟姐妹：

病史/精神病史：

酗酒/吸毒/自杀企图/自伤史：

目前的功能水平和应激程度：

重大经历或生活事件：

先前的治疗/咨询：

目前的议题/问题：

对治疗的预期和理想结果：

治疗协议：治疗频率与长度：

费用：

核对病人是否同意：

1）保密性原则不适用于：a）案例督导，b）来访者对自身或他人构成威胁；

2）治疗结束前需要提前告知来访者；

3）治疗取消或爽约的处理原则；

4）为了专业用途，对治疗会谈进行录音或笔录的应允。

在会谈期间，除了对来访者形成总体印象，还需要评估格式塔治疗是否适合这个来访者。我们通常会用一些实验性干预来评估来访者对这一特定治疗方法的反应，例如：

◆ 我注意到你的呼吸非常急促／起伏不定／缓慢，你有何感觉？
◆ 当你向我描述这些痛苦经历的时候，你有何感受？
◆ 你是否觉得自己在那个情景中起了什么作用？
◆ 我在听你叙述过去经历时，感到非常难过／很受感动。

我们期望了解如上做法能否引发来访者的兴趣，以及是否适用。实验性干预能使我们了解到来访者能否因我们的帮助而提高自我觉察力，承担起对现实的责任，或对治疗师的自我表露作出良好的反应，或理解到关系建立的意义。而在实验性干预中的某些反应（例如，我妈死了，我的感受真的这么重要吗？我只想忘记这件倒霉事）往往是治疗陷入僵局（impasse）的最初迹象，同时，实验性干预也有助于治疗师向来访者表述治疗将对来访者有所裨益。

这种评估至少需要一次以上的会谈。我们建议（尤其针对一些疑难个案）：在你与来访者签订治疗协议或决定转介之前，最好根据情况留出3～4次的会谈用来做评估。你可以这样说：

> "感谢你告诉我所有的信息。然而，在确定如何使治疗给你最大收获之前，我还需要就某些问题进行更全面／更深入的了解，讨论治疗对你的意义。因此，我建议我们安排第二次会谈。"

解释格式塔治疗的工作原理

许多来访者带着不切实际的期望来寻求心理治疗。一些来访者希望治疗能立竿见影或直接告诉他们问题的答案；有些则想当然地认为你是他们的救星，于是把自己全盘托付给你，坐等救助。因此，向来访者解释治疗的工作原理就显得至关重要。研究表明，对治疗任务理解的一致性是建立工作联盟的重要组成部分。有些来访者通常还急于想了解格式塔治疗的实际操作步骤。当然，对格式塔治疗的解释做到言简意赅并非易事。你应该准备一份简短陈述，以总结具有你个人特质的治疗基本原理。

> **建议：** 想象来访者的问题："格式塔治疗究竟是怎么回事——它是如何发挥治疗效果的？"你将如何回答，为什么你这样回答？

在初次会谈时，下列解释可供参考。

◆ "格式塔治疗师认为，人们在面对困境时具有解决自身问题所需要的一切潜能。但有时会陷入困境而难以自拔，这时，他们需要帮助。作为治疗师，我的任务就是帮助你更加清晰地认识自己的处境，找到你自己的位置，以及尝试找到解决问题的新方法和新途径。"

◆ "格式塔治疗属于人本主义/存在主义治疗。这一理论认为，个体与他人建立互惠关系并创造满意生活的潜质和能力与生俱来。然而，人在童年期或之后，这一过程可能会被某些事情所阻断，导致个体受困于某种固定的模式和信念，这些信念和模式反过来又会持续妨碍个体创造满意的生活。格式塔治疗的目的就在于，探索和揭示这些模式如何持续影响人们当前的生活，并帮助人寻找更富创造性的方法，解决所面临的危机与问题。"

◆ "我所运用的治疗技术有时被称之为"关系格式塔"。所谓关系，既包括我们与朋友、家人、同事的关系，也包括如何与自己相处的关系，了解我们在这些关系中所呈现的模式，对认识自我以及了解自己的感受至关重要。当然这也包括在治疗过程中你我之间的关系，而当治疗讨论进入更深层的阶段时，认识你我之间的关系恐怕会更为重要。你将注意到我会常常关注你我之间的关系，我希望你也能同样关注。"

经过上述解释，可打消一些来访者对治疗不切实际的期望和热情。实际上，他们已习惯于放弃，全然不知自己具有的选择和可能性。对他们来说，心理治疗过程是有生以来第一次真正被人不加评判地倾听。这能使他们感到片刻的喜悦，但这种感觉稍纵即逝！一个对痛苦与挑战尚未做好心理准备的来访者，往往在最初因自我发现带来的喜悦感消退之后变得灰心丧气。因此，在向来访者解释治疗历程的时候，重要的一点就是要预先说明整个治疗历程可能需要来访者的坚持不懈与努力付出，甚至有时还要承受痛苦。

签订治疗协议

尽管在理论上，格式塔治疗意味着对"存在本质"的探索，是一段探索未知世界的历程，但作为来访者，他们通常是在遭遇心理痛苦时想获得帮助，并希望得到某些具体的帮助，或者是能改变其生活现状。此外，心理治疗疗效研究表明，治疗师与来访者对治疗预期目标的共识是治疗成功的关键因素。因此，与来访者就治疗预期目标达成一致意见是非常必要的。同样重要的是，治疗目标将作为治疗师评定治疗效果的参考依据。一些来访者明确自己的治疗目标，但也有一些来访者只关注到自己的问题，对希望达到的目标不甚了解。治疗目标分为"软"指标和"硬"指标。"软"指标是指增强理解，改变态度或视角，而"硬"指标是指某些可观察的行为结果。治疗师可根据情况加以选择，并与来访者达成一致。例如，Jim在初次会谈结束时认为，其咨询目标是深入了解为什么每次的失恋方式都是自己被女方甩，这意味着，Jim 想要的是改善其与女性的人际交往（"软"指标），而对他来说如何谈一场成功的恋爱却不那么重要。而 Leera 呢，她希望的是在众人面前讲话时，自己变得更为自信（"硬"指标）。

当然，治疗的方向和目标必然会随着新情况的呈现而不断调整。由此可见，治疗目标是动态变化的（有时甚至在同一次会谈中也会有所变化）——"你今天想谈些什么？""此刻对你来说最迫切需要解决的问题是什么？"治疗师应该定期回顾治疗目标，尤其是当治疗方向出现偏离或者先前的议题解决之后。同样，从专业实践操作考虑，定期回顾十分有效，比如，每三个月核查来访者是否有所改善。"从我们初次见面到现在已有十周了，你说你希望了解为什么自己的人际关系总以失败告终，请问你现在对这一问题的认识更为清晰了吗？"第十五章将介绍如何回顾治疗进程。

治疗协议

你还需要一份治疗协议。这份协议是治疗师与来访者所签订的，明确诸如治疗时间、地点、频率、收费（如果有的话）、治疗取消原则以及保密原则等"行业"细则的合同。如果你在医疗机构或咨询服务机构工作，协议还包括遵循该机构的所有准则和要求，必须确保你和来访者以及机构对协议都已知晓。多数咨询师和治疗师选择给予来访者协议文本，以避免来访者因过分焦虑而没能理解治疗设置等规则。一些医疗机构或培训机构还需要来访者在协议上签字确认，同意治疗会谈录音可用于案例讨论督导，或用作机构资质评审。协议范本请参见后面的"信息表"。

有些地方，比如初级保健机构，咨询会谈次数是被限定的。来访者需要签署被限定 7～12 次不等的治疗会谈协议。如果治疗疗程是不受限制的，我们建议最初先开始短程治疗，比如 4 次治疗，这可以使来访者对格式塔治疗有个初步的印象,并"体验"格式塔治疗是否对自己有帮助。同样,也有利于治疗师有机会详细了解来访者的情形,并对其需要接受的疗程长短作出预测。通常格式塔治疗每周一次,这一频率不仅能保证治疗的连续性,同时也为来访者吸收和整合治疗中的变化提供机会。有时治疗频率需要根据情况作出调整,比如有些来访者可能需要更密集的治疗,而有些来访者则需要更长间隔的治疗,或者选择不定期的会谈。当然,有时你必须与你的督导师讨论,你改变会谈频率是否有可能是在刻意回避某些事情。

总之,协议能促进来访者和治疗师在治疗方向上取得一致意见,并确保双方的紧密合作。协议不仅为你的治疗"开局"奠定了基础,而且还明确了治疗师的界限和局限性,使来访者知道什么时候可以求助治疗师,治疗师能够提供什么或者不能提供什么。最后,协议还为你回顾治疗历程提供核查基准。

对治疗费用的说明

如果你是在私人诊所或收费的咨询机构工作,那么,你就需要明确地与来访者就如何付费达成协议。通常,咨询师发现与来访者谈论费用会比较尴尬,因为治疗师很难把自己的付出直接用金钱来衡量。如果你在私人诊所,借鉴你周围同事的收费标准可能会有所帮助,看看他们是如何设置费额的,然后再根据自己的专业水平决定自己的收费标准。此外,你还需记住,收取治疗费用是咨询关系的重要组成部分。来访者按合约支付费用,以换取治疗师的关注、责任、时间和技术。没有收费的治疗,来访者可能会感觉自己需要迎合或照顾治疗师的需求(就像普通的朋友关系)。事实上,如果你在免费治疗的机构工作,仍应强调来访者将为治疗过程"支付"时间和责任——甚至体力,这一点至关重要。

信息表

咨询师姓名/机构：

地址：

联系电话： **日期：**

E-mail：

◆ 我的收费标准是每 50 分钟会谈ˍˍˍˍˍˍ，这一收费标准每年审核一次。

◆ 如果要取消咨询，你需要提前ˍˍˍˍˍˍ天通知我。如果你通知取消治疗的时间少于这个天数，我会尽力在同一周内找出你我都合适的时间来补上这次咨询；但是，要是做不到，你仍需要对这次缺席付费。

◆ 会谈期间，我会做一些简单的记录，但这些记录不涉及姓名，而且会被安全地保存起来。

◆ 我可能会对谈话进行录音，但事先会征求你的同意，录音的目的在于帮助我回顾谈话内容。你同意录音，但你也可以在任何时候改变主意，我会立即销毁录音。

◆ 我遵守伦理守则ˍˍˍˍˍˍ（比如，英国心理治疗协会颁布的伦理守则），如果你需要，我可以给你一份。

◆ 整个治疗过程将完全保密，但是，以下三种情况例外：

a）有时，我将与我的督导师讨论案例，这是一种行业规范，有助于我更好地帮助你。我的督导师和我一样遵守伦理守则和保密性规则。

b）如果我认为你有伤害自己或他人的危险，为了避免伤害，我有权打破保密性原则。当然，这样做只会出现在非常极端的情况下，并且我会在采取任何行动之前，尽量与你进行磋商。

c）如果需要法庭作证（比如，在刑事审理中）。

◆ 为了专业资质评定和专业晋升，我可能会递交部分会谈记录或者录音材料用以评审。所有这些材料都将隐去你的真实身份，并且评估人员也同样遵守伦理守则。

◆ 如果治疗已持续 8 周以上，建议留出至少三周的时间作为结束，以便对治疗进行回顾总结。

在初次电话访谈或面谈时，你就应该告诉来访者你的常规收费标准。如果你打算浮动收费或降低收费，你可以这样说："如果这样的收费对你有困难，我愿意与你协商，我们可以在见面时讨论。"或者说："我可以在……与……之间浮动收费。"或者说："我常规的收费标准为……但我也有较低收费的情况，大约为……"当你确实需要与来访者面谈低收费时，你必须对费用减免有明晰标准，以避免自己之后追悔莫及。

确定不适合治疗者

在初次评估性访谈期间，你很可能就不打算接待这个来访者。（参见第五章，如何确定来访者是否适合治疗）。对大多数咨询师来说，这样的决定不是很容易。要承认自己不能在任何时候为每个来访者提供帮助，往往与我们的自我意象相悖。然而，我们必须克服认为自己无所不能的强烈愿望，而尽可能地考虑来访者的利益和自身的能力。因此，在评估性会谈开始之际（或在初次电话访谈中），治疗师应抱开放的态度。你应该向来访者说明，初次会谈是为来访者和治疗师提供机会，双方都可决定来访者需要怎样的帮助，以及治疗师是否是提供此类帮助的最佳人选，我建议你可以这样向来访者解释：

"我建议我们先在初次访谈时见个面。这让我们有机会彼此了解，看一下我们能否一起决定你需要从治疗中获得怎样的帮助，以及我是否是那个能真正帮助你的人。"

经过会谈，你可能会确定自己并不适合这个来访者。治疗师承认自己的局限性多少有点难以启齿，对于来访者来说，被转介也意味着一次不小的打击，尤其是那些先前就已经担心自己问题严重，缺乏吸引力以及焦躁不安的来访者更是难以承受。因此，咨询师应寻求恰如其分的措辞。我们通常会这样向来访者解释：

"我想我已经很好地领会了你的问题，我也发现它很重要。但是，我认为自己并不适合向你提供帮助。"

接下来，可以继续告诉来访者，他需要那些专长于处理这些特定问题的咨询师，或者解释说：我们存在一些个人问题或边界问题，这意味着我不适合做你的咨询师。（通常，此次会谈取消收费）

例如：

"我认为心理咨询对你目前的痛苦根本无能为力，我建议你首先去看你的全科医生，听取他/她的建议，然后经转介去看专科医生。"

或

"你刚才提到的问题正好触动了我，因为我自身也存在类似的问题。去年，我也失去了孩子（父母/伴侣等），至今，我内心仍隐隐作痛。我很高兴能与你见面，但是，你更需要一个能全身心投入的咨询师来帮助你，而不是一个被自身问题所困扰的咨询师。我认为把你转介给我的同事对你可能更合适，我会把你的名字告诉给他，我认为他能帮助你。"

按照惯例，我们会帮来访者找一个更适合他的咨询师。将来访者转介并不意味着将其拒之门外，而是为来访者寻求最为有利的帮助途径。这要求治疗师负责任地去了解周围可利用的资源，包括擅长处理某一问题的同事和诊所、医疗和精神卫生服务机构以及收费低廉的诊所，等等。

> **建议：** 要帮助病人心悦诚服地接受转介，咨询师首先自己要能接受转介，并明确自己的能力和局限性。想象一下，你的治疗师因感觉不合适而拒绝为你服务，你作何感想？治疗师应该怎样做才能帮助你接受转介？

做好会谈记录

尽管对如何进行记录没有统一标准，但从伦理和专业的角度来看，咨询师都有必要做好会谈记录。重要的是，记录应该对你有所帮助，而不只是出于遵守规则。一些治疗师依据书面记录来提醒自己需要关注的重要议题，而有些治疗师则更偏好随时出现的即刻感受，而不愿受到记录的羁绊。因此，极端情况的一侧是记录只涉及会谈日期与时间；而另一侧则是详细记录治疗内容和讨论过程。作为治疗师，要知道来访者有权、也有可能会要求查看记录。因此，记录时你需要慎重考虑，并严格遵守伦理道德规范以确保你的治疗工作能如实地反映在治疗记录中。你还可以记录会谈的话题、讨论的主题、治疗缺席、治疗付费，等等。事实上，记录中的所有细节对于来访者都应通俗易懂，来访者在阅读时不至引起不必要的歧义。如果在法庭上出示证据（当然这种情况并不常见），这些记录可作为治疗过程的真实报告。

同时，你也完全可以另备一份记录，这份记录包括治疗历程中你个人的想法、印象、反移情，等等。记录不需具体表明来访者的姓名，从专业或法律的角度来看，这样的记录不能算做正式的治疗文件，而只是治疗师的私人物品，记录内容纯粹是个人的一些心得体会，包括一闪而过的联想、诊断假设或专业上的质疑。这一日志也可以作为自己向督导学习的备忘。切记，法院如有必要也有权查阅任何与来访者治疗相关的书面资料，一旦这样的日志写有来访者的名字，或者任何可确定来访者身份的信息，法院则有权索取这些材料。

你的正式记录必须保存在安全保密的地方，并且只署以代码或姓名的首字母。全名、住址以及电话号码应该另行保存。在来访者结束咨询后，出于法律的考虑或者以便来访者复诊，正式记录根据相关的专业伦理法必须保存一段时间（一般要求保存6年）。之后，才允许被销毁。此外，你还应该指定一名同事作为你的"执行者"，以防意外疾病或死亡使得你不得不中断工作时，这位执行者知道在哪里可以找到来访者的详细资料，以便继续为来访者提供支持或转介，并知道如何销毁过期记录。这位执行者最好选择相对疏远的同事，因为至亲好友届时会深陷悲伤而无法顾及此事。最后，你最好在遗嘱中注明要为执行者支付一定的酬劳。

推荐书目

Bor, R. and Watts, M. (2010) *The Trainee Handbook: A Guide for Counselling Psychotherapy Trainees*. London: Sage.

Feltham, C. and Horton, I. (2012) *The Sage Handbook of Counselling and Psychotherapy*. London: Sage.

Jenkins, P (2007) *Counselling, Psychotherapy and the Law*. London: Sage.

Sills, C. (2006) 'Contracts and contract making', in C. Sills (ed.), *Contracts in Counselling and Psychotherapy*, 2nd edn. London: Sage. PP. 9-26.

格式塔治疗入门读物

Clarkson, P with Cavicchia, P (2013) *Gestalt Counselling in Action*, 4th edn. London: Sage.

Houston, G. (2013) *Gestalt Counselling in a Nutshell*. London: Sage.

Mackewn, J. (1997) *Developing Gestalt Counselling*. London: Sage.

Mann, D. (2013) *Gestalt Therapy: 100 Key Pcints*. London: Routledge.

Sills, C., Lapworth, P. and Desmond, B. (2013) *Introduction to Gestalt*. London: Sage.

Woldt, A. L. and Toman, S. M. (eds) (2005) *Gestalt Therapy-History, Theory and Practice*. Thousand Oaks, CA: Sage.

(Continued)

(Continued)

Yontef, G. and Jacobs, L. (2013) 'Gestalt therapy', in D. Wedding and R. Corsini (eds) , *Current Psychotherapies*, 10th edn. Belmont, CA: Cengage Learning. (For a free downloadable PDF of this chapter go to the Pacific Gestalt Institute website: www. gestalttherapy. org/faculty-publications. asp)

第二章 现象学与场理论

场景：在酒店里，几位作家正在休息。

Charlotte：现象学真是一个特别令人欢欣鼓舞的概念，但对现象学的描述总让人听起来苍白无力或沉闷乏味。你怎样才能让这一概念更形象生动呢？

Phil：好吧，我试一试——此刻你有什么感受？你注意并体验到了什么？

Charlotte：［环顾房间四周］我注意到一根白色的蜡烛，烛光映照背后的一幅画，看起来使人以为蜡烛是画的一部分。

Phil：那你有怎样的感受呢？

Charlotte：既好奇又快乐。

Phil：因而，你在环顾四周，发现周围物品之间的协调。

Charlotte：［微笑］那确实是我——我喜欢看到和谐。

Phil：当我看那蜡烛时，我注意到蜡烛油不断滴到桌子上，我一直在想自己是否应该做些什么。因此，你此刻的现象学是看到周围的和谐，而我的现象学则是注意到我能否处理问题。顺便说一下，你衬衫上有面包屑。

现象学探索方法

现象学方法意味着尽可能地关注来访者此时此刻的体验，帮助来访者探索和觉察自己是如何感知世界的，而不是对来访者的行为作出解释。当来访者开始用同样的方式探索自己时，他便开始了解"我是谁，以及我是如何成为我自己的"。事实上，现象学方法与其说是技术还不如说是一种态度。它需要治疗师对来访者保持开放的思维和纯粹的好奇心，使来访者觉察到没有什么事比关注自己的体验更为重要。在现象学探索的过程中，咨询师着重提高来访者觉察自己思维过程及其生活选择的敏感性。

现象学方法最早起源于 Husserl（1931）对存在本质的探索，之后又被存在主义哲学家 Heidegger 和 Merleau-Ponty 等人发展完善。现象学的重要观点认为，人们经常积极主动地试图理解周围环境而获得意义。因此，可认为来访者总是积极主动地感知各种事物——正体验到什么，是如何体验的——包括他当前的问题。

在治疗情景中，咨询师和来访者运用现象学方法来探索来访者的**主观意义**（subjective meaning）及外部环境中的自我感知。现象学方法主要包括三个部分：首先是**悬搁**（bracketing），即咨询师应将自己的信念、假设和臆断暂时搁置一边，或至少抱相对开放的态度，以便与具体情景中的来访者"恍若初识"。第二是**描述**（description），只对此时此刻来访者的体验以及咨访互动现象进行直观而明确的描述。第三是**同等化**（horizontalism），即对来访者的（包括治疗师所有的）行为表现、言语表达以及所处情景都应一视同仁。

此外，尽管好奇本身就隐含在现象学探索的概念之中，但我们仍然认为有必要强调把**好奇**作为现象学方法的第四个部分——因为好奇心赋予其他三部分以活力。

对治疗师来说，现象学方法使治疗师能对来访者有一种鲜活的体验，并保持开放，尽可能避免评判和臆想。这如同你初次踏上一片陌生的国土，面对陌生的文化，你对当地的新奇事物和地域差异保持开放的体验，希望自己能充分吸收新鲜事物，并允许自己自然而然地产生理解。

当然，你不可能完全不受自己主观意志及个人偏见的影响。此外，你的现象学视角——你的提问、你的注意、你的兴趣——都不可避免地会反映你作为治疗师的角色。但是，我们应该知道，对事物持僵化、刻板和狭隘的观点，还是对新意义、新印象和新理解持开放接纳的态度，将使治疗产生完全不同的结果。

正如整本书所强调的，任何人际互动通常都具有共同创建的含义。因此，在任何真实的互动过程中，纯客观是不现实的：你不能完全去除自己的主观意愿，你也不能完全割舍自己的主观理解。为了获得对来访者（及咨访关系）的较为清晰的认知和理解，咨询师只能努力去觉察自己在其中的判断以及反应。

悬搁

现象学探索的首要任务便是努力识别和确认治疗师自己不可避免地带入治疗关系的臆想、推断和态度。悬搁是指咨询师应尽可能地将所有这些先入为主的态度撇在一边，以一种开放的态度面对现时此刻的来访者。

也许你有过这样的体验，从一个完全不同的视角（可能是久别重逢）看一个熟人，你们恍若初识。通常这种体验伴随着新鲜感、欣赏，并对先前了如指掌的那个人充满好奇。在实践中，期望只通过这种态度就能将所有先入为主的观念悬搁一旁显然是不太现实的。实际上，完全抛开假设和判断的咨询师也是无法开展工作的。人类会自然而然地根据主观经验去理解，如果我们无法根据经验来推断当下，不做判断或没有主观态度，我们的生活将黯然失色。

> 知觉……可理解为是一种主动建构与解决问题的过程，而不只是对外在"现实"的被动记录。（Clarkson 和 Cavicchia，2013：207）

然而，人类往往也因此而变得刻板僵化——他们只看到他们期待看到的，丧失对新鲜事物以及新的可能性的感知能力；更不用说因此而形成的对肤色、种族、国籍以及心理疾病的固定偏见。悬搁要求我们对此时此刻的新事物保持密切关注，避免对来访者独特的体验仓促作出以偏概全的评判。

建议： 请思考下列陈述

1. Jim 告诉你他的母亲刚刚死于癌症。
2. Kathyn 说她刚被提升到一个需承担更多责任的职位上。
3. Miles 告诉你他打了他 7 岁的女儿。
4. Keiko 宣布她将与一个从未谋面的男子结婚。

想象你听到这些陈述后的第一反应是什么？即使是如此少的信息，你也可能会发现自己是如此快速地形成了自己的观点。对同样的事物，治疗师和来访者的看法和感受可能截然不同，他们的看法和感受常常令我们瞠目结舌：丧失亲人，可能意味着解脱或愤怒而不是哀伤；非常期待的事情，却让人惶恐不安；而打骂可能是十分必要的；有些奇异的文化习俗在当地是如此的顺理成章。

尽管描述如何运用悬搁技术相当困难，但我们还应强调时刻保持慎重，有意识地审视自己的观点或判断是否有可能出错或不合时宜。在作出任何结论之前，三思而后行。至少，你需要觉察到自己的主观臆想，你可以保留自己的臆想，但应根据新的迹象随时作出改变和调整。你可能发现下一章中所描述的接地练习（grounding exercise）和觉察力练习将有助于你审视自己的身体和内心，而不是感情用事！

> **案例**
>
> James：我刚发现我的伴侣怀孕了，她非常开心。
>
> [咨询师的反应：感受到一些积极情绪，但似乎又有些迟疑]
>
> 咨询师：这对你意味着什么？[悬搁自己的价值观和反应。]
>
> James：我不太清楚，当然，我还是很高兴。
>
> 咨询师：听起来你有些不太肯定。
>
> James：是的，我确实不太肯定。但孩子的到来意味着新生活的开始。
>
> [咨询师的反应：觉察到除了开心，来访者似乎还有其他情绪——或许是担忧与顾虑。]
>
> 咨询师：孩子的到来使你有一些其他的感受和顾虑？（悬搁浮现的判断，并澄清来访者可能没能表达的感受。）
>
> James：没什么。但在目前的处境养育一个孩子让我深感忧虑。

咨询师最初的试探性态度允许来访者的更复杂的意义逐渐浮现，而假如咨询师一开始就迅速作出积极的反应（如，恭喜你），那么这些意义也许就可能被遗漏。

某种程度上，悬搁态度就类似于探秘的过程。你要找到谜团的答案，就要提出问题，寻找线索："你对此有什么感觉？"或"这对你意味着什么？""你怎么理解此事？""事情是怎样发生的？"但是，你不要期待答案唾手可得（至少在最初的时候）。你应静观其变，让答案自然浮出水面，而悬搁和开放的态度通常是最佳的开始方式。

> **建议：**想象这样一位已来访数次的来访者。想象他的类型，比如他的职业、性别、社会圈、人格类型等。他如何求助于你？他应该做些什么才能解决自己的问题等。（花一分钟的时间对来访者进行描述）
>
> 现在，抛开所有这些想象，假设自己坐在来访者的面前，不带任何先入为主的观念，你注意到了什么？他的坐姿？他的躯体动作？他的发型、面色和呼吸？他的面部表情？你会有怎样的想象和感受？
>
> 你可能会发现，这两种感知方式有完全不同的印象。

悬搁也是实践**创造性中立**（creative indifference）和**融入**（inclusion）的关键技术，我们将在后续的章节里阐述创造性中立和融入，这两者都离不开悬搁技术。

描述

现象学探索的第二项技术是**描述**（description）。这包括对直接而明显的迹象保持敏感并描述观察到的客观现象。咨询师在运用悬搁技术时，也同样会要求自己描述注意到的现象（看到、听到、感觉到的等），描述他感觉来访者将要说的或将要做的，以及自己当下正在体验到的（而不是对这些感知的解释）。

典型的描述性干预可能会是：

我注意到……（比如，"你的呼吸变得急促"）

似乎你想说……（比如，"这件事情对你来说非常重要"）

你看上去……（比如，"很忧伤"）

我发现……（比如："你迟到了十分钟"）

咨询师需要密切关注自己的直接反应（如直接感知、体验和触碰）和躯体感受所传递的信息。当咨询师这样做的时候，一些有趣的**情形**（figure）就会浮现出来——咨询师觉察到来访者的姿势体态、语音语调、呼吸频率，抑或来访者在重复某一话题。同时，咨询师还要关注自身，诸如自身的情感反应、躯体紧张度，抑或是觉察到自己已然感到索然无味。这样，咨询师便可以描述出（有时出声，有时不）来访者当下所浮现的情形及其主诉议题。咨询师的这种方法也被称为**追踪**（tracking），意指对逐渐显露与发展的现象过程进行跟踪观察。

> **案例**
>
> Kess迟到了，她慢慢地坐下来，一言不发，眼睛盯着地板，身体一动不动。咨询师告诉Kess她一直沉默不语，身体显得很僵硬。这时，Kess开始慢慢地抬起头，她说她感到此刻自己的内心非常悲伤。咨询师告诉她，他已经注意到她紧握的双手有些细微的颤动。Kess开始关注自己的手指、手掌和手臂……的感觉时，她逐渐恢复活力，并开始表达自己的忧伤。之后，咨询师注意到Kess的声音逐渐减弱，身体又逐渐变得僵硬起来，咨询师把这些变化反馈给Kess，Kess说她担心自己过于悲伤，并害怕咨询师会指责自己的脆弱。

描述技术在帮助来访者接触自己的体验、揭示隐伏的感觉方面具有神奇的功效。描述为隐约的情形（figure）提供关注、支持和兴趣，不然这些情形很可能就擦肩而过了。咨询师一方面帮助来访者对自己的想法、信念和理解逐渐明朗化，另一方面也帮助来访者充分关注自己的内心感受和体验。

需要警惕的是：治疗师所关注到的现象或反应，往往在来访者的意识之外。某些来访者可能因自己的言谈举止被治疗师关注而觉得自己暴露无遗，甚至深感羞愧。因此，咨询师对此需保持敏感，格外注意描述与来访者实际行为的关联性，不应引起来访者被强行细致观察的感觉。我们随后还将继续讨论这一技术。

同等化

事情的每一个部分，无论其是否发生在眼前，它们都具有同等重要的意义。换言之，只有当各个部分都被纳入考量后，事物的整体意义才有可能被彻底洞察。这一原则引出现象学探索的第三种技术，即同等化技术。咨询师对自己所见所闻的重要性不应贸然评定其重要性等级。来访者的某一次躯体动作，其重要程度可能不亚于其言语内容。当然，同等化也是一种相对微妙的技术。如果咨询师有意无意地将来访者的注意力转移到某一方面而草率地打断来访者的意识流，这是非常不妥的。而且，我们必须牢记 Perls 的建议，把格式塔治疗视为"对显见现象的治疗"（therapy of the obvious），也要牢记场理论的基本原则。

如果我们能够成功应用悬搁，并且使我们的干预集中在对"是什么"的描述上，那么，实现同等化常常是自然而然的。通过这种方式，我们提高自己的知觉能力，能关注和确定事物间可能的联系或不寻常现象。当然，事物呈现时背景中浮现或缺失的图形，也可能同等重要。比如，在下面的案例中，来访者淡然地谈论自己即将面临的离婚。

> **案例**
>
> *咨询师*：当你谈论你妻子的时候，我发现你一直朝窗外看（咨询师对来访者注视窗外的动作和谈话内容同等重视）。
>
> *来访者*：是吗？你说得对，我能看到一棵大山毛榉的树梢，那棵树看起来离这儿挺远的，这让我感觉舒服。
>
> *咨询师*：这怎么让你感觉舒服？
>
> *来访者*：我并不想谈论这些——我的婚姻。我也并不想告诉你。说实在的，你看着我，显得很同情我。我感觉——哦，我知道这有些蠢——对你有些气愤。是你让我去谈离婚的事情。你想让我看清到底发生了什么，而我却很不愿意。
>
> *咨询师*：好吧……
>
> *来访者*：其实，没有人可以让我谈论这些痛苦的事情。
>
> *咨询师*：这种回避能确保安全，这感觉熟悉吗？

在这个案例中，咨询师对来访者注视窗外的现象和来访者讲述的内容给予了相同程度的重视，从而出乎意料地使谈话转向另一相关信息。

强烈的好奇

治疗工作最基本的要求便是能对病人保持强烈的好奇（Polster, 1985：9）

尽管强烈的好奇不属于现象学探索的正式方法，但我们认为它是格式塔咨询师理解来访者主观世界的基本要素。你需要探究来访者的情形因何而起，来访者对情形如何演绎，此情与彼景有何关联以及这些在整个事件中有何意义。通过这种方式，你就可以帮助来访者探索和澄清他自己的思路。你对来访者的各种体验都应保持纯粹的好奇。

你的好奇经常驱使你提出许多问题。提问必须遵循的重要原则是：确信这些问题与现象学探索有关，而不是"就事论事"地盘问。更重要的是，咨询师要尽量避免让来访者有被审问的感觉，或是正在诱导来访者朝向某个已有的答案。应尽量避免提具有现成答案或参考答案的封闭式问题，比如，比较下列封闭式问题：

"这很难吗？"

"你睡眠好吗？"

"你是不是很悲伤？"

而开放式的问题应该是这样：

"你如何看待这件事情？"

"你的睡眠状况如何？"

"你有怎样的感觉？"

此外，还要警惕"为什么"一类的问题，这类问题常常反而抹杀我们一贯提倡的好奇心。因为通常，一个"为什么"的问题会引发来访者的理性思维，此外，这种提问还隐含对来访者的指责和批评。例如，"为什么这次会谈你迟到了……？"而开放式的问题可能更有帮助，比如"发生了什么让你迟到了？"或者"你是怎么会迟到的？"这些问题都关注事情的过程，而非内容。

最后，我们还推荐两个现象学探索的具体方法，第一种方式是所谓的"微观探索"（micro-process exploration），即要求来访者捕捉任何一闪而过的体验，以提高对某些事情的复杂反应的觉察。特别当来访者对你所说的话感到困惑不解或反应异乎寻常时，避免询问"为什么"或"怎么"会有这样的体验，而是直接询问来访者："刚才发生了什么？""现在正在发生什么?"

> **案例**
>
> 咨询师：刚才发生了什么？当我说话的时候，你的面部表情变了，你的视线转向窗外。然后，当我停下来的时候，你又彬彬有礼地要求我解释刚才我想表达的意思。我很好奇，在短短的一刹那前后发生了什么？
>
> Reg：嗯，你问了我好多问题，我一下子反应不过来。我的第一反应是完全懵了。
>
> 咨询师：然后呢？
>
> Reg：我开始觉得自己很愚笨。
>
> 咨询师：再然后呢？
>
> Reg：然后对你感到生气，感觉你在批评我——说我愚笨。
>
> 咨询师：然后呢？
>
> Reg：我告诉自己你是个训练有素的咨询师……你一定清楚自己的所作所为。因此，我应该努力回答你的问题。但是我突然感觉胃部不舒服，然后，我有些不知所措，就东张西望……

来访者突然改变了谈话方向，而当你询问其缘由时，他却只说自己"不知道"；这时，这种环环紧扣的探究方式对于"解密那一瞬间"常常卓有成效。此时应建议来访者"倒回到刚才瞬间，并逐一描述"，这通常能揭示一些重要的过程，这些过程转瞬即逝以致被来访者忽略。

微观探索也用于关注"即时"现象，当来访者在逐渐展开叙述时，你要求其密切关注感觉、细微动作、情绪、想法以及想象的任何变化。

Reg：我不知道今天该说些什么？

咨询师：当你这样说的时候，你注意到自己内心有什么变化？

Reg：嗯，我不是很确定……这儿有些焦虑不安（指着胸口）。

咨询师：啊－哈，什么样的焦虑不安？是一种固定不变的感觉？还是一种不停变化的感觉？

Reg：嗯，是一种不停变化的感觉，有些烦躁，我能感觉到就在我的腹部。我担心我会犯错。

咨询师：所以当你感觉腹部不适，你就想到"我可能要犯错了。"这很有趣，当你此刻告诉我这些的时候，你又有怎么感觉呢？

现象学探索的第二个方式便是所谓的"实践中的率真"（clinical naivety）。这种方法始于你询问来访者已知答案的问题。当你听到来访者的叙述匪夷所思或者不合情理的时候，这种探索方式尤为实用。例如，在评估阶段，咨询师不能理解 Tom 前来咨询的原因，因此直接询问 Tom。

Tom：我的问题就是我不能应对，我的医生说我有抑郁。

咨询师：我不知道你说的"抑郁"具体是指什么？

Tom：嗯，我整天以泪洗面。

咨询师：这样的状况持续多久了？

Tom：嗯，我还从未跟任何人提过此事，我上个月被解雇了。

"率真"的提问能揭示那些被空泛或标签式的语言所掩饰的问题。比如，你可以询问："你能不能举一个你'不能应对'的例子"或者"我很高兴治疗能帮助到你，但你能告诉我治疗是如何帮助你的吗？"（即使你认为自己能猜到答案）。

另一个重要的忠告是，除非来访者熟悉特定的干预手段，否则不要奢望他们未经解释就能理解你的言行。不能简单地问"你的脚在说什么？"，而应该说"我发觉在你讲话的时候，你的脚一直不停地抖动，我想这是不是表明你有些不安或紧张。如果你关注你的双脚，你能体会到什么？"这样的表达才能帮助初诊的来访者提高躯体觉察力。这不仅表达了你是如何工作以提高来访者的觉察力的，而且确保了你与来访者所谈论的事情保持平行，既不超前也不落后。

自身的现象学体验

显然，在用现象学方法探究来访者的体验时，也会唤醒你自身的情绪体验和行为反应。当你能越来越娴熟地运用此方法探究来访者时，你也应能探索自身与来访者的互动体验以及对自我的反思："我感觉自己有些不安（或厌烦/焦虑）——这是一种什么感觉？"

好奇、描述、同等化以及反思自身的情绪和判断，都可用以关注自身的意识流向。关注自己的体验不仅有助于理解来访者对你的影响，有时还可以作为有效的干预手段。比如，"当我听你讲述你的工作时，我的胸口突然有一阵莫名的悲凉"或者"你对那件事情的理解让我感觉困惑不解"。

临床应用

现象学方法具有多重功效。第一，能使来访者体验到有生以来第一次被人非评判地倾听，这对于大多数总是自责自罪的来访者来说，本身就具有深刻的治疗意义；第二，现象学方法促使和帮助来访者提高对躯体的觉察能力，鼓励来访者临在当下，接触自己的体验，并对多种可能性保持开放的态度；第三，现象学方法不仅帮助治疗师，更重要的是帮助来访者找到理解自身存在的意义和对待问题的特定方式，促使来访者意识到并重新评估在形成自身问题中自己的责任；第四，现象学方法向来访者展示咨询过程将是一个共同探索的历程。

场景：本章开头例子中的酒店里……

第二章 现象学与场理论

Charlotte：那么，我们将怎样论述从现象学探索到注意模式的转变呢？

Phil：好，请继续进一步地探索。此刻你体验到什么？

Charlotte：好的——我注意到烛光和画——我真的很喜欢那幅画——这是一副纳尔逊在船上的蚀刻古画，画中还有一条可爱的小狗……在这里和你聊天、品酒、吃东西让我感到快乐……但是我发现自己的内心中对没有邀请 Jo 和我们一起而隐约感到内疚，我希望 Jo 不会因此而伤感。

Phil：看来，你正享受此时此刻的美好感受，然而，对过去和未来的担忧阻碍了你的愉快体验。那不就是你的模式吗？

Charlotte：是的……我想是的。那一刻，心底的担忧分散了我的注意力。

Phil：假设停留在现在的感觉中，此刻会怎样？

Charlotte：我想我感觉到我的幸福，但接下来会怎样呢？好景不长，不好的事情可能会发生。

Phil：所以，你不是停留在此刻的体验中，你因担忧过去所做的事情而中断了现在的体验。那是不是你一贯的模式？

Charlotte：'啊哈……'好吧，私家侦探，你该吃晚饭了！

学员通常会问：对来访者的哪些方面应给予现象学的关注或对之保持好奇，应该去观察哪些确切的内容——躯体活动、主要议题、信念或情绪？正确的回答是：允许自己尝试和实践。

尽管经验会指导你作出治疗选择，但很大程度上，选择观察的具体内容则主要根据你的兴趣而定。此外，从某种角度说，若是硬要你放弃咨访契约、不以治疗师的角色去看问题，这本身就不太现实。治疗中你自然而然会对那些与来访者目前问题有关的现象和某些缺失的现象感兴趣。而且，在运用现象学方法时，你必然优先关注"近端体验"（即那些显而易见或能体验到的现象），而不是"远端体验"（即来访者谈论或报告的现象）。你还需要核实来访者是否也在关注同一现象，是否对此饶有兴致，并对你的兴趣表现出强烈的回应。

在此，相关的概念便是"**主题与背景**"（figure and ground）。来访者关注点的周围情景及他们的现象学体验，都是影响来访者内心体验的当前和过去的背景。在整个背景中，某个要素可作为"主题"（figure）逐渐浮现出来，我们（和我们的来访者）常常都会关注情境中的具体主题。如果我们运用描述和同等化技术，我们就有可能帮助来访者呈现生动饱满的主题，同时，还能觉察到背景可能的影响及意义。本章开头的的举例中，Charlotte 正在形成烛光与画之间的和谐图形，而 Phil 体验到的图形却是"蜡烛油掉下来"的紧急问题。

> **建议**：你可以练习注意你是如何形成主题的，并跟踪自己的觉察来关注其他背景因素。现在环顾四周，注意你是如何形成第一个主题的，然后又是如何形成下一个主题的。你可能会发现，你很难在同一时间内将注意力平均分配在不同的物体上。如果你关注到几件物体，你的注意力可能会在它们之间不断切换。这就是经典格式塔理论所提出的知觉场——比如，图中花瓶的轮廓同时又是两张人脸。当你知觉到其中一种图像时，你不得不完全放弃之前的知觉方式。

现象学探索的艺术，不仅仅在于关注此时此刻呈现的图形，更是去理解来访者特定的格式塔结构和阻断模式，以及这种特定模式如何形成来访者的来诊原因。Burley 和 Bloom 认为现象学方法有助于我们识别这些模式，通过：

咨访互动的艺术——感觉、知觉、观察、理解或意识到的事物本质［它们］都是……获得治疗洞察的来源（2008：261）。

何时进行干预

在某种程度上，当你和来访者收集到足够的资料或信息时，你就会对来访者具体图形的特性、未被觉察的背景、问题的图形以及可能有效的干预手段形成初步假设。此时，你的理解往往是基于你当下的体验（而不仅仅是理论或主观臆断），你通过与来访者的互动关系来对它们加以检验和核实。即便如此，治疗师仍应知晓：这样的体验来源于对来访者的观察及其推测，你可以向来访者总结反馈以核实你的体验是否准确："我注意到每次你谈到自己的领养经历时，都会低眉顺眼，说话声音也变得很微弱，有些情绪化。看起来谈论这个话题对你来说特别痛苦——是吗？"

接着，你可以从现象学方法转向直接干预，以推动治疗进程，尤其是当治疗出现僵局时。"好，按你的节奏，我们有大量的时间。"

对咨询师来说，何时干预是个基本但却又难以捉摸的问题，从某种意义上也是格式塔治疗的关键问题。在治疗不断深入的过程中，治疗师应该在哪一节点上适时干预呢？在哪一节点上应该提出建议、面质或提供实验而不再探索内容，不再假设或追踪，不再专注此时此地？这也是实践取向的心理治疗的定性研究中的关键问题，我们将在第二十三章进一步探讨。

对于功能良好的来访者，尤其是渴望自我成长或自我探索的来访者，现象学方法和觉察力的提高，通常足以推进治疗过程。而那些需要具体行为改变（比如，克服创伤带来的痛苦感受）或短程咨询，或具有反复发作的消极模式（比如，自伤行为）的来访者，则可能更需要治疗师的积极干预，尤其需要治疗师挑战其固着的格式塔（比如，"我再不会从那件事情中康复"）。对此，我们将在本书的第二部分以及第二十二章短程治疗中进一步阐述。

何时以及如何将探索转向干预，并没有一个简单的答案，而是需要根据咨询师的经验与实践。然而，不管你的治疗方案是开放和非结构化的，还是严格聚焦于特定需要或结构化的，定期返回到基本的现象学探索仍然非常重要，这通常有助于你评估干预结构与治疗结果。

场理论

与图形与背景这一概念关系密切的场理论（field theory），是格式塔的重要观点。根据场理论的观点（见 Lewin 的理论，1964）：本质上，个体从来都不是独立或孤立的（尽管个体会认为自己是独立的）。事实上，他们与各种事物有着千丝万缕的联系和接触。在临床实践中，来访者通常被认为是*在特定情形下的身心合一的完整个体*。比如，想象你正在：a）等候一个朋友，b）等候你的来访者，c）等候披萨送来，d）凌晨三点，你正熟睡中；此刻前门门铃响起对你意味着什么？这个例子说明门铃的意义完全取决于门铃响起那一刻的具体情形。

场理论是本书所有内容的基础。场理论的具体而复杂的观点在本书中未得详述，在此只做一简要回顾。（了解更多场理论，请参阅本章部分的推荐书目）根据格式塔的理论，场理论并不侧重于描述具体的技术，而是强调关注任何情形下背景的影响作用。

很大程度上，场理论与关系观点十分相似，关系观点认为我们不仅在关系中孕育，也在关系中成长，与他人发展关系并相互影响贯穿一生（即使他人已不复存在）。此外，我们也常受自己对既往关系的记忆的影响。

场理论是格式塔实践与理论的重要观点，它将个体看作身体、思想、情感，当前和过去，文化、社会、经济、灵性以及政治影响等各个方面相关联的有机整体。事实上，场理论是对各种影响因素交互影响（但常常被忽视或低估）的一种认可，这种交互影响观点对理解特定的临床问题具有重要意义。

理论上,"场"这一术语意味着包罗万象——在这个(已知的)宇宙中,一切物体、情景及其关系的相互依存。在临床实践中,"场"的含义较为局限,其意义取决于你和来访者认为在某个情境中受到何种重要的场力(field influence)的影响,这也是Jacobs(2003)所谓的"嵌入性场景"(embedded context)。

最近,Robine和Wollants(2007a,2007b)提出,他们更愿意用"情景"(situation)来代替"场",他们认为情景更贴近日常体验与用法(Parlett in Wollants,2007b:xv)。尽管我们在此仍选用场这一概念,但是我们期待情景能得到越来越广泛的运用。

在临床实践中应关注以下三种类型的场力:

- ◆ 第一种是"体验场"或"现象场"。我们将这看成个体所能意识到的现象,它通常指我们的主观体验,是来访者独特的现象场或"现实"。
- ◆ 第二种是咨询师与来访者之间的"关系场",即治疗会谈中的相互影响(或治疗间隙期的相互影响)。
- ◆ 第三种是"宏场",即咨询师和来访者存在的大背景,包括文化、历史、政治及灵性等方面因素的影响。

考虑到影响因素的复杂性及无穷可能性,在治疗过程中我们不可能面面俱到地将所有的影响因素都考虑在内。在不同的时间针对不同的个体,有些影响因素可能更显而易见。而许多重要的影响因素可能并没有被咨询师和来访者所觉察。

对于治疗,所有这些都意味着极大的挑战。治疗师需要灵活敏感地关注来访者的处境,自如地在大场与小场之间轮流切换,这意味着你的注意力需要在来访者瞬间呈现的图形与关系场、体验场、宏场之间随时来回穿梭——对有可能的联系和影响，保持持续的开放态度。

从场理论的观点来看，来访者（包括咨询师）通常会积极地形成各种场，会根据自己目前的需要，早年或过去的场态（field configuration），或过往的固着的格式塔或未完成事件，来组织其场的观念。咨询师需要理解来访者是如何形成场的观念的，他这样做的意义是什么，他习惯于用何种固定的或灵活的模式与人交往，他对宏场中的哪些影响因素或可能性缺乏觉察力。

在治疗的起始阶段，工作的重点通常是让来访者觉察到：他自始至终在形成和解释自己的场，实际上，他的体验部分来自他本人的创造。

关于现象学的推荐书目

Bloom, D. (2009) 'The phenomenological method of Gestalt therapy'. *Gestalt Review*, 13 (3) : 277-95.

Burley, T. and Bloom, D. (2008) 'Phenomenological method'. in P.Brownell (ed.) *Handbook for Theory, Research and Practice in Gestalt Therapy*. Newcastle: Cambridge Scholars Publishing.

Clarkson, P. and Mackewn, J. (1993) *Key Figures in Counselling and Psychotherapy: Fritz Perls*. London: Sage.

Crocker, S. F (2005) 'Phenomenology, existentialism and Eastern thought in Gestalt therapy', in A. L. Woldt and S. M. Toman (eds) , *Gestalt Therapy—History, Theory and Practice*. Thousand Oaks. CA: Sage.

Spinelli, E. (2005) *The Interpreted World: An Introduction to Phenomenological Psychology*. London: Sage.

Van de Reit, V. (2001)'Gestalt therapy and the phenomenological method'. *Gestalt Review*, 5 (3) : 184-94.

Yontef, G. (1993) *Awareness, Dialogue and Process: Essays on Gestalt Therapy*. Highland, NY: Gestalt Journal Press.

关于场理论的推荐书目

Kepner, J. l. (2003) 'The embodied field'. *British Gestalt Journal*, 12 (1): 6-14.

O'Neill, B. & Gaffney, S. (2008) 'Field theoretical strategy' in Brownell, P.(ed.) *Handbook for Theory, Research and Practice in Gestalt Therapy*. Newcastle: Cambridge Scholars Publishing UK.

O'Shea, L. (2009) 'Exploring the field of the therapist'. in *Relational Approaches in Gestalt Therapy*. Cambridge. MA: Gestalt Press.

Parlett, M. (2005) 'Contemporary Gestalt theory: Field theory: in A. L. Woldt and S. M. Toman (eds), *Gestalt Therapy-History, Theory and Practice*. Thousand Oaks, CA: Sage.

Philippson, P. (2006) 'Field theory: Mirrors and reflections'. *British Gestalt Journal*, 15 (2) : 59-63.

Robine, J-M. (2003) '"I am me and my circumstance': Jean-Marie Robine inter-viewed by Richard Wallstein". *British Gestalt Joural*, 12 (1) : 85-110.

Staemmler, F-M. (2006) 'A Babylonian confusion? On the uses and meanings of the term"field", *British Gestalt Journal*, 15 (2) : 64-83.

Stawman, S. (2009) 'Relational gestalt: Four waves', in L. Jacobs and R. Hycner (eds) , *Relational Approaches in Gestalt Therapy*. Cambridge, MA: Gestalt Press.

第三章 觉察

提高而激发完全自由的觉察力是格式塔治疗的基石,诚如 Perls 等人所形容的:

> 觉察力如同煤炭闪亮,它源于其自身的燃烧;同样,内省折射出的光芒,犹如闪电般照耀四方。(1989 [1951]:75)

"觉察力"有许多不同的含义。它有时被消极地用来指"自我知觉(self-conscious)"(如表现出尴尬),或者指过度内省(excessively introspective)(过度自我剖析)。事实上,这样的理解并不符合格式塔的基本原理,因为在格式塔中,觉察力不牵涉思虑、反思或者自我监控。

> 觉察力是一种体验形式,可以被宽泛地定义为:一个人对自己的存在以及世界"是什么"有所察觉……一个有觉察力的人知道自己正在做什么,应怎样去做,也知晓自己可以自由选择,并且自己的行为是自己的选择。(Yontef, 1993:144-5)

更进一步说,觉察力是一种对此时此地正在发生的事情的非语言的感受和知觉。它是健康生活所必须具备的基本条件和积极品质。觉察力既是人们在接触外界时吸收和成长的能量,也是自我认识、自我选择和自我创造的来源。理解觉察力的方法便是将其视为一个连续谱。在连续谱的一端是睡眠状态:机体处于静息,调节各种基本的生命体征,并随时准备对危险做出反应。此时，觉察力的程度最低，仅限于机体的自主性反应。连续谱的另一端是充分的自我觉察（有时也叫完全的接触［full contact］或者高峰体验［peak experience］）。此刻，你感觉自己充满活力，敏锐地觉察到自己的存在，并体验到融合、自发和自由的感觉。你的觉察力每时每刻都在这个连续谱的两端间移动不息——有时体验到平淡无奇、枯燥乏味，有时则充满新奇、振奋人心。

年幼的孩子似乎经常生活在一个充满无限觉察力的世界，浑身散发出活力和自发性，而这些特质往往进入成年期则逐渐消失殆尽。这种"新奇感"的丧失大部分要归咎于个体格式塔的固定（如僵化或习惯性信念或行为），后者限制了觉察力，致使我们只觉察我们期待看到的事物，这种觉察也会干扰自己对过去的记忆和对未来的预测。如果个体全身心地禁锢于某项事物或某种想法而觉察不到自己的存在，那么，该个体就不能与环境及自我保持连接。如果我能保持觉察力，即使思维自由驰骋，对事物的观察也会悄然发生变化。比如，此刻我能觉察到我正在考虑刚才发生的事情。觉察力可以被看作体内此时此地的自我存在意识。格式塔原理认为，作为成年人，我们具有重新获得这种觉察的能力，从这个角度讲，格式塔咨询和治疗的首要任务是通过多种途径增强或提高觉察力。

觉察*同时*意味着知晓和存在。如果我建议一位来访者关注他的呼吸，这意味这我不仅要求他知晓他正在呼吸，同时还应"体验"即时即刻的呼吸。

在咨询中，这种连续不断的觉察体验具有极其重要的治疗作用。觉察力是自我功能的重要组成部分，咨询师的任务就是要揭示来访者阻断或限制觉察的方式，识别来访者是如何丧失重要的自我功能——觉察力的。觉察的限制或阻断经常表现为缺乏动力或活力，或是反应僵化。当这些行为或态度被觉察和再体验时，健康的自我功能也就有望得到修复。

格式塔治疗师重要的任务之一，就是提高来访者的觉察力——觉察到自己的感受，思考的内容，行动的方向，自己身上正在发生什么以及身体感受到哪些信息；觉察到自己如何接触外界——同他人的关系，以及与环境的相互影响。

从本书第一版出版以来，已有大量"正念"和"冥想"作为治疗手段被广泛应用及研究。研究表明，正念和冥想有助于解决焦虑、抑郁、创伤后应激障碍（PTSD）、应激障碍、物质滥用和边缘人格障碍等问题（参见：Williams 和 Kabat-Zinn，2013）。研究还提示，正念和冥想有助于发展大脑右半球的功能（McGilchrist，2009），相对于左半球侧重于策略性思维，右半球则更多地涉及平息、共情和人际关系。正念特别强调临在当下，关注此时此刻呈现的纷繁体验，不加任何评判地接受当下。这与现象学的探索异曲同工。我们欣喜地看到格式塔 50 年来的核心技术正被广泛用于其他治疗方法。当然，即使正念技术与传统的格式塔觉察之间有很多的重叠，但它们之间仍然存在一些明显的差异。简单来讲，格式塔治疗旨在尽可能全面地提升来访者对特定的"主题"（figure）的觉察（详见 26、37 页），而正念技术则强调更宽泛的知觉或元认知视角，鼓励来访者不带任何偏好地直接关注不断浮现的知觉体验。格式塔治疗强调来访者对自身体验的自主控制，而正念则要求来访者对知觉不加评判，将涌现的知觉体验看成"自然出现"的现象。我们认为两者在不同的情况有不同的适用性，对此我们将在第十八章进行详述。在本章，我们重点阐述格式塔的核心技术——激活此时此刻的体验。

探索觉察

来访者对用心倾听的治疗师讲述自己的经历，这看起来再简单不过，

第三章 觉察

但却是提高来访者觉察力最有效、最贴切的途径。当你有意识地聚焦于自己的觉察时，你就在"注意"，正是这种有目的的觉察成为了格式塔治疗活动的核心内容。注意力被精确地指向个体某个特定的机能（比如，呼吸或身体部位的紧张）或者被泛指某个整体（例如，觉察来访者与你互动的方式）。治疗师应全面而审慎地关注来访者的思想和情感，同时也要求来访者同样关注自己。通过向来访者反馈我们的所见所闻，询问他对自己身体的知觉和感受，并和他一起探索其信念体系，我们促进他学习自我倾听，充分觉察自身的体验以及理解环境的方式。治疗师通过保持"同等化"，关注来访者的整个场，以帮助来访者获得对自己多方面的觉察，包括那些可能被习惯性忽视或回避的方面。

通常情况下，治疗师可以鼓励来访者：

◆停留在此时此地。

◆提升或扩大对当下体验的觉察。

◆把觉察聚焦于那些被忽视或回避的方面。

咨询师可采用下列干预措施：

把注意力集中在此刻你的呼吸上……

你能感觉到自己此刻的感受吗？

你能觉察到你在想什么吗？

你这样说时，正在想什么？

你身体的哪个部位你不能觉察到？

我注意到你的身体似乎有点僵硬，你的呼吸变得急促，你是否注意到这些变化？

这些干预措施的目的是为了让来访者逐渐觉察意识之外的体验。但这并不意味着要改变来访者的体验，而是在于恢复或加强来访者对此时此地的整体觉察力。还有一点也很重要，如果咨询师本身对觉察力没有发自内心的兴趣,那么干预措施必定变得呆板机械。此外,咨询师对自身的体验也需保持自我觉察,事实上,如同现象学探索,这些干预措施必须以强烈而持续的好奇心作为基础。

案例

Ben:我不知道这周该谈些什么。[看上去局促不安]

治疗师:那就先想一想当你和我一起坐在这儿时你觉察到了什么?(治疗师说此话时,也同时在关注自己的觉察)

Ben:我什么也没有发现。

治疗师:你此刻感觉怎样?

Ben:空虚无聊。[沉默]

治疗师:你能给我描述一下"空虚无聊"吗?具体是指什么?

Ben:我好像很紧张,不知道该做什么。

治疗师:你怎么知道自己很紧张呢?

Ben:我的肩膀周围紧绷,我觉得很尴尬。

治疗师:尴尬?

Ben:是的。[沉默]

治疗师:我很好奇,你是怎样感觉到尴尬的呢?

Ben:我觉得有点害羞。

治疗师:接下来会发生什么呢?

Ben:我担心你会因为我上次会谈的表现而批评我。

通过这种方式,Ben 开始把注意力集中在他的躯体反应上,他开始觉察到与治疗师相处时的局促不安,并意识到在咨询一开始自己就比较抗拒,这其实是对担心被咨询师批评的一种自我保护。

觉察区域

现在，让我们来了解一下 Perls（1969）所定义的觉察的三个区域。它们是内部区域（the Inner Zone）、外部区域（the Outer Zone）和中间区域（the Middle Zone）。这一定义的不足在于它容易使人误解，以为内部体验和外部体验可以被完全割裂开来。事实上，觉察力通常是一个不可分割的整体，三个区域彼此之间相互依赖、相互影响。然而，我们可以主观上形象地依次关注每个区域，这样的区域划分还是非常实用的，它不仅可以作为治疗师具体评估的基点，也可以帮助来访者逐步觉察自身的各个方面。为了探索这三个觉察区域的重要意义，我们将依次阐述。

内部区域

觉察的内部区域是指来访者的内部知觉，咨询师往往是无法直接感觉来访者的内部感觉的。它包括一些主观感觉，比如内脏感觉、肌肉松紧、心跳、呼吸，同时还包括躯体—情感状态（body-affective states）即身体感觉和情感的混合。我们也经常从内部感知来体验情感（尽管这通常被列入中间区域，其实这种体验情感可见于各个区域）。最后，内部区域还包括内隐程序性记忆（比如，运动记忆，创伤的身体记忆，对刺激的躯体反应，等等）。

促进来访者提高对内部区域的觉察，行之有效的方式是使来访者的注意力指向他自己的身体和感知。我们可以通过询问问题以达到这一目的（比如"你现在感觉怎样？""你现在体验到了什么？"）或告诉来访者我们所观察到的一些现象（比如"我注意到你的下巴，你是否有什么感觉？""我发觉你双腿绷紧着"）或表达我们自己的体验以促进来访者的觉察（比如"我感觉到胸闷——我想知道你是否也有同感？"）。

> **建议：** 如果来访者很难接触他的内部区域，可以借助下列练习加以引导：
>
> 请你全神贯注地关注你的整个身体，关注你坐在椅子上的重量及身体内部的感觉（这至少需要一分钟的时间）。对于你的身体你还体验到其他什么感觉？（再一分钟……）你注意到了怎样的情绪基调或感受？它位于身体的哪个部位？如果你什么也感觉不到或感觉很少，那么在那儿稍作停留，体验感觉不到是一种什么状态，逐渐加深，并再次尝试探索。注意你的内部感觉有什么变化，并注意伴随这种变化有什么新的感觉。

外部区域

外部区域是对外部环境接触的觉察。它包括我们所有的行为、语言和行动，以及我们如何使用所谓的接触功能（contact functions）（看、听、说、尝、摸、闻和运动感）——我们所有感受和接触环境的方式。如果我们能够关注接触功能，那么，我们对此时此刻的觉察，以及对色彩、形状、音调、性质等的感知都将变得更为敏锐。这种觉察能够转变我们的体验，使我们对周围环境的感知变得更加丰富多彩和充满活力。

聚焦于外部区域还有一个重要原因，它能使我们觉察自己的选择并调整自己的行为方式，从而使他人对我们的行为作出相应反应。我们应该能觉察自己的所作所为以及自己的行为对他人和自身的影响。这样，我们就能对周围环境更加敏感。同样，提高来访者对外部区域的觉察力，最简单的方式就是使他的注意力朝向具体情境中自己的反应、动作或行为以及关注来自外部环境的信息："觉察你周围的环境，你注意到了什么？""你能听见什么？""你想知道我怎样看待你我的关系吗？"等等。

中间区域

中间区域由思维、情绪、想象、记忆和期望所组成。它包括个体诠释内部刺激和外部刺激的方式。简言之,中间区域充当了内外刺激之间的斡旋或协调的角色,其主要的功能是组织体验,从而达成某种程度的认知和情感理解。另一个重要功能是预测、计划、想象、创造和决策。中间区域还包含信念和叙事记忆,因而也不可避免地成为心理障碍的主要成因,中间区域含有自我挫败的核心信念、理解环境和自身的定势思维以及思前虑后对当前处境的影响。中间区域将体验分门别类,从而限定了个体对体验的理解。

提高对中间区域的觉察可能是最难把握的。重要的是不要轻易对来访者的思维或想象妄作判断。我们可以询问——"对发生的这件事情你怎么理解?""你是如何解释那件事的?""如果那是真的,对你意味着什么?""当你说到那件事情的时候,你的眼泪夺眶而出。""当你在说话的时候,我感觉有些生气,这是否与你的体验产生了共鸣?""你对这件事有什么想法(想象、幻想或希望)?""你的结论是……""听起来你的意思是不想这样做。"

> **建议:** 你可让来访者回想先前的觉察力练习(或者是你以前使用过的任何干预措施):你觉得这些练习(或干预措施)怎么样?如果你关注周围环境,你会有何想法?你还有其他的反应和联想吗?(现在开始有意识地在三个觉察区域之间来回穿梭。细细品味,让来访者能够觉察自己的所感、所思、所见及所想等,此时再次关注这些感知时的躯体感受)——"你对此有什么想法?感觉如何?你认为那可能意味着什么?对你的周围和内心你注意到了什么——你是如何对此反应的?"

实际上，健康的个体在日常生活中会穿梭往返于各个区域，当觉察过度权重于某个特定的区域时，其结果必将导致总体功能的失衡，甚至会导致机体障碍。

> **案例**
>
> Molly 过度关注环境以及他人对自己的看法，而相对忽视自己的情感和判断。在治疗中，她认识到自己从来都不知道该做什么，甚至不知道自己究竟想做什么，她依赖他人为自己做决定（外部区域占优势）。Hari 总是对生活忧心忡忡（中间区域占优势）。然而，Sela 则非常强烈地关注自己的躯体—情感状态，以至对其他事几乎充耳不闻，因而，她经常会突然陷入莫名的惊恐状态，对此，她感到束手无策（内部区域占优势）。

关系觉察

治疗师和来访者之间的互动本身也可能成为探索觉察力区域的重要工具。来访者对治疗师的言行做出反应，体现了来访者总体的觉察方式——包括什么是来访者所觉察到的，而什么是来访者所没有觉察到的。治疗师本身即是最重要的工具——治疗师对来访者的反应以及治疗师此时此地的觉察力。咨询师无须解释或说明，可以利用自身的呈现和观察来帮助来访者，即利用自身的反应和觉察，反馈来访者在治疗室内的言行、思维过程以及忽略或低估的矛盾之处（诸如来访者的感受与躯体表达之间的矛盾）。咨询师对自身的反应（来访者所造成的）持开放的态度加以探索，始终以提高来访者的觉察为目的。

在探索的过程中，提升觉察往往会导致躯体唤醒（和随后的放松）。这种唤醒有利于增强躯体活力、恢复能量、反应灵活，使注意和表达更为活跃。咨询师需要对这些迹象保持敏感，以便能捕捉和追踪来访者觉察思潮的起伏。当然，作为咨询师，很难做到尽善尽美，记住：任何时刻，都应*询问*来访者的切实感受。

此外，咨询师也需要善于识别和审视自己的呈现和干预对来访者所造成的影响。来访者对你的体验，其中包含受你自身因素的影响。因此，你经常需反思自己在治疗关系中的作用，并通过询问来访者来加以核实。比如：

"我要求你关注……，对此，你有怎样的感受？"

当来访者的自我觉察变得越来越娴熟时，你与来访者之间的开放性交流可称之为"正念连接"（mindful relating）或"现象学对话"（Houston，2013：33）。此时，治疗师和来访者都能够觉察与聚焦"第三空间"——共同创建的地带。在此地带，两人分享各自的觉察，形成新的意义及新的语言。

体验循环

理解觉察流（the flow of awareness）的一种惯用方式是将之比喻为"体验循环"（the cycle of experience），也称之为觉察循环或接触循环。体验循环是识别主题（figure）形成、阻断及完成的一种简便有效的方法。体验循环可被划分为不同的步骤，从对体验的知觉、识别、命名、理解，到决定如何对之做出反应，随后采取行动，充分接触，直到获得满足感或完成整个过程，然后，准备进入下一个体验循环。

体验循环可繁可简。比如，常见的体验循环是治疗会谈接近尾声时，治疗师觉察到时间的流逝（知觉），意识到会谈即将结束（识别），准备中止访谈（动员），提醒来访者会谈即将结束（行动），然后两人互道再见（接触），来访者离去；接下来，治疗师回顾会谈（吸收），从这次会谈中撤离（撤回）。然后，准备接待下一位来访者（回归初始状态）。在更为复杂的体验循环中，一个社工觉察到自己对心理咨询越来越感兴趣。她寻找培训机会，并选择格式塔课程。多年以后，她完成各种相关培训课程，最后拿到文凭。她感觉心满意足，毕业后，她花更多的时间和家人朋友在一起（或仅仅是举行一次野餐聚会而已）。

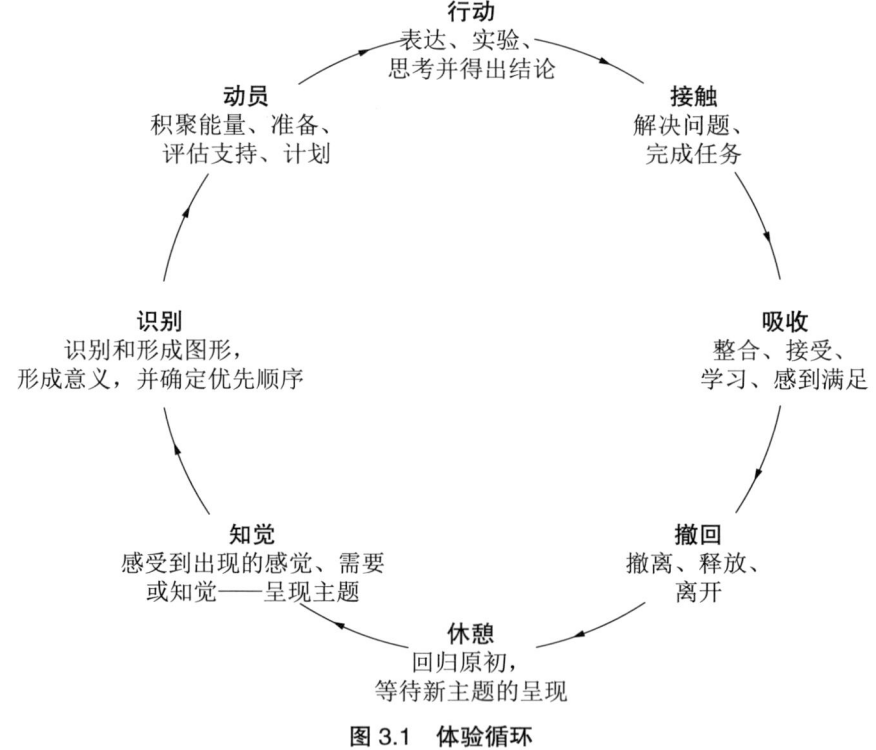

图 3.1 体验循环

用体验循环来理解简单主题诸如饥饿、口渴等较为便利，但在大多数情形下，呈现的主题更为错综复杂，因此我们不得不作出选择：优先考虑哪个主题并投注能量，这个决定往往较为复杂，它将是对复杂主题的整体反应的一部分，并且取决于当时特定的场环境。

因此，我们可能会决定优先考虑完成较困难的项目，而暂时忽略喝茶或小憩。我们也可能考虑答应别人的请求，而之后才想起来需要拒绝别人以便给自己留点时间。决定哪个主题优先考虑，取决于主题的强度、价值、与当前的关联性以及自己与周围可利用的资源。我们还可能会意识到许多主题永远无法得到解决或满足，因此，需要考虑决定何时撤回，尽管这样做会令人懊恼。比如，我们试图去安抚一个刚刚丧亲的朋友，我们知道他的痛苦无法消除，因此，我们需要劝导他去接受而不是对抗。当然，优先考虑某个主题后随之会出现更多共同创建的主题，这使得体验循环变得更加错综复杂［Nevis（1987）描述了可由两人或群体共同创建的"互动循环"。］

所有这些都意味着：将体验循环作为治疗工具并非易事。鉴于体验循环如此纷繁错综，个体要在不同的竞争性主题中挑选并加以关注就显得十分困难。通常，我们很难识别每一个循环步骤的实质是什么，更何况还有很多干扰因素或其他共建主题。当然，在另一种情况下，追踪和识别单一、规律的体验和主题就相对容易，这些体验和主题习惯性地定期呈现（比如，瘾君子的体验循环）。

本书序言中我们曾谈到，我们是如何对心理治疗中的关系问题转变观念的，这一转变促使我们把咨访互动关系与咨访共同创建结合起来。我们对创伤治疗与日俱增的兴趣有助于我们了解这些来访者的适应模式是如此僵化和根深蒂固，以致来访者会将这种适应不良的方式通过共同创建的形式在治疗室内再现，而这种适应不良模式正是造成来访者目前就诊的原因。鉴于此种情况，有时为确保治疗的顺利进展，治疗师需要优先帮助来访者稳定情绪和提升自我调节的能力，而对治疗关系中共同创建的部分暂时不予关注。体验循环的利用特别有助于治疗师把握咨访关系的尺度。

体验循环可用来指导治疗师寻找：觉察体验过程中，能量唤醒和消退可能在哪个环节出现胶着或偏转，这对习惯于在固定环节出现阻断或偏转的来访者尤其适合。下列是一些可能出现的情形：

◆ 一个曾经遭受创伤或虐待的来访者可能在躯体-情感知觉的内部区域处于分离状态。（在**知觉**之前被阻断。）

◆ 进食障碍患者可能在识别其情感的环节上被阻断，她误认为自己的知觉是饥饿而不是情感需要。（**知觉**和**识别**之间的阻断。）

◆ 一位居丧的来访者，她知道丈夫的过世本应引发自己的哀伤，可是她却只能感觉到筋疲力尽、无能为力。（**识别**和**动员**之间的阻断。）

◆ 一个焦躁不安的来访者表现为兴奋多动，但却无法采取有效的行动。（**动员**与**行动**之间的阻断。）

◆ 一个冲动型的来访者总是拈花惹草，但却不能与人保持良好的关系接触。（**行动**与**接触**之间的阻断。）

◆ 一个工作狂与环境接触良好，并完成复杂的工作任务，但是，他从不感到满足，总寻思着如何做得更完美出色，或因为失误而自责不已。（**接触**和**满足**之间的阻断。）

◆ 一个过度依赖的来访者，感觉在治疗会谈中获得滋养，每次治疗结束时都很不愿意离开，他不能撤回能量，也无法接受分离。（**满足**和**撤回**之间的阻断。）

◆ 一个居心叵测的女商人，刚刚完成一个收益颇丰的项目，立即就马不停蹄地寻找下一个项目或机会，无法享受闲暇，总担心如果顺其自然就会不进则退。（**撤回**与**等待新图形出现**之间的阻断）。

在上述例子中，如果来访者能觉察被阻断的能量并完成体验循环，那么他就能恢复健康。

但是，事情并非这样简单。促进来访者按体验循环的顺序自然发展，应该是来访者对自身需要（和选择）的觉察与治疗师的直觉判断相结合的产物，而事实上，只有*来访者本人*才真正理解完成体验循环的全部意义，以及需要花多长时间才能完成体验循环。有时一次会谈就可以完成体验循环，而有时则需要花费几年的时间，还有些时候来访者会放弃体验循环或改变目标。

在结束体验循环的论述之前，我们希望你在此注意体验循环的最后环节——这也是学者们经常忽略的一个阶段——这一阶段发生在撤回和知觉之间，即一个循环完成之后到下一个主题呈现之前的阶段。这个阶段有时被称为"充实的休憩"（fertile void）。如此命名是为了强调纯粹的"存在于斯（being there）"，对自我保持充分而持续的觉察蓄势待发。对咨询师来说，这是一种创造性公正（creative impartiality）的态度。此时，治疗师在没有特定任务的情况下保持适当警觉，随时准备对下一个即将呈现的主题做出反应。这是一种无欲、无知的状态，是主动放弃生物基本的控制欲望，也是完全放弃对未知的思维、情感、欲望、甚至信念的防御。

改变的悖论

现在，我们将转向格式塔治疗的另一个核心概念，即改变的悖论（The paradoxical theory of change）。在某种意义上，改变的悖论是前面这些概念的延伸。由 Beisser（1970）所提出的改变的悖论更确切地说是一种治疗原则。这个原则主张，"改变发生在个体'成为他自己'的时候，而不是在试图将自己'改变成另一种人'的时候。"（p.77）改变的悖论基于这样一种观点，来访者全然地接纳自己，尝试着调整自己的某种固着，改变则据此油然而生。最近十年，许多其他的治疗流派也开始以这一原则为中心，比如，接受和投入治疗（Acceptance and commitment therapy, ACT）、正念训练（Mindfulness Training）、基于正念的认知治疗（Mindfulness-based Cognitive Therapy, MBCT）、情绪取向治疗（Emotionally Focused Therapy）、辩证行为治疗（Dialectical Behaviour Therapy，DBT）。

来访者前来寻求治疗，常常希望在治疗师的指导下按照自己的预想改变自己，或者仅仅只是希望消除某些不愉快的感觉、想法或态度而已。他们幻想自己能脱胎换骨（比如，"彻底摆脱焦虑"或"成为人见人爱的宠儿"）。改变的悖论主张，来访者并不需要刻意的改变，而是需要尽可能充分地觉察和领会自身的各种体验。一旦如此，并相信机体对自身的自然调节，那么，改变就必然水到渠成。

这个原则也可以这样理解，当一个来访者能够深刻地领会自我接纳的含义时，事实上，此刻他自己惯常的态度也正在发生翻天覆地（或根本性地）的变化。这个观点是Perls(1969)在区分"自我实现(self-actualization)"和"自我意象实现(self-image actualization)"时所提出的。这一观点对治疗实践具有重要的启示。治疗师对此牢记在心，就必然会不遗余力地鼓励来访者探索和接纳本真的自己。

在某种意义上，这个基本观点也是自相矛盾的，这意味着为了改变，来访者必须放弃试图改变的主观愿望，而成长和改变只有通过连续不断的觉察、接触和吸收的自然过程来实现。

创造性中立

探索觉察过程中最为有效的态度就是创造性中立（creative indifference）。这一观点源于东方的灵学（Eastern spirituality），它与佛学中的禅宗或正念有异曲同工之处。创造性中立并不是指治疗师采取漠不关心的态度，恰恰相反，这是一种创造性公正（creative impartiality）或创造性中和（creative neutrality）。创造性中立基于这样的观点，即治疗师通常不应该期盼某种特定的结果。这是面对存在的不确定性的一种不可知态度——这绝非易事。这意味着治疗师一方面要对整个治疗过程保持强烈的好奇和兴趣，同时，又要避免刻意地策划任何特定的结果，治疗师要乐于接受任何"存在"的自然呈现。

这种自然呈现在自然界比比皆是。园丁为植物提供适宜的光线、温度和水，清除杂草并防止病虫害。这样，植物就会自然生长并逐渐成熟，直到"开花结果"。园丁并未将自己的意志强加于植物，更没有去"制造"花果，而是一切自然而然。格式塔治疗同样涉及"相信来访者的自然成长"，而不应受任何特定结果的束缚。这就意味着，治疗者要全身心地以来访者为中心。当然，这一态度也是场理论（field theory）和现象学方法的核心，意味着对来访者的存在选择持一种接纳的态度。创造性中立认为个体的自我调节是朝向自我完善的，个体都拥有深层的智慧。重要的是，如果治疗师能通过治疗为来访者提供适宜的条件，那么来访者都会选择最适合他自身发展的成长方向。

不言而喻，创造性中立并不是什么特定的技巧或技术，它是指格式塔治疗所需要的基本态度。如果能全身心地投入到此时此地的情景中，与人交往时不带任何先入为主的观点，这是多么令人振奋。每当面对未知事物，我们总感觉忐忑不安，想要通过计划和预测来控制事态。对于那些脆弱自我的来访者，更是如此。但作为格式塔治疗师我们不仅应该抵制这种冲动，而且还要不畏彷徨，静观其变。

改变悖论使得格式塔治疗与其他心理治疗模式形成鲜明对照，有些治疗模式注重行为结果，致力于消除各种症状并将阻抗视为需要克服的问题。而在格式塔治疗，在来访者缺乏足够的自我支持的情况下，各种症状和阻抗常常被看作来访者创造性适应的迹象。如果治疗师试图消除这种阻抗就相当于剥夺或压制来访者的重要心理组成部分。

如果来访者的创造性适应或困境能被接受，他们的觉察力也会随之得到恢复，来访者各种不同的方面都可能作为其成长和变化的自然资源。

> **案例**
>
> ［摘自本书作者的治疗记录］Jean-Luc 前来求助咨询，原因是一连串人际交往的挫败使他痛苦万分，使他对今后的生活畏惧不安。他说，自己想恢复平静，不想再"回首往事"，因为在之前的咨询经历中，他曾经因为这样做而感到是浪费时间。在评估会谈中，他问我要怎样做，才能感觉更好一些，希望我能给出一些答案。他认为他的社交缺陷（如他所描述的）源于其人际交往中的不当行为。在我们开始为最初的六次会谈制订协议的时候，我向他解释，我不大赞同他对治疗的一些预想，我认为在得出任何现成答案之前，首先需要从一个完全不同的角度来重新理解他的经历。Jean-Luc 对我的话将信将疑，但还是勉强同意尝试，反正也已是穷途末路，重新倾诉这些痛苦是种缓解。在接下来的几个月中，他详细地向我诉说他的境遇，并越来越少地征询我的观点或建议。整个治疗期间，我大多聚焦于现象学探索，提高他的自我觉察力，提供一种对话关系。我并没有在人际交往方面对他提供任何建议或指导。
>
> 回顾这六个月的治疗，Jean-Luc 简直不敢相信——他更加热爱生活，对自己的境况更有信心，并且与人开始了新的交往关系——到目前为止，这一关系并没有重蹈覆辙。他对此改变感到疑惑不解，我和他都没有"试图"刻意地做出改变。

大多数格式塔治疗师都有过这样的体验，即治疗中改变的悖论所产生的疗效非常微妙，来访者通常能感到咨询对自己的帮助，但却不能清晰地说明改变的由来。

最后，需要澄清的是，人类的处境往往错综复杂，一些刻意选择的、深思熟虑的改变期待也是十分必要的，这种改变期望往往需要决心和勇气。比如，决意停止自我挫败的成瘾行为；或决定刻苦学习，实现梦寐以求的愿望。迫于社会文化的内射性愿望，与充分觉察后的真实愿望，两者之间通常并非界限分明。我们希望在本书随后的章节里向大家阐述如何在治疗中既能遵循改变的悖论，又能尊重来访者的自主选择。

推荐书目

Fodor, l. (1998) 'Awareness and meaning-making: the dance of experience', *Gestalt Review*, 2 (1) : 50-71.

Gaffney, S. (2009) 'The cycle of experience re-cycled: then, now…next? ', *Gestalt Review*, 13 (1) : 7-23.

Kabat-Zinn, J. (2003) 'Mindfulness-based interventions: past, present and future', *Clinical Psychology: Science and Practice*, 10 (2) : 144-56.

Nevis, E. C. (1992) *Gestalt Therapy: Perspectives and Appfications*. New York: G. I. C. Press.

Philippson, P (2005) 'The paradoxical theory of change', *International Gestalt Journal*, 28 (2) : 9-19.

Ribeiro, W. (2005) 'The non-paradoxical theory of change': *International Gestalt Journal*, 28 (2) : 19-23.

Staemmler, F. M. (1997) 'Cultivating uncertainty: An attitude for Gestalt thera-pists', *British Gestalt Joumal*, 6 (1) : 40-8.

Yontef, G. (1993) *Awareness, Dialogue and Process: Essays on Gestalt Therapy*. Highland, NY: Gestalt Journal Press.

第四章　治疗关系的建立

过去的二十年间，格式塔治疗的"关系理念"（Relational Gestalt Therapy）逐渐成为格式塔文献和培训中的常见术语。这一趋势促使人们在临床实践中越来越聚焦于治疗师与来访者之间的互动与共同创建。格式塔治疗强调将治疗关系作为改变的关键动力，治疗师和来访者在访谈过程中相互影响与改变。

格式塔治疗中的治疗关系取决于以下三个相互依存的因素：

◆安全容器（safe container）的提供（第一章已论述）。
◆工作联盟的构建。
◆提供对话式关系（dialogic relationship），并有意愿协作展开对关系的探索。

工作联盟

工作联盟的建立始于治疗师对来访者的帮助、支持与投入。来访者同意接受商定的基本条件（如定期治疗，费用等），并愿意参与改变，治疗关系就开始形成了。一旦治疗师和来访者决定开始工作，工作联盟（有时称为治疗联盟或工作关系）的建立也就随之开始。这种联盟包括建立积极的伙伴关系，治疗师与来访者之间的相互信任，即双方对共同工作及治疗目标有着一致的理解。

这也意味着双方同意合作是基于对各自良好动机的信任。即使来访者有时感觉难以与你相处，或觉得你具有威胁性，但仍坚信你的初衷是为了让他/她获益。治疗师也认为在这种工作联盟中，来访者本质上会竭尽全力，与治疗师的沟通也会诚实可信。

正是工作联盟确保了治疗的顺利开展，即使来访者有时认为你不够胜任，或你认为来访者对自己不够尽心尽责。就治疗师而言，若想获得来访者的信任，必须具有认真负责的态度。即使治疗陷入困境，仍应尊重来访者，与来访者共渡难关。

工作联盟的建立不仅耗时费力，而且还会遭遇各种波折，尤其是当来访者感到被治疗师忽视或批评时，工作联盟常常岌岌可危。这时，你需要识别导致信任危机的所作所为，并愿意向来访者坦诚自己的失误（如一次无效的干预，或临时因故取消会谈）。

这并不意味着治疗师不等来访者作出任何反应便急于认错，与来访者共同探讨他对你的反应，这对避免关系冲突至关重要。更重要的是，治疗师需表达愿意从利于治疗的角度，开诚布公地反思或承认自己的错误，这不仅能使来访者相信你的竭尽全力，同时，也向来访者示范了如何以开放、探寻的态度去面对困境，而不是自我贬低或回避问题。有经验的治疗师都深有体会：治疗联盟常会出现裂痕，需要咨访双方通过公开讨论和共情性理解来不断修复（见下文"对话式关系"）。

鼓励并加强工作联盟最重要的方法之一便是和来访者一起定期回顾治疗关系是否牢固，有益进程或富有成效。这包括监测治疗是否朝向预定的目标，治疗师的干预是否卓有成效，据此重新调整治疗关系或策略。事实上，疗效研究（Miller 等人，2008）显示，听取来访者的反馈能显著提升治疗效果。来访者能感到自己在治疗中的积极作用和影响。治疗师应根据需要，调整治疗过程中治疗师的态度，以促进这种合作关系。治疗师也需追踪观察干预效果，根据来访者对干预的反应，调整干预策略，使干预措施与治疗进程同步。

形成治疗联盟的强度与速度取决于以下几个因素：来访者的人格特点，以往的人际信任度、自我责任感及治疗师恒定的理解与支持的能力。在短程治疗中，治疗联盟需快速建立。而在长程治疗中，尤其针对有虐待与遗弃问题的来访者，建立治疗联盟是一个循序渐进的缓慢过程，甚至，在相当长的时间内治疗的焦点是建立稳定的治疗关系。

为了确认治疗联盟的建立，可以问下述三个问题。

◆双方是否明确在治疗中需要一起努力的内容？
◆来访者是否积极参与治疗过程？
◆即使在困难或痛苦的时候，双方都愿意努力保持关系与沟通？

> **建议**：治疗时对照上述三个问题：治疗联盟何时最稳固，何时最脆弱？差异在哪里？是否怀疑过治疗师的良好愿望或治疗师的努力？请回想你曾费心治疗过的一个来访者，对照上述三个问题。想象你的来访者会怎样回答？

总之，工作联盟是治疗历程的重要基础与保障。

对话式关系

> 人的内心都渴望接触——尤其渴望知心的对话……每一个人的内心都极度渴望被"企及"——自己的独特性、整体性，甚至脆弱都能被人理解与接纳。（Hycner and Jacobs, 1995:9）

格式塔理论提出了一种特殊的治疗关系,称之为"对话式关系(dialogic relating)"。这一概念源于哲学家 Martin Buber（1958/1984）的思想,可以被描述为:

> 真诚地将他人作为一个独立的个体去体会/感觉/体验（而不是一件物体或某一部分物体),是毫无偏见的、深入地领会他人体验的一种意愿。甚至愿意尝试去理解难以言表的含义和无法呈现的真实。(Hycner and Jacobs, 1995:xi,)

治疗师要呈现对话式关系,必须全身心投入、理解、接纳来访者,并对来访者真诚相待。当然,这一要求常常难以企及。事实上,我们大多数人常以此为目标,在工作中不断靠近这一理想境界。重要的是治疗师需具有这种意向。这也是格式塔治疗与其他心理治疗的区别之处,有些治疗可能以诠释、干预或行为重塑为治疗成功的关键因素,而相对忽视治疗师的"本色"或参与,忽视与来访者的关系,而这些正是格式塔对话中的基本要素。

对话式关系首先是治疗师对"投入对话式关系"的承诺。然后是接受治疗双方互动对治疗关系的影响和改变。对话式关系具有几种特征,不同的作者在描述时其侧重点会有所不同,但基本上包含以下四个要素:参与(presence)、肯定(confirmation)、融入(inclusion)和开放的态度(willingness for open communication)。

参与

简言之,参与是指治疗师对治疗全身心地投入。治疗师尽可能地呈现在此时此地,集中注意,保持对来访者坦诚相待的意愿。在这样做时,治疗师会允许自己受来访者的影响、被触及、感动,甚至改变。有时,这意味着在这种关系中,治疗师会袒露自己的反应,表达自己受来访者影响的体验。这成为格式塔治疗师十分重要的一个方面,我们将在后文中不断重复这一话题。现在,尝试是否能马上进入参与状态。有很多方法可以帮助你,这里提供一种传统的格式塔训练方法。

> **建议:** 接着第三章的觉察练习,让觉察在三个区域内来回穿梭,观察自己的能量或注意主要集中在哪里。观察自己何时感到顺畅,何时感到僵硬或停止。现在,你就可以在较好的状态下选择参与到此时此地中。在你所在的房间中选择一件物体,看看你是否能"参与"到这一物体中。

当然,咨询师还必须能巧妙地参与到自身、来访者以及治疗关系中去。为了做到参与,治疗师将动用自身所有的感觉与觉察用于承接来访者,使自己完全地专注于来访者。在某种程度上,参与是治疗师的某种品质,你需要放下(或悬搁)其他的关注及努力,并让自己"在那儿"。这完全不同于扮演某个角色或施加某种影响。

初学时,治疗师会问"格式塔治疗师应如何做?",他们似乎觉得自己应采取特别的行动或担当具体的角色。从某种程度上说,最理想的参与便是创造参与的氛围。这也就意味着治疗师必须真实,即如果你感觉心烦意乱,不要假装兴致勃勃;如果你感到焦躁不安,不要假装竭尽全力。这也意味着来访者会看到真实的你,而不是看到你希望被看到的你,这也许还意味着你需要放弃"仁慈而智慧的医者"的自我满足。

肯定

我们内心深处最强烈的自我欣赏、自我爱恋及自我认识会在那些完全接纳我们的人的面前萌生与浮现。(Zinker, 1975: 60)

对许多人来说,与治疗师或咨询师在一起是他们第一次被人真正地倾听、重视及理解，他们的想法、感受和需求第一次被认真地对待。这本身就极具治疗作用。我们可以将此描绘成被另一个人"完全接纳"。一些幸运的孩子从他们的母亲、父亲或主要看护者那儿获得此体验。其他一些人则从慈爱的祖父母或亲戚身上获得此感觉。基于神经生物学研究的支持，许多发展心理学家将这种关系体验看成自我安全感与心理复原力最重要的基础。这并不是说完美的父母就是无休止地让孩子为所欲为或对孩子姑息纵容。简单地说，这是一种被无条件接受的感觉，无论你的行为多么不好，无论你多么难缠，你都依然被喜爱和重视。

> **建议：** 回想在你过去或现在的生活中一个完全接纳你的人（或一个宠物）。他给你的生活带来了怎样的变化？他的缺失会给你带来哪些影响？

肯定并不意味着你赞同或默许来访者告诉你的每一件事，显然，你一定会不同意他的某些价值观，或不喜欢他的某种行为。例如，治疗师也许对诸如种族主义、暴力，以及虐待等问题有自己强烈的看法，且有时感到有必要将此告诉来访者。关于自我袒露的技术，我们将在稍后进行讨论。

格式塔治疗师试图接受或把握的，不仅包括来访者可以理解的那部分，而且包括来访者疏离、偏转（deflected）或意识之外的那部分。这包括来访者的潜能——他们可能成为怎样的人。在这一点上，肯定更多地意味着融入，而不仅仅是"接纳"。例如，一位惯于自我批评的来访者常常难于肯定自己的优点，而咨询师则需要向来访者肯定这些同时存在的品质。与许多难能可贵的品质一样，"肯定"这种品质也是可遇不可求的境界。有时候，一些来访者难以得到肯定，尤其是治疗师处于负性反移情（见十二章）时。然而，当我们想到其实来访者和我们都一样是脆弱的人类，但仍在艰难的环境中竭尽全力时，我们能更好地肯定来访者。

融入

融入是指咨询师试图将来访者的体验纳入自己理解的范围。治疗师要乐于接纳来访者的表现，并在不丧失自身主观感受与体验的情况下去体会来访者当下的"感受"。（习惯上，融入被认为与共情有所不同，但我们同意 Stawman（2011）的观点，他认为融入和共情基本上都阐述了相同的主体间过程，你可参阅 Staemmler［2012b］对此的深入论述）。

融入意味着认知、情感和躯体方面的共鸣，这要求咨询师充分地体验此时此刻的主体间场（intersubjective field）。

融入还包括咨询师对自己感受、反应及体验的觉察。他不能完全地沉浸在来访者的故事或体验中而迷失自己。相反，他总是能觉察到自己的体验与存在，并且使自己与对方保持一致，允许自己被影响。融入包括所有感知到的来访者的现象（躯体语言、情绪反应、言语内容）的混合物，而且包括对咨询师的创造性想象。但是通常人际间的交流是通过不同的隐晦方式无意识地进行着，所以我们鼓励你去关注你体验到的想象、感觉或感受，这也许还能为你提供更多有关来访者的信息。

> **建议：** 回顾最近的一次治疗，一名来访者告诉你一个问题，根据你脑海中来访者的形象，问自己下面几个问题：
>
> 他通过语言、躯体姿势、情绪、精神状态等正与你交流什么？
>
> 当你在倾听来访者讲述的时候，你自己有什么反应、想法和感受？
>
> 根据他的个人史，比如童年期或自我概念，你觉得这一问题有何特别意义？
>
> 假设自己就是这位来访者，想象一下他对他所面对的困难有怎样的体验？

> 现在回来再反问你自己：
> 如果你自己是来访者，遇到这个问题，你会如何感受与思考？
> 你希望立即从治疗师那儿获得哪种回应？
> 现在识别：
> 共同构建的治疗关系的质量如何？你对这段治疗关系的感受如何？。
> 经过前面几个步骤，你怎样才能将你的理解尽可能地传递给来访者？

融入的传达

融入通常可以不必借助直接向来访者表达而被传递。治疗师可通过态度、姿势、语调等所有非语言的行为来传达融入。融入具有良好的治疗作用，它可以使治疗联盟更为稳固，增进信任并验证来访者的体验。而且，如能用语言表达你对来访者的这种融入，将有助于来访者在更深、更广的层面理解自己，接纳自己。

最全面的融入应涉及所有的体验（思考、情绪、想象、知觉及躯体过程）。如果你紧随来访者并对其体验了如指掌，那么，你将会与来访者保持步调一致，并能自然而然地表达你的感受。

在你努力与来访者保持协调一致的过程中，你不可避免地会犯错误，这是一个自然而有利的过程。其中的好处便是你努力纠正错误与来访者同步，这可以使来访者感觉到你的竭尽全力，并愿意承认有时你的理解会有误。你难免会与来访者步调不一，你必须及时作出调整并接受反馈。因此，你可以温和地传达融入（"我想知道如果……" "我在想……" "你看上去……" "当我听你讲述的时候，我感觉我的身体……"）并向来访者核实是否准确。而如果你误解了来访者，则需让来访者感觉自己能自由地向你反馈。为确保融入与参与，你需要全神贯注，并灵活地在你自己的世界和来访者的世界间来回穿梭。即使你的这种注意力保持得不够持久，你也不应该感到灰心。更重要的是你努力与来访者保持同步的意图和愿望。

开放的态度

开放的态度是对话式关系的第四个原则。来访者必须感觉到能毫无保留地与你交流他的各种体验，同样重要的是，在真诚的心灵沟通中你也愿意将你的反应开诚布公地告知来访者。我们已经讨论过融入的重要部分就是向来访者表达共情以核实来访者的体验。但是对来访者的其他部分你又将如何处理呢？你还会与来访者沟通这些部分吗？或只是深藏不露？这个问题并不能一概而论。我们的原则是真诚地与来访者讨论对来访者有帮助或能引导来访者产生新的人际行为的反应，或还可以与来访者分享（必要时）自身原因可能对治疗关系的妨碍，或揭示目前的关系动力学。

显然，一旦产生任何想法或反应就脱口而出并不明智。勿庸置疑，这会阻碍访者的意识流向，诱导来访者的顺势附和，或打断来访者的自我探索。许多重要的信息可能因治疗师过于急切的解释或理解而失之交臂——而没有等到错综复杂的意义自然浮出水面。事实上，有着羞耻或自恋倾向的来访者很容易被治疗师不成熟的自我袒露所干扰。更重要的是，咨询师的一些反应或感觉也许是源自自身未解决的问题，且将其强加到来访者身上。我们认为，根据经验，治疗师在选择告诉来访者有关自己的体验时应具有充分的理由（或事后反思补充陈述理由），并且需要考虑何时以何种方式自我袒露，袒露到何种程度，具体袒露哪些内容。

自我暴露指南

当你决定将你的体验与来访者分享时，需确信你只是在表达你的感觉、思想或想象，避免任何诠释或评判，并且自我袒露应针对此时此地的情形。比如

"在听你讲的时候，我发现自己有些悲伤／愤怒／高兴。"

第四章 治疗关系的建立

"在听你讲述被虐待的情形时，我感到心烦意乱。"

这显然比下列表述更为适切。

"这件事情太糟了。"

"他不应该这样对待你。"

有时，你还可以邀请来访者一起探索："我觉得我们之间正在发生什么，你是否感觉到什么？"切记，沉默也是一种强有力的沟通方式——无论是消极的还是积极的。

在你与来访者分享自己的体验之后，你必须注意来访者的反馈。你需要观察来访者是否感兴趣，能否参与进来，是否有所反应，并需要准备帮助来访者表达他对你所说的话的感受。

如果你不是很确信是否要自我暴露，你可以考虑下列问题：

◆ 含而不露是否会削弱你与来访者的关系？我们已发现，说出自己短暂的分神就可以释放压力，并促使治疗师更加专心致志。当然，那一刻的分神很可能表明治疗关系中存在某种深层的动力。

◆ 如果一种感觉、想法或意念持续了一段时间，尤其在多次治疗会谈中持续出现，（而且只有与这位来访者在一起的时候才出现，）你就可以假设这也许与来访者有关，因而比较适合与这位来访者讨论。通常只有通过讨论，新的意义才会呈现。

◆ 来访者提及的问题或话题，是否引起你强烈的看法或反应。如果是，保留这种反应，事后加以反思或接受督导。

◆ 检查一下你自我暴露的愿望是否属于一种反移情，这一反移情也许需要加以探究，或暂时悬搁（bracketed）。

通常，最为重要的是与来访者开诚布公地交流的态度和意愿，而是否选择自我暴露则需要视具体情形而定。

当来访者打探治疗师的个人生活或经历时，自我暴露就变得尤其紧迫。治疗师此时需考虑自己所要暴露的内容及原因。你的答案部分地与你格式塔治疗的个人风格有关。无论你做怎样的决定，有一点很重要，即来访者提问的时机通常与治疗进程有关。答复中也应该包括所提问题和回答对来访者的意义的探讨。当来访者问你是否曾经有过与他类似的情形，也许是在表达担忧自己被误解。而且，他会因你的答案——感觉被肯定或否定——而受到鼓励或打击。通常，除非你慎重地思考过自我暴露的积极意义，否则你完全没有必要暴露自己的个人生活。如果你此刻难以确信，通常最好这么回应："这是个有趣的问题。在回答这个问题前，我想花点时间思考一下。"或"我想以后再回答这个问题。"

在对话式关系中工作

当一个治疗师做到上述四个方面：参与、肯定、融入与开放的态度时，他可以说是在以我—你（I-Thou）或对话性的态度对待着来访者。努力将来访者看作一个独立的人，不去分析或试图操纵，而是开放地对待，并提供支持与帮助。当你尝试保持这种态度时，你会不可避免地发现这很难持久。大多数人会谈中往往只能保持短时间的完全参与或融入。

如果来访者（或任何人）也能从你—我的角度作出反应，那么在某种程度上，这种交往是人际交往中的最高境界。Martin Buber 认为这是对话的终极目标与最高成就：在这个所谓的"我—你时刻（I-Thou Moment）"，两个人全身心地参与到此时此地的互动关系中。

也许，你很幸运地在治疗中（或在生活中）体验过这样弥足珍贵的瞬间，与对方形成一种深刻的联结，无须语言，穿越时空，并似乎已超越了关系的一般界限。然而，最简单地说这是一种无我而充分接触的人际体验，个体在此刻的充实和活力会令人心满意足。

作为治疗师，你还有责任去评估、计划及"思考"治疗的具体进程。当你从这个角度进行治疗时，这就是所谓的与来访者的我—它（I-It）关系。我—它关系是一种基于既往经验的关系。我们看待人与事物都是依据我们已有的看法。我们眼中的世界常常是根据我们如何利用和控制环境而得出的结论。

有效的我—它关系是一种基本行为，包括签订协议、评估、安排治疗时间，以及处理突发事件，如突然提出延长治疗时间，或协商何时结束治疗。此外，它还包括对咨访互动进行反思，思考和感觉来访者对你的反应或你对他的反应。

提供对话性态度在某种意义上是一种循序渐进的实验，治疗师需要持续地监测，并随时调整自己的参与和沟通方式，以便为来访者提供最好的服务。这一点对严重混乱或自我脆弱的来访者来说尤为重要。这里，负责的我—它关系对维持治疗所需的结构和环境至关重要。在治疗的起始阶段，或当你回顾治疗进程，或治疗停滞不前的时候，我—它关系就更加显而易见。意识到这一事实的同时，你应努力使我—它关系降到最低限度，尽可能多地趋向我—你态度。

Jacobs（1998）将格式塔治疗描绘成我—你关系与我—它关系不断交互作用或两者之间切换的过程。

在结束之前，我们来看看如何权衡关系的优先顺序，由于治疗关系受很多因素影响，因此，我们始终强调基本的、持续的治疗性接触。然而，有时来访者需要撤退，或从积极的互动关系中撤回。那时，最优先的事情便是允许来访者调整他们的关系距离，耐心等待来访者的下一个需求。

总结

这一章阐述了如何与来访者逐步建立良好的治疗关系。这包括创建安全的治疗环境，对治疗目标达成共识，以及治疗师与来访者形成信任的纽带。随后，格式塔治疗可以朝向对话式关系（在这个关系中，治疗师向来访者表达参与、肯定、融入以及开放的态度）发展。当然，实际操作中可能并非完全如此按部就班；例如，有时对话式关系可能出现在信任建立之前，或在确定治疗方向前就已经形成。然而，对来访者来说最重要的是在格式塔治疗中真切感受到治疗师的认真态度、不加评判、理解与接纳。就此而言，现象学与对话是格式塔咨询的基本原则。

推荐书目

Chidiac, M-A. and Denham-Vaughan, S. (2007) 'The process of presence: Energetic availability and fluid responsiveness', *British Gestalt Journal*, 16 (1) : 9-19.

Fairfield, M. and O'Shea, L. (2008) 'Getting beyond individualism,' *British Gestalt Journal*, 17 (2) : 24-37.

Gremmler-Fuhr, M. (2004) 'The dialogic relationship in Gestalt therapy,' *British Gestalt Journal*, 13 (1) : 5-17.

Hycner, R. A. and Jacobs, L. (1995) *The Healing Relationship in Gestalt Therapy*. Highland, NY: Gestalt Journal Press.

Mackewn, J. (1997) Developing Gestalt Counselling. London: Sage.

Mayer, K. (2001) 'A relational perspective on Gestalt therapy and the phenom-enological method', *Gestalt Review*, 5 (3) : 205-10.

Spinelli, E. (2005) 'To disclose or to not disclose,' *International Gestalt Journal*. 28 (1) : 25-41.

(Continued)

(Continued)

Staemmler, F-M. (2004) 'Dialogue and interpretation', *International Gestalt Journal,* 27 (2) : 33-58.

Stawman, S. (2011) 'Empathy and understanding', *British Gestalt Journal.* 20 (1) : 5-13.

Yontef, G. (2002) 'The relational attitude in gestalt therapy,' *Intemational Gestalt Joumal*, 25 (1) : 15-35.

Zahm, S. (1998) 'Therapist self disclosure', Gestalt Journal, 23 (2) : 21-52.

第五章　评估与诊断

评估过程让大多数格式塔治疗师感觉左右为难，因为作出评估意味着治疗师以"专家"的姿态对来访者作出评估和定性，这似乎与格式塔治疗的基本原理背道而驰。

第一，给来访者贴上一个诊断性的标签，似乎意味着来访者在某种程度上是静态而一成不变的，似乎用简单的术语就能将他一言以蔽之。第二，从历史和社会的角度来看，诊断通常缺乏人性，过于教条或断章取义；第三，诊断的统一术语可能掩盖来访者的独特性，造成假象：专家比来访者本人对问题的理解更胜一筹；第四，诊断颠覆了格式塔的基本治疗原理。格式塔治疗原理认为：提高觉察、关系接触以及活在当下这些因素，本身通常就具有良好的心理治疗效果。如果上述还不足以说明，那第五点，目前公认的诊断系统因存在严重的缺陷而颇受争议，尤其这种绝对化的分类方式对理解来访者错综复杂的心理现象毫无裨益。而且诊断系统的形成多半是受行政干预和制药企业的影响（Verhaeghe，2004，2007；Leader，2008）。

尽管上述观点不无道理，但我们依然认为对来访者进行最初和持续的评估具有不可替代的作用。无论从专业还是伦理需要的角度，评估必不可少。

至此，我们需要对诊断与评估加以区分。诊断是判别目前或持续存在的一种情形——对此命名，并与其他情形鉴别。而评估则更趋于对此时此刻的情形作出评价性描述，更适应于随时变化的情形。根据我们的观点，正式的诊断名称在心理治疗领域中的应用具有局限性，但也具有重要的评估作用。在接下来的讨论中，我们将使用与格式塔原理相一致，更为宽泛、更类似于评估的诊断。

评估是关系的组成部分

评估无处不在。正如我们在第二章所描述的，人类认为世界、生活充满各种意义。我们感知环境的方式就是不断对之进行评估与判断。尝试着每时每刻地去观察、定义和理解周围环境。例如，我们结识一个人，对其形成主观判断，与之交往，对此人形成印象，例如喜欢或不喜欢，这本身就是一个持续评估的过程。尽管我们很难觉察到这一过程，但它却是你各种关系评估的组成部分。具有这样的过程你才能在遇到老朋友的时候脱口而出：好久不见，见到你真高兴。

评估作为关系的一部分同样也发生在咨询室内。从第一眼见到来访者，咨询师就会有意无意地关注来访者的一言一行，并形成初始印象：来访者的年龄、步态、面部表情、着装、情绪基调、交往模式，以及咨询师对自身反应的觉察，对咨访关系的判断。浮现这些印象不仅是咨询师收集重要信息的开始，也是咨询师对来访者的不自觉评估。

> **建议**：回想你最近对来访者所做的初次评估（或者你在社交场合与人的初次会面）。你对他的第一印象如何？你对他的猜测、判断和情绪？你可能会这样描述："我有这样的直觉……""我相信我能信任／或不信任他……""我感觉他……"最终，这种印象究竟有多准确呢？

不可思议的是，有时第一印象出奇地准确（但有时也未必）。（对此感兴趣的读者可参考 Gladwell，2006。）

当然，"无意识评估"这样的事实似乎与格式塔治疗的许多方面自相矛盾。一方面，我们努力客观地全面考虑每个来访者的独特性，包括其独特环境以及独特的人际关系，同时兼顾他在关系中自然呈现的动力过程。但另一方面，我们自然而然地形成印象，作出判断。这种印象也是一种事实，根据我们的经验，许多临床现象和行为问题都可能呈现出可捕捉到的重复模式，而这些重复模式对结果具有良好的预测作用和治疗意义。

为了有效地帮助来访者，在理解和定义来访者的重复模式、固定格式塔以及习惯性风格的时候，我们需持开放态度，以便理解来访者与外界的这些接触方式是如何导致其问题的。

比如，边缘人格障碍的来访者往往需要更为明确的治疗边界。自恋人格障碍的来访者需要较多的引导。而存在自杀高危风险的抑郁症患者和受过性虐待的患者则往往对躯体边界极为敏感。类似这样的概括——可适当选作治疗指南——将有助于提升治疗师工作的效率和安全性。

> **建议**：反省自己生活中是否存在固定或重复的行为模式。比如，你认为自己性格害羞或外向；或你认为自己属于"思考型"还是"感觉型"；或你觉得自己驾轻就熟和还是手足无措；你是否存在自我否定或自我贬低？以"我是……"开头造一个短句，注意当自己被贴上标签时你有何感受。你是否特别在意这些描述，或者仅把它当作"描述"。哪些标签你特别不喜欢，为什么？

初步评估是基本的专业技能

"理想"的治疗情形应该是来访者了解并接受格式塔原理，接受格式塔治疗对经济和时间的限制。他主要的愿望便是了解自己。他满怀期待地投入治疗关系，不断觉察和改变自己挫败性的接触模式，逐步实现自我潜能，跟从自我创造力的引领。在这样的个案中，诊断显得无足轻重，治疗的每次访谈和访谈的每一时刻都自然而然，治疗师不断回顾治疗过往，核实治疗进展，治疗将成为一段真诚的咨访相互探索的旅行。

然而，很少有来访者以上述开放的态度来求助。通常，来访者希望能消除他们的各种抑郁状态。他们感到生活困难重重、举步维艰。有些来访者则同时遭受抑郁和焦虑之痛，或有些来访者感觉内心混乱，还有些来访者在日常社会功能方面出现了问题——如人际关系、工作或其他关于存在意义方面的困扰。他们对治疗有所期待，希望治疗师的专业能力可以在尽可能短的时间内帮助他们解决问题（通常只有短程治疗才能获准医疗保险）。但是，我们认为如果治疗中咨访双方不能就下述重要议题达成一致，治疗本身就不符合专业要求。

总之，咨访双方需：

◆ 确定当下的议题，以及这些议题的重要性和含义，明确来访者希望获得的改变；

◆ 理解问题及其含义；

◆ 确定目前需要立即关注的任何对己对人的风险因素；

◆ 确定治疗可能激发的任何风险或不利因素；

◆ 尽可能确定治疗师对于处理这类问题是否适合和称职；

◆ 就治疗效果或至少对咨询方向达成一致；

◆ 确定动态评估治疗效果的指标。

当然，这一过程必将随着治疗的进展不断更新调整。

诊断有助于专业人员间的沟通

我们认为，如果格式塔治疗想要在广泛的治疗领域获得尊重和认可，那么格式塔治疗师必须对来访者的问题加以诊断性描述，正式的诊断有助于格式塔治疗与其他心理治疗流派进行交流。当格式塔治疗师向其他治疗师、全科医生、社会工作者以及精神科医生转介时，这一点显得尤为重要。

> **建议**：选择一位你咨询多次的来访者，假设他的全科医生需要一份报告，以便制定特定的治疗方案（你和你的来访者都认为这是个好主意）。在不适合使用特定的格式塔专业术语的情况下，你将如何描述来访者的问题、诊断以及你的工作重点。

如果你熟悉专业的诊断方法，比如 ICD（the International Classification of Diseases，国际疾病分类）或者 DSM（精神疾病的诊断和统计手册，尽管最近出版的的 DSM — 5 即便是在精神科领域，其信度和效度也受到许多质疑），你作出诊断就相对比较容易。而且，专业的诊断有利于检索相关文献资料，比如，不同类型的抑郁症可能的预后、自杀风险、复发率以及相关信息，等等。

从最简便的角度来看，使用诊断术语有时能简化转介过程。你可以打电话问你的同行："你是否方便接受一个因交通事故引发的创伤后应激障碍患者？"你的同行立即就对这个转介个案的性质、可能的情形以及所需治疗的时限及频率有了大概的印象。

与来访者协商和共同诊断，有助于建立治疗联盟

"过程—聚焦"的格式塔诊断，与标准的医学诊断存在较大的差异，格式塔诊断更注重描述性、现象学及其灵活性，而不仅仅是定义式的标签。格式塔诊断是尝试理解来访者独特的模式、主题及其重复出现的问题（本书第二章一开始的一段对话，便向我们列举了一个轻松的格式塔诊断的过程。）格式塔诊断首先是对过程的描述，即来访者此时的行为模式（来访者与你的关系，以及当下咨访互动的场），因此格式塔诊断意味着是一种动态或"格式塔式"的描述。比如，你可能会描述一个"自恋过程"，而非冠以自恋症或自恋障碍。你可能会说这个来访者此刻正在"内转"，而不会说他是个内转型的人。

格式塔诊断是指对来访者生活中固化的格式塔（或几种格式塔）的动力学描述。固化的格式塔是指：既往某个时段对环境所做出的创造性调适，成为一种习惯性延续但已不适用于目前的情形。治疗便是要松懈这种固化的格式塔，帮助来访者由静止僵化的模式转变为灵活的适应性反应。健康的个体即意味着每一时刻都是重新开始，因而不符合任何"诊断"。

我们建议尽可能与来访者协同作出诊断。诊断通常发生在评估性会谈接近尾声时，不过有时也可以结合当下所发生的情形，基于你的假设来协同诊断。例如，你会告诉来访者，你认为来访者目前的痛苦也许与他没有处理的丧亲反应有关，或来访者的躯体紧张也许与压抑的愤怒有关。这要求治疗师将格式塔专业术语转换成来访者可接受的语言。例如，"你压制了很多情绪"（内转），"你一定确信哭泣是错误的"（内射或核心信念），"似乎你从未从父亲死亡的阴影中走出来"（未完成事件）。来访者可能会表示同意，或者会进一步澄清，最终会与治疗师一起协同完成更准确的诊断。随后，来访者也会更积极主动地理解自己的问题，并更加投入咨询过程。

评估有助于确定来访者是否适合格式塔咨询

　　评估格式塔咨询是否适合来访者以及治疗师是否适合来访者，是专业而有效的治疗的工作基础（参见第一章）。评估有助于充分了解以下领域的信息，作出更准确的决定。

　　合格的治疗师应能意识到自己能力的局限性，清晰地知道哪类来访者超乎你的能力、经验与受训范围。这些来访者可能患有精神疾病（当前发作或复发），自杀、自残以及进食障碍或成瘾障碍等特定问题的来访者（初次访谈时需要重点了解个人成长的细节）。

　　另外，你也可能不太愿意接诊那些与你自身问题相似的来访者。比如，你最近刚刚经历丧亲之痛，或者你目前正在处理你自身的儿童期虐待问题，也许你希望等自身问题解决之后，再去接诊类似问题的来访者。

　　你是否还存在边界问题，这可能使你难以有效地开展工作？假如为了避免利益或角色冲突，你应该杜绝接诊熟悉的人（包括亲属、好友或者目前正在接诊的来访者的同事）。

- 由于某种原因，你会很不情愿接诊某些来访者吗？这些来访者让你感到恐慌不安，或再次激活你过去未处理的创伤，你对来访者的问题（诸如家庭暴力）是否持有强烈的敌意？我们未必一定要"喜欢"来访者，但至少我们应该对来访者的处境有兴趣，感到有所共鸣和同情。来访者在咨询中理应得到治疗师衷心的服务。如果你不能确信这一点，最好转介。

- 你是否相信"*问题理论*"（theory of the problem）？即人们怎么做是因为怎么想的。我们需要区分现实环境（"我没有朋友""我讨厌工作""我找不到伴侣"等）与来访者想更好地理解自己，让自己有所改变或承担自己的责任（比如，我感觉自己挺悲惨的，但我想这可能跟我的一些讨厌的想法有关）之间的不同。
- ◆ 你对治疗的改变是否持一种兼容的态度？你可以问来访者"你觉得治疗将怎样帮助你解决问题？"有些来访者仅仅想缓解症状，或希望你指点迷津，或获得支持，或获得你的友情，因为他们太孤独。他们对探索自身毫无兴趣（有时被称之为心理学头脑）。他们只是期待你能起死回生或仅仅需要富有同情心的听众。对这样的来访者你需要较长的时间来与他们协商设定治疗目标和访谈风格（需要确定他们的治疗愿望、需求以及确定格式塔治疗以外的其他治疗形式或干预。）
- ◆ 来访者是否有足够的动力去承受痛苦而艰辛的治疗历程？
- ◆ 来访者的环境和治疗史的风险是否在可接受的水平范围内。治疗是否会扰动来访者重要的支持系统，比如相互依赖的关系？（参见第十七章，风险评估与管理）

格式塔治疗的评估和诊断方法

格式塔理论的许多概念本身就是评估的框架，如觉察力区域、接触调整、支持程度、与治疗师的关系模式或接触风格等。重要的是要形成与自己治疗风格与特定方法相匹配的评估诊断方式。

格式塔诊断的技巧隐含在你对治疗中所见所感的描述和解读中，也蕴藏在你对来访者目前的困扰之所以形成的理解中。你仔细地观察来访者目前的功能状态，他对自己（和对环境）的看法，哪些过程存在缺失或被忽视，哪些较为适切或被夸大。你对整个过程通盘考虑，一些主题（figure）就会逐渐浮现出来，并引起你的注意。这些主题可能相互关联，也有可能毫无关联。这些主题十分重要，但更重要的是还需格外关注背景。Yontef

和 Jacobs（2013：299 — 388）谈到"阻抗……是指对即将从危险的背景中浮现出来的主题（比如想法、感觉或需要）的阻止。"

因此，来访者会有意识地根据背景定期作出调整，而这种调整将对主题的呈现产生潜隐的影响。因此，咨询师对来访者的主题呈现和缺失的部分，对来访者表述的言下之意（你的直觉和预感）均需保持高度敏感。

一旦时机成熟，你必须将诊断（慎重地）告知来访者，随后听取来访者的反馈：这些特征、过程或议题是否与他有关，是否相当重要。这是一种互相尊重的协同治疗。

警告：在确定传统的格式塔诊断列表之前，我们强调指出，诊断有时可以被看成个体对客观外界的反应，"来访者会内转自己的感觉"意味着来访者常常会自觉地把外界的信息内转成自己的观点。我们认为，在许多方面，来访者的思维加工会受咨访互动场的影响。所有你在评估时看到的来访者可能部分来自来访者对你的反应。

来访者与世界接触的方式来自于对不同场环境的反应。当你听取来访者的讲述，了解他过去的接触方式，你便可从中识别出你和他之间特有的接触模式，什么是来访者在不同关系场条件下惯用的创造性调整模式。因此，与来访者核实"一般情况下都是这样的吗？"显得尤为重要。

我们已设计出一个评估模型，以识别三个聚焦的领域。

◆过程中的来访者

◆来访者的关系模式

◆动态的场环境

每一个领域都包含着一些能激发你思考的问题。

过程中的来访者

躯体状况

关注来访者在咨询室中的躯体感觉与动作、自我能量、接触功能等。

- **动作：** 比如，来访者的行为动作——僵硬还是放松？固定姿势还是频繁交换？
- **声音：** 高亢有力还是柔软婉约？含混不清还是清晰可辨？自然流畅还是吞吞吐吐？贬义还是褒义？具体还是浮夸？是否想象丰富？具有哪些想象？谈话是否有停顿？何时停顿？来访者是否"亲身"体验，比如说"我撞上了汽车"而不是说"汽车撞倒了我。"
- **观察：** 他是否有目光接触？镇定自若还是躲闪游离？何时转移视线？转移到何处？
- **理解：** 来访者容易理解你的话吗？思维清晰，还是丢三落四，错听曲解？
- **情绪：** 来访者的内心体验——能否清晰地表达内心？体验到哪种情绪，有多强烈？能否发现自己尚未接触到的情绪？
- **躯体感觉：** "躯体"能多大程度地体验感觉，还是缺乏联结？能否保持躯体知觉；如果是，在身体的哪个部位？能否具有躯体语言，比如"当我想起发生的事情，感到恶心。"

支持系统

当来访者向你描述其经历时，你是否能感觉到来访者的个人和社会支持，或感觉来访者缺乏支持，或总是索取某些他不曾拥有的东西。

- **自我支持。** 来访者的坐姿是否显示出四平八稳？呼吸是否放松均匀？是否显得充满自信，或局促不定，紧张不安或刻板僵硬？
- **社交往来**。有无好朋友？家庭和睦吗？是否得到社会支持还是感到孤独？
- **如何应对压力？**是否借助酒或药麻痹自己？或借助锻炼、运动、瑜伽或冥想等健康的放松方式来缓解压力，恢复活力？

信念系统

来访者如何感知和理解与他目前问题有关的外界环境及其生活处境呢？他是否认为生活/世界对自己不公平，因此，只有改变环境，情况才会好转？或他觉得"一切都是自己的错"，或一切都是因为自己运气不佳？

- 来访者对自己、他人及世界所持的核心信念是什么？他一贯的立场是什么？核心信念对来访者的自我概念的形成至关重要。它们往往是基于来访者童年期经历反复出现的关系而逐渐形成，并持续至成年的。毫无疑问，核心信念很难被当事人所觉察。这种核心信念的包括：我不可爱；他人是不可信的；世界充满危险（健康者的信念可能相对更为积极！）。然而，核心信念也可能是来访者的自由选择（比如，宗教或政治信仰）。核心信念常常成为来访者创造性适应与接触调整的基础和依据。

- 内射是如何影响来访者的？内射是对环境信息全盘吸收并视为真理的一种观念、态度或者信条。内射有："从不依靠别人"或"你永远不可能成功"或"永远记得先下手为强"。受内射影响的人常感受到巨大的压力，迫使他要跟内射信念保持一致，而一旦企图对抗其内射时，则往往引发焦虑不适。

- 来访者看到的是"半杯水"，还是"半个空杯"？

主题形成与解决

来访者是否能恰当地形成并完成主题（figure）？对此很难快速作出评估，但你可能会注意到他的体验循环中重复出现的破坏性模式（可参见第三章）。

- 来访者是否能完整地开始和结束一句话？或是否看上去总是断断续续，思维连贯性差，或缺乏活力，等等？
- 来访者的叙述是否前后一致？思路和表达是否有始有终？
- 来访者是否能恰当地表达情绪，还是中断式转移情绪？
- 来访者的行动是否过度激越或容易激惹？或在整个体验循环中显得退缩而缺乏动力？（如果是，参见本书第二部分，评估与抑郁和焦虑有关的风险。）
- 来访者是否重复絮叨，似乎难以切换话题？

你需要将自己的观察与来访者的模式或接触调整进行联系。关于接触调整我们会在下一节"来访者的关系模式"以及第十章加以阐述。

未完成事件

何种未尽事宜在当前迫切需要了结？来访者是否谈到过去尚未解决，此后成为问题扳机点的特定事件（参见第十一章）？

- 他是否描述长期困扰自己，挥之不去的人际关系、创伤和痛苦经历？（参见第二十章和二十一章）
- 你和他是否都一致认为目前事件中他的反应与客观现实很不相称？（如果是，需要考虑这可能是由过去创伤事件再次激发出的反应）。

来访者的关系模式

来访者如何描述与他人的人际关系以及如何与你保持接触，是评估过程的重要组成部分。你逐渐了解了来访者如何建立其人际关系——他的焦虑、回避、态度、灵活性及接触风格。你还需要了解来访者在评估过程中是如何建立和中断与你的关系接触的（他的接触调整，参见第十章）。

来访者在咨询中可以聚精会神，与你接触良好；还是心不在焉，顾左右而言他。他正在描述的问题和关系，或与你互动的方式是否变幻无常。所有这些现象都将提供了解来访者关系模式的重要信息，逐渐形成你对来访者特定意义或关系模式的大致印象。正如之前所述，对来访者作出评估，即是与他一起来探讨这是否是其生活中的惯用模式，以及这种模式是否对他造成困扰。

◆ 他是否觉察到自己的人际相处方式及其习惯？（比如害怕依赖别人，总是将人拒之千里。）
◆ 如果是，是否经常这样？
◆ 如果只是偶尔，那么在什么情况下会这样——还是仅仅与咨询师在一起时才会这样？
◆ 他觉得这是个问题吗？

这种方式使来访者参与评估。与来访者共同勾勒出特定背景中特定个体的画面，而不仅仅是简单地给来访者贴一个诊断标签。

> **案例**
>
> 咨询师觉察到在与 Beverley 的初次访谈期间，越来越感觉轻松愉快。似乎自己对 Beverley 的所有观察都"准确极了"——Beverley 似

乎认为咨询师所有的建议都颇具启发性。稍后，咨询师决定检验这一假设。他以幽默友好的语气说："你给我留下这样的印象，似乎我说的每一句话都是绝对正确的，这让我感觉好极了，但我想知道你是否也经常对别人这样表示赞许或同意？"不出所料，Beverley 回答说："是的，我确实是这样的，你真聪明。"这时双方都停顿了一下，她和治疗师都立刻意识到她重复了她日常的模式。两人都情不自禁地大笑起来，Beverley 以极不自然的语调重申："也不完全这样，我知道这是我的习惯，我想这可能就是我的问题。"

咨询师的试探性干预是希望一方面能核实自己的观察和假设，另一方面诱导 Beverley 的自我反思，并继而评估 Beverley 对这种面质的承受能力以及对幽默的反应。

建议： 想象你在飞往澳大利亚的长途航班上，坐在你身边的陌生人各方面特质都与你当前的某个来访者惊人地相似，你觉得你会怎样与他／她相处？你们之间会逐渐形成何种关系？接下来还会发生什么？尝试着将此做为自我督导的练习，探索你和来访者之间公开或潜在关系的动力机制。

你与某个特定来访者的关系不同于任何你与其他人之间的关系。你的表现、彼此互动以及关系场的形式对你俩来说都将是独一无二的。

移情与反移情

你与来访者之间的互相反应十分重要。它们是移情和反移情的具体体现（参见第十二章）。来访者对待你的态度是否前后一致？他对你俩关系的期待是否出乎意料？或者你对来访者的反应是否不同寻常？你与他的互动是否不合常理？他对答自如，还是充耳不闻，他是争论不休，还是唯唯诺诺？来访者调整接触的方式常常反映出他在关系中是如何理解你的。

你对来访者有何种反应？你的反应是出于自然的，还是受来访者的影响，在生活中是否对其他人也施加类似的影响。

◆来访者给你怎样的感觉和印象？
◆你会用什么来比喻来访者（例如像快速列车或受惊吓的动物）？
◆你对来访者的形容（比如衣着、头发、面容和肤色）？
◆在听他讲述的过程中，哪些方面给你留下了深刻印象？（比如音调、讲话节奏）？
◆你的身体有何反应？（你感到躯体紧张或放松，精神抖擞还是昏昏欲睡）？
◆想象来访者如何看待你？
◆来访者使你想到了谁？

场环境

场环境，是指局部和整体的背景、情景和影响，它影响着你对来访者，或者更精确地说对"情境中的来访者"的一切判断。任何情景都是背景的一部分，离开背景（ground）的主题（figure）将变得毫无意义。

什么是动态的场影响

◆目前怎样的生活环境对来访者产生着影响（总体生活环境如疾病、经济压力）？
◆来访者目前处于的生命时期？目前的关注点（年轻、单身、职业展望、组建家庭、中年、退休等)？

文化因素

尽管在整个咨询过程中，我们都需要时刻关注种族与文化因素对来访者的重要影响，但在评估阶段尤为关键。咨询师和来访者在各自的场结构中都有大量的文化价值观和假设——大多处于意识之外——从不同场合中的正确行为到健康生活方式的固有概念。

在一定程度上，考虑文化因素的影响在任何关系中都是必要的。即使来访者和咨询师看似来自相同的文化团体，但依然会有很多不同的观点和信念。他们依然会受同一文化背景中的其他因素——家庭、学校、朋友、社团、旅行、工作等的影响，以及同一文化背景中的亚文化因素的影响。不管咨询师对来访者多么尊重，治疗关系依然存在关系的不均衡。双方中有一人因无法适应生活而前来寻求另一人的帮助，这样的关系本身就不平衡。来访者将自己置于弱者的境地，向另一个人袒露自己内心最深处的焦虑和恐惧，而另一个人在这样的设置中并不与对方分享任何自己的脆弱。想象一下，当咨访两人处于不同的性别或不同的年龄将会产生怎样额外的关系动力学（注意，当你看到前面一段案例，如果我们将Beverley描述成女性，将咨询师描述成男性，你会有怎样的感觉？）。

当咨询师和来访者来自不同的种族，文化差异的影响可能更为突出。从事跨文化或跨种族咨询的咨询师都必须尽可能多地熟悉各种文化规范的异同。咨询师也须牢记，自己仍会不断不由自主地做出许多微妙假设——尤其当咨访双方中有一人来自主流文化时。治疗师必须做好现象学探索的准备，随时保持敏感，特别是在评估或诊断时咨询师更需谨慎细致。

清　单

在下列领域中，你和来访者存在哪些显著差异？

文化　　　种族　　　国籍　　　年龄　　　体能

阶层　　　性别　　　性取向　　权力　　　人格类型

这对来访者、你自己以及治疗关系可能意味着什么？你能预见可能出现哪些困难？你将如何解决这些困难？

历史场

◆ 去年曾发生过什么重大事件或刺激事件？最近几年呢？

来访者目前的问题通常源于早年形成的创造性适应模式，而这些模式目前形成了固化的格式塔。其中大部分处于来访者的意识之外，只能通过了解其早期场环境和反应来加以探索。有些场环境会在治疗过程中自然浮现，而另一些则不会。为了全面地理解来访者呈现的现象，咨询师不仅需要探索来访者目前的场环境，还需要探索来访者的历史场。尽管相对于此时此地的情景，了解来访者的既往史并不是最重要的，但也有其有利的一面。

案例

Nerys因人际困难前来咨询。咨询师以关注"此时此地"的对话方式治疗了几周，并取得了一些成效。而令咨询师困惑的是，Nerys十分渴望人际交往，但为什么人际关系似乎就一直难以深入呢？只有当咨询师主动去了解其成长经历时，下列信息才会呈现出来：原来Nerys在孩提时被父母抛弃，之后又三番五次相继被人领养，因此，她对持久而稳定的关系没有任何体验和期待。她未曾向咨询师提起此事，是她压根儿没有意识到这点与自己的症状有关。之后，她才逐渐明白自己为何无法与咨询师建立牢固的工作联盟。

建议：请来访者拿一张较大的纸，在纸张中间横画一条直线（一条"生命线"）。让他沿着生命线写下重大生活事件，如第一次上学、第一任男友/女友、第一份工作及其他重大生活事件。当他想起的事件越来越多时，也许需要补充或延长生命线，画出生命中的高峰和低谷。然后，让他退后几步，纵览所有的事件，以识别其中呈现出的规律模式。其中的失望和悲伤，充实与空虚，生命线中最重要的部分是什么？来访者的生活事件线图会揭露很多信息。你可以请来访者用彩色笔在同一张纸上，用不同的颜色标注这些生活事件的情绪反应。

整理评估资料

以下是来访者的评估表，可以帮助你整理在初次访谈时获得的主题（theme）和信息。你也许希望在初始访谈之后借助这张评估表来汇集来访者的信息。此后，当收集到其他重要信息时，你也可以不时地将这些信息添加在评估表上。注意到你所观察到的信息，但不要奢望在会谈当即就能对信息了如指掌——你也需置身于此时此地！事实上，一个繁忙的咨询师也不太可能事无巨细地考虑评估表上的所有内容，只有当某些方面越来越突显时，你才能逐渐形成初始诊断。

来访者评估表

过程中的来访者

  躯体过程

  支持系统

  信念和内射

  极性

  体验循环的阻断

  重大的接触调整

  未完成事件／固定的格式塔

来访者的关系模式

  与你的关系接触的性质

  你的反应与回馈

场环境

  目前的重要环境

  重大历史事件

  既往的重要关系

  文化因素

风险评估

在许多情形下，治疗师都需要评估对来访者甚至对治疗师可能存在的风险或危险因素。这其中包括自杀、自伤、暴力或精神病等危险因素，或者来访者的问题可能涉及的成瘾行为、进食障碍或人格障碍。其他危险情形还可能包括儿童虐待及犯罪行为。风险因素在初始访谈中就可能很明显，但也有可能在整个治疗中突然呈现。不管是哪种情形，在接受或继续与这样的来访者工作之前，你都必须核实你是否具有足够的专业知识，并能得到合适的督导。就风险评估的讨论，我们建议你阅读第十七章。

总结

格式塔诊断是对来访者认识世界、接触环境的所有方式的理解或评估。我们相信，和来访者协同作出的诊断最为有效，也最能表达对来访者的尊重。（实际上，Duncan 和 Miller 在 2000 年的治疗效果研究中表明，对问题性质、成因及其治疗方法，咨访双方的分享讨论、达成一致是至关重要的。）你对来访者的评估必然会成为我—它联结的一部分，而不是我—你联结的一部分。如果以敏感而尊重的态度完成评估，能促使来访者全身心投入治疗。评估的完成还可以使咨询师和来访者体验到被接纳、被理解的感觉，并共同明确今后的治疗方向。随着治疗的进展，诊断可以改进和更新，或者悬搁所有评估结果，以使你—我联结更为投入，更为开放。

推荐书目

Fuhr, R. , Srekovic, M. and Gremmler-Fuhr, M. (2000) 'Diagnostics in Gestalt therapy,' *Gestalt Review*, 4 (3) : 237-52.

Gladwell, M. (2006) *Blink: The Power of Thinking Without Thinking*. London: Penguin.

Melnick, J. and Nevis, S. (2005) 'Gestalt Therapy methodology' in Woldt, A. L. and Toman, S. M. (eds) *Gestalt Therapy-History, Theory and Practice*. Thousand Oaks, CA: Sage.

Nevis, E. C. (1992) *Gestalt Therapy: Perspectives and Applications*. New York: G. I. C. Press.

Yontef, G. (1993) *Awareness, Dialogue and Process: Essays on Gestalt Therapy*. Highland, NY: Gestalt Journal Press.

第六章 治疗注意事项

"治疗计划"实用么?

与讨论诊断和评估的程式一样,要用一个章节专门讨论所谓的治疗注意事项、治疗计划或策略性思考是颇具争议的。尽管很多格式塔理论学者善用治疗计划这一名称(比如 Shub, 1992; Kepner, 1995; Yontef 和 Fuhr, 2005; Delisle, 2011),但对许多治疗师来说,把治疗计划看作治疗的有效部分仍不免有些勉为其难。在某些治疗方式中,治疗计划的制定也会像执行诊断一样忽视其与环境的联系,"专家"将症状特征分门别类,贴上标签,以对应标准的治疗程序。极端的例证就是精神科医生根据药物分类对应治疗精神症状。个体的独特性和整体性经常丧失殆尽,而且病人对自身的治疗也无从深入了解。

此外,一些格式塔治疗师认为,制订治疗计划不利于对话式关系的建立,也不利于在治疗关系中进行自然自发的探索。我们认为这样的反对意见有其合理性,并应予以重视。然而,我们认为,这些议题的处理还可以择机另行安排,而可能的危险因素以及不同情形下的特定需求则需要优先考量。

理想的治疗计划必须考虑来访者的独特状况,并对危险因素和上面提起的注意点保持敏感。理想的治疗计划也必须尽可能与来访者达成一致，并随着治疗进展以及场环境的变化作出相应调整。

典型的治疗计划需要考虑到下列因素：

- ◆任何风险和危险因素（参见第十七章）。
- ◆与当前问题有关的临床经验或文献资料。
- ◆来访者的文化背景及其对治疗的影响，包括咨询师与来访者之间的文化差异（或相似性）因素。
- ◆来访者的年龄、性别、体能、性取向、宗教或精神信仰这些因素对治疗关系及其来访者生活的影响。
- ◆诊断的含义。
- ◆与来访者建立关系的合适性（比如治疗师自我表现与自我暴露的程度，支持与挑战的平衡）。
- ◆治疗效果的评价。

制订治疗计划，不管是在"宏观"水平还是在单次的治疗中，我们都应保持开放灵活的态度，随时准备调整治疗方向。任何时候，首先要积极关注来访者的特定需求和可能存在的风险因素；同时还需要关注来访者自我能量的水平。因此，从这个意义上讲，治疗计划面面俱到是大有裨益的，它能最大程度地防患未然，而不只是设计一个"最佳"行动方案。

诊断的意义

多数情况下，诊断本身就隐含着将要采取的治疗措施。在初次访谈中，你可能遇到恐惧不安而缺乏支持的来访者，对自己的行为缺乏责任感的来访者，或是来访者正告诉你一件最近发生但从未表露过的创伤事件。所有这些都将唤醒你特定的治疗意念或治疗取向。对于希望与别人建立良好关系的来访者,最直接的治疗方式便是探讨来访者与你建立关系的方式。在此探索过程中,你们所遇到的困难,比如来访者与人相处时的内转或信念,这些问题越来越凸显时,你需要及时进行干预。通过这种实际互动,随着新问题自然呈现到被逐渐解决,治疗方向也随之做出相应调整。

某种程度上,治疗师应对治疗结果或方向不作任何预先的设想,这是格式塔治疗的理想模式。我们建议,良好的格式塔治疗在大多数情况下应该遵循这一原则。然而,本章提到的复杂的情况则需要治疗师敏锐的觉察力、设定特定的治疗方法或治疗方向。遇到这些情形,建议治疗师将大部分精力用于关注此时此地新情况的同时,还需要将治疗的种种可能牢记心头。随着情况改变根据诊断的优先顺序,对治疗计划做出相应的调整或修改。某种程度上,这与"我—你"和"我—它"之间有节律地一来一往的对话式关系如出一辙。

来访者的参与性

在前面的章节中,我们描述了一些用于理解来访者问题的诊断维度。在特定的时刻究竟应优先考虑哪个诊断维度,取决于诸多因素,而其中很重要的因素是考虑来访者的观点。来访者(有时)会在初次访谈时便呈现最迫切的需要或主题(figure)。咨询师在形成理解来访者问题的思路时,应尽可能为来访者提供新的视角,帮助来访者发现处于意识之外的模式(或主题中未被觉察的背景)。随后,咨询师与来访者一起讨论治疗计划。与理解来访者问题的方式一样,治疗计划也应参考来访者本人的意愿。比如,了解来访者有怎样的选择,或帮助来访者在经历危机的时候寻找支持。即使遇到复杂的情况,比如童年期的严重创伤、反复的人际关系挫败等,与来访者合作制定未来的治疗目标都具有重要的意义。

治疗方案可能包括经商定后达成一致的序列目标（尽管未必是按顺序逐个干预），比如发展信任关系，详细讲述创伤经历，回忆特定的事件以及发掘过去的未完成事件，等等。来访者对治疗方向和可能性有了更多认识，便能合理地选择可能对自己今后有利的治疗方案。

当然，有时与来访者分享治疗计划是不明智的。来访者可能缺乏足够的自我力量，难以接受你对他以往虐待经历、理想化模式或人格类型的理论推断（及其随后的见解）。因此，咨询师需要在开放态度与治疗探索之间找到微妙的平衡。

案例

Kathryn，一个年过半百却风韵犹存的妇女因焦虑前来咨询。在初次访谈中，她大部分时间都在哭泣，并向咨询师解释：她最近去找牙医，当需要等待候诊时，她对接待人员大发脾气。事后，她对自己的鲁莽行为感到极为吃惊。治疗师 Ezri 问她是否知道是什么事情让她如此痛苦。Kathryn 说是因为自己发誓"永"不发火，她不知道自己为何会怒不可遏。从那时起，她对自己感到无能为力。咨询师表示出关注和关心，告诉 Kathryn 自己很想了解看牙医的特定经历对她意味着什么，以致让她如此愤怒，并随之感到沮丧。Kathryn 回答说这是因为她特别不想去医院，而且在医院感觉别人的态度比较恶劣，但同时她也觉得自己发火不合情理。她感觉这可能与她过去的经历有关。她意识到她总是很难恰当地维护自己的权益。Ezri 解释说，当 Kathryn 在谈论此事时，能感觉到 Kathryn 似乎变得越来越强大。Kathryn 也觉得自己正在努力地帮助自己。

> 他们共同商定了为期六周的治疗计划，之后根据情况再做决定（初步的治疗计划）。他们同意这六次咨询共同探索 Kathryn 失控发火的具体实情，将重点放在帮助来访者提高自我支持的水平上。在第六次咨询时，Kathryn 开始发现自己生活中一贯压抑内心的愤怒，因此与人交往时往往退缩不前。随着对治疗兴趣的增加，她开始对牙医诊室发火和孩提时学校发生的一些事件做了联系。她的情绪逐渐趋于稳定，并且非常渴望继续探索自我。之后他们一致同意继续进行治疗，但不确定具体的治疗时限（计划在六个月后回顾咨询）。此时，治疗的焦点是 Kathryn 继续深入自我探索，并发展出生活中逐渐建立人际关系的新模式。

治疗回顾

尽管，在某种意义上，整个咨询过程即是持续不断地与来访者回顾、评估和重新调整的过程（有时甚至都是在一次会谈中完成的），然而，进行正式的回顾性会谈还是很有帮助的。你应该建议来访者在回顾性会谈前一周就有所思考，然后在回顾性会谈中：

- ◆ 重温最初设定的治疗目标（或最近的一次回顾），以及所呈现出的问题；
- ◆ 核实来访者（和你）是否认为治疗目标仍然具有重大意义，治疗目标的进展如何；
- ◆ 讨论来访者出现了什么新问题，或哪些问题已经得到改善；
- ◆ 询问来访者，到目前为止与对治疗和治疗师有什么想法。治疗的哪些方面特别有帮助，哪些方面没有帮助。他们是否希望治疗师有所调整（或者希望自身有所调整）；

◆ 讨论治疗目标或治疗关系中任何需要改变的方面；

◆ 签订进一步的短程目标或连续的长程目标（或治疗结束期限）。

对于长程治疗的来访者，我们建议大约每三到六个月进行回顾，对短程治疗的来访者则在整个治疗里程的中间阶段回顾一次。来访者结束咨询后，半年或一年中提供一次随访性回顾，以便咨询师继续评估其结束治疗后的情形。一些治疗师免费为来访者提供这样的回访会谈，以便跟踪治疗结束后的持续疗效。

特殊诊断中的注意事项

治疗过程中，许多来访者呈现出的自我支持能力、自我处理能力较弱，或者其情况较为复杂，需要特定专业人员的干预。尽管你费尽周折，但如果你对此类来访者缺乏足够的认识，就可能犯下错误，不可避免地对来访者造成伤害。比如，一个严重自恋倾向的来访者可能会要求你对她真实相告；一个边缘性人格障碍的来访者可能会恳求你在治疗以外时间接见他；一个遭受性虐待的来访者可能在她回忆创伤事件的时候提出拥抱她的要求。遇到上述情况，是否需要满足来访者的需求，则要根据临床经验去权衡利弊。因此，在制订治疗计划时，治疗师必须高度敏感——来访者是否存在特殊情况，是否需要特定专业人员或特定治疗方法的帮助？如果属实，那么你可以查阅文献、请求督导或请教该领域的专家，这些都将对治疗有所裨益。

在第十七章，我们将详细阐述严重心理障碍患者的风险评估。

理解诊断要素间的动力学关系

诊断要素是相互联系的诊断系统中的组成部分。比如，特定的创造性调整是如何被整合到来访者自我结构和生活方式——较大的格式塔中去的。通常，来访者可能会选择将脱敏（desensitized）或内转（retroflected）作为自己常用的功能模式。如果改变或转变这两种接触调整，会产生什么结果呢？是否有助于来访者免遭更严重的紊乱？许多创造性调整是应对困难或应对严重威胁时的有效方式。内转可以让来访者抑制暴怒，脱敏可以让来访者远离难以忍受的痛苦。因此，选择时机对阻断的能量或固定的格式塔进行干预就显得尤为重要。在制定治疗策略之前，咨询师需要对诊断要素之间的联系及内在动力学有一个完整的了解。在进行干预之前全面的现象学探索应该成为治疗的必要条件。

决定治疗的优先顺序

在处理上述问题时，你或许已逐渐清楚治疗步骤的先后顺序。思考治疗的优选顺序非常实用，有时甚至是至关重要的。格式塔文献中有很多令人印象深刻的关于治疗优先顺序的范式。Shub（1992）为我们提供了一个非常实用的"纵向模型"，这一模型由起始阶段、中间阶段和结束阶段组成；Melnick 和 Nevis（1997）提供了一个基于体验循环的诊断和治疗系统；Clemmens（2005）提出了涉及成瘾症患者长程康复的发展阶段和任务；Kepner（1995）绘制了一张用于指导咨询师处理儿童期虐待问题的"疗愈任务全息图"（Healing Tasks Hologram）；Brownell（2005）对精神健康问题的治疗计划序列进行了描述。

我们也拟定了一份诊断要素的目录（详见第五章，来访者评估表），你可能需要决定哪些方面需要立即给予关注，哪些可以稍后处理或需要在治疗进程中持续关注。

> **案例**
>
> Jennifer 前来咨询，她希望治疗师能帮助自己结束与伴侣的关系，以摆脱伴侣对她的虐待。她和咨询师都认为她目前有很多内转的愤怒。她的自尊水平较低，缺乏足够的社会支持。然而，咨询师清楚地意识到她对咨询过程缺乏信心，对自己在婚姻关系中所起的作用几乎没有任何觉察力，并责怪所有的朋友都没有给她足够的支持与帮助。咨询师说：当我们感到深受伤害时，我们往往很难察觉自己在事件中所起的作用。但如果我们决定一起解决这个问题，我们需要关注你在事件中所发挥的作用——我们无法帮助你改变你生活中的其他人。Jennifer 勉强同意，愿意看看自己的改变将会带来怎样的结果。
>
> Jennifer 的咨询师认为，她需要学习与治疗师建立支持性的工作联盟，以促进 Jennifer 理解自己和伴侣之间的动力学关系，并探索自己缺乏社会支持网络的成因。咨询师说："首先，我们需要更好地了解彼此，然后，我们将更好地去理解问题是怎么形成并持续存在的。"Jennifer 同意了这个治疗计划。经过最初几周的治疗，她对咨询师越来越信任了——开始谈论她有时如何激惹她的伴侣，如何要求朋友无条件地支持自己。Jennifer 对"正确"行为的需要越来越强烈，同意进一步的深入探索。经过较长一段时间的治疗，咨询师经与 Jennifer 确认，一致认为 Jennifer 现在已能较好地面对其内转的愤怒，而且能以较好的方式心平气和地面对其伴侣与朋友，而不再把彼此的关系搞得每况愈下。

治疗阶段

每个来访者都具有其独特性，各异的治疗历程以及与治疗师之间的关系，这些决定了不可能存在适用于*所有*来访者的万应灵药。但是大部分治疗历程都具有相同的关注领域和相同的成长需求或任务。下面的指导旨在帮助你理顺思路，它可以用来避免任何可能忽略的领域（本书将反复论及这些领域的治疗方式），但切忌按图索骥。尽管从广义上讲，治疗后一阶段的成功有赖于前一阶段的成功基础，但实际上，治疗阶段和关注领域的顺序可以变幻多端。大多数治疗任务会通过不同阶段的治疗得到修复或整合。我们把治疗历程分为三个阶段。

开始——第一阶段

对于格式塔治疗，这一阶段包含许多基本任务。格式塔治疗师可以用现象学方法来提高来访者的觉察力，提供对话式关系，增进来访者的健康功能并鼓励自我支持和获取社会支持。对一些来访者来说，这已足以使他们恢复健康，并解决目前的问题。这对短期干预是最为理想的。而对于长程治疗，这一阶段需要关注这些基本任务和相关的技术和技巧。

第一阶段

◆为治疗营造安全容纳的环境。

◆发展工作联盟。

◆运用现象学探索方法。

◆提高觉察力和自我责任。

◆提供对话式关系。

- ◆ 加强自我支持，尤其针对自我脆弱的来访者。
- ◆ 识别并澄清来访者呈现的问题和需求。
- ◆ 突出诊断要点。
- ◆ 考虑文化和其他方面的差异。
- ◆ 特殊情况的治疗计划（例如，自残、性虐待、人格障碍）。
- ◆ 合作制订治疗计划。

修通——第二阶段

这一阶段的策略将更为具体，干预也更为直接。前提假设是：足够好的支持性治疗关系将允许来访者挑战和实验新的认知和行为模式。这一阶段尤其适合于那些问题复杂或问题持续时间较长，且完成第一阶段的基本任务还不足以解决问题的来访者。下面是这一阶段来访者需要完成的任务。

第二阶段

- ◆ 加强治疗关系中的主动性。
- ◆ 觉察关系模式。
- ◆ 解决未完成事件。
- ◆ 重新拥有失去的或疏离的自我。
- ◆ 持续、系统地工作于来访者自我挫败的核心信念、消极悲观的生活主题（theme）和不合理信念。
- ◆ 尝试新的待人接物的态度，拓宽其行为选择的范围。
- ◆ 直面僵局或自身回避的问题。
- ◆ 不断深入对话式关系。

这一阶段，来访者需要解决自己的重要问题，在态度和行为上产生显著转变。

然而，来访者可能会深陷困境或僵局。这是治疗中最艰难也是最有价值的部分。如果来访者去面对困境，可能会引发强烈的焦虑，以及随之唤起的气馁、抗拒和茫然，此时，你需要依靠强大的工作联盟，依靠督导和自身修复的能力，与来访者一起面对治疗的困境，帮助来访者摆脱失望和无能为力的窘境。此时，来访者将在继续治疗以修通僵局和止步于已经取得的成果之间，作出重大抉择。

整合与结束——第三阶段

到此阶段，来访者应该已经成功解决了上述危机，进入整合阶段。在此提醒读者注意本章开始谈到这种线性思维的局限性。理想的状态下，来访者会随着治疗的深入逐渐自然地产生整合和吸收。然而，有些时候，他们可能需要有意识或刻意地去完成整合过程。那时，此过程中也可能会产生新的问题需要解决。

第三阶段

◆ 吸收新的洞察与理解。

◆ 重新调整与改变。

◆ 修通移情。

◆ 预期治疗的结束。

◆ 对将来可能遭遇的危机作出预案。

◆ 结束治疗并继续前行（终结阶段将在本书最后一章展开深入详尽的论述。）

总结

第一阶段，或者加上第二阶段，对于那些具有良好自我支持、探索自我理解或因特定生活危机而前来咨询的来访者往往就已足够。第二阶段更适合那些具有较深人际问题、丧亲之痛、未完成事件、创伤或存在危机的来访者。第三阶段是整合阶段，每一次重大变化之后理应都需要整合。

如先前所建议的，和诊断一样，咨询师对治疗计划也应持开放的态度，经常在对话中与来访者协同作出调整。在治疗实践中，治疗师保持治疗结构的两极性与灵活性是治疗伦理的核心。

推荐书目

Delisle, G. (2011) *Personafity Pathology: Developmental Perspectives*. London: Karnac Books.

Greenberg, E. (1998) 'Love, admiration, or safety: a system of Gestalt diagnosis of borderline, narcissistic, and schizoid adaptations', paper given at the 6th European Conference of Gestalt Therapy, Palermo, Italy. (Also available online.)

Kepner, J. I. (1995) *Healing Tasks in Psychotherapy*. San Francisco, CA: Jossey-Bass.

Melnick, J. and Nevis, S. (1997) 'Gestalt diagnosis and DSM-IV', *British Gestalt Journal*, 6 (2) : 97-106.

Nevis, E. C. (1992) *Gestalt Therapy: Perspectives and Applications*. New York: G. I. C. Press.

Woldt, A. L. and Toman, S. M. (eds) (2005) *Gestalt Therapy-History, Theory and Practice*. Thousand Oaks, CA: Sage.

第七章　加强支持

一杯好茶洗涤心间烦恼。（Bernard-Paul Heroux，1900）

这一章，我们将关注对来访者的支持，以及同样重要的是咨询师的自我支持。支持是格式塔的重要概念，是任何健康机能必不可少的基础。治疗师的重要工作之一便是帮助来访者识别生活中的各种支持资源，以便了解自己对哪些支持视而不见，或利用不足，或过度利用。

例如行走功能要求个体具备强健的骨骼与肌肉、充足的能量供给、良好的平衡能力以及依据地形灵活调整步态的能力。上述这些能力可以被称作行走的必要"支持"。其中任何某个功能失调（如头昏眼花或者扭伤的踝部）都将导致行走困难。心理活动也是同理。个体只有拥有充足的自我能量、健康的自我加工、清晰而积极的主题（figure）以及令人满意的接触，才能具有现实的心理活动。这种支持分为自我支持与环境支持，两者相互联系、相辅相成。健康的支持是两者*相互依存*的状态，个体*在环境中得心应手*。其实很难区分个体是否被自我支持或被环境支持，重要的是个体如何利用周围环境合作互惠，相互支持，并在满足自我需要与满足他人需要之间保持平衡。

> **建议**：回想哪些应对策略和支持资源曾帮你度过危难时刻？在此过程中，你失去或从别人那里获得怎样的支持？你真正想获得哪些支持？你是如何尽力获得最大支持的？

在发展来访者的支持资源过程中，我们可关注多个可能的领域，比如躯体状态、态度或信念、关系模式、就业状况、自我照料行为、灵性修炼、社区资源和总体的环境因素等。我们在此仅聚焦自我加工和发展关系支持这两大领域。

自我加工（self-process）

针对躯体状态的工作

也许，最基本的支持是加强来访者此时此地与身体感受的连接。比如，邀请来访者关注自己的呼吸，观察呼吸的深度和速度对自己的影响，哪种呼吸方式有助于感觉心平气和（参见第十三章，第二十章和第二十一章）。你也可以鼓励来访者观察自己的姿势——站姿、坐姿以及动作——并体验坐姿挺拔，或拱背弯腰等姿势所伴随的不同感受。

案例

Alex在许多方面缺乏支持。他呼吸急促，身体僵硬而紧张。他的社会支持很差，没有真正的朋友。进行商议后，咨询师决定先重点加强他躯体状态方面的支持。咨询师建议Alex在谈话时尝试采用不同的呼吸方式和身体姿势。不久，Alex便发现自己呼吸自如，坐姿放松，能感受到椅子的支持，开始较为自如地表达自己，和咨询师在一起也变得更

> 有自信。咨询师还注意到当 Alex 活力降低时，声音也会随之变得低沉。因此，当咨询师发现 Alex 逐渐减少对自己的支持时，便会利用躯体状态的指导语来提醒 Alex。

使用自我负责（self-responsibility）的语言

在讨论自我责任的时候，我们意识到，这一概念是与来访者与治疗师协同创造的观念相悖的——个体持续不断地努力塑造与被塑造，是现实中个体与他人之间的必然结果。某种程度上说，我们都是根据环境来决定自己的感受的，或者至少说是通过镜映神经元对环境作出反应的。然而，在我们看来，这种事实与另一个同样重要的观点并不矛盾，即个体能够自由主宰自己的生活。他能冲破自我限制的边界，能更好地觉察影响自身的因素，并能真实完整地拥有自己的体验。

我们的语言表达是了解自身主观体验的重要指标。很多时候，语言不仅反映出个体对生活的消极态度，也反映出对自己的处境无能为力的观念，以及对生活失去掌控的失望。当我们年幼时，或受制于人时，或当遭受身体伤害或强暴时，我们倾向于将这归咎于"外界"原因。

但是，我们更经常地表现出持续的悲观态度。我们常常抱怨说："你使我脾气……"而不是："当你这样做的时候，我感到非常恼火"，后者表达了接纳自己的体验，并承认对此负有责任。我们也常常利用语言来否认自己对周围环境的选择和影响。我们会说："我完全懵了"或"我不能……"而不是"我感觉自己不知所措"或"我选择不……"或者"我不愿意……"。我们常常夸大其词（或刻意贬低）从而助长这种无能感，比如，"这简直就是灭顶之灾""我彻底走投无路了"，等等。

治疗中，咨询师会要求来访者觉察自己的言语和措辞。会建议来访者尝试用自我负责的语言，注意自己对自身感受和外界环境的态度。这并不是微不足道的文字游戏。事实上，它对理解和解决问题具有举足轻重的影响。当来访者使用词句："我希望生活变得更有意义"，他推卸了自己的责任。咨询师可以邀请来访者回想生活中确实让他感觉有意义的时光，以及当时他为之所做的努力。相反，有一些来访者会承担过多的责任："我绝对不可以对朋友说不，她会崩溃的"或"请求她帮助让我深感愧疚，她不得不为此辛劳"。对此，咨询师也许是让来访者反思：他是否该对朋友的脆弱负责，或他是否承担过度的责任？"真的有人会因为你说不而'崩溃'吗？""'崩溃'意味着什么？会发生什么？"这样的对质具有异乎寻常的力量。

建议来访者运用不同的语言反复尝试，这将有助于来访者觉察自己的语言是如何影响其对自己的看法以及人际关系的。反复尝试并不是指传授更好的表达技巧。事实上，把格式塔治疗看成训导来访者如何"正确"表达，而忽视改变其内在信念，这听起来让人啼笑皆非。

> **建议：** 回想让你心烦意乱的一件事。首先尝试用消极的语言讲述事件的经历（如，朋友又迟到了。她的捉摸不定让我很是恼火，想到这儿，我突然感觉心里特别难受）；然后，重述这件事，关注自己的语言，并为自己的体验负责（比如，我的朋友又迟到了，我突然意识到，面对她的捉摸不定我感到无能为力，我不喜欢这种感觉）。在这一过程中，要注意觉察你在自我能动性（self-agency）与自尊（self-esteem）方面所感受的种种差异，并关注哪些方式降低了你感受差异的能力。

认同自身体验

Resnick（1990）提出，认同自身体验是对现实生活的最好支持。这意味着认同当时拥有的体验并接纳自己。他强调，如果个体不得不把能量用于否定或回避自身体验，或防止自己情感外露，将使个体的内心失去平衡。例如，我们认为自己"不应该"生气、伤心、嫉妒或竞争，那么我们通常会对这些感受置若罔闻，遏制我们的觉察能力，长此以往，我们必将丧失利用资源的觉察能力。

当咨询师利用现象学方法提供对话式关系的时候，事实上，也同时在示范如何关注和接纳自身体验，以促进来访者对自身体验的认同。更为主动的方法是让来访者练习接纳自身的体验——甚至建议来访者对自己说："我感到焦虑/嫉妒/伤心等，这是我此刻的真实体验"，令人惊讶的是，来访者（和我们自己）常常习惯性地使用否定、挑剔、批评、贬低、偏转来表达自身感受，我们常说："我感觉还行……"（情绪低落，非常伤心），"我对此不该害怕/气馁""好吧，我希望自己能克服它""我知道这很荒唐，但是……"

支持性的自我对话

加强自我支持的另一种基本方式是帮助来访者识别自我陈述中的消极暗示，并设计出积极肯定的语句来取而代之。通过下面这个案例我们就能清晰地看到这一点。

案例

Alyssa 意识到，每当自己略有闪失时，就会对自己说："噢，我真是太蠢了，从来没把事情做好过。"她还发现这种想法往往伴随焦虑情绪和腹部紧张。咨询师让她考虑事情的原委。她真的很愚蠢吗？大多数情况下当然不是。Alyssa 拥有两个大学学位，作为一名投资顾问工作也相当出色。她是否也有把事情做得很好的时候？是的，她经常——事实上她通常能够顺利完成自己决定的事。因此，Alyssa 和咨询师一起设计出既实事求是又宽慰人心的话语，以帮助 Alyssa 恢复自我支持的力量。仅仅选用截然相反的语句，如"我是个天才，我无所不能"并不能产生任何治疗效果。况且，Alyssa 自己也知道这么说未免有些荒唐。真正有效的是能把 Alyssa 带回到此时此地的现实中来的语句。Alyssa 选择说："我很聪明，我通常都做得很好，但我也会有犯错的时候。"这种真实而简单的表达意味着让来访者放弃习以为常的极端自我苛责的态度，并且还能将来访者从长期的压力中解放出来。

建议： 回想你与某人不欢而散的场景。让自己在脑海中回想这一情景——你当时在哪儿？发生了什么？谁说了什么？还有其他什么事情发生？（花几分钟的时间用来回忆……）最后，当你感觉不好的时候，你对自己说了什么？是关于自己？还是关于别人的，是关于人际的，还是关于生活的？这是一种习惯性思维吗？

如果是，从这种场景中出来，实事求是地反省事情经过。这些评语可能是不切实际的自我限制——或不完全理性的思维。设计一种更加积极肯定的想法以挑战自我限制的思维，确保这一积极肯定的自我陈述能与现实相符。比如，如果你对自己说："我无法面对这样的同事。"那你可以选择这样陈述："我不喜欢面对这样的同事，但如果实在需要，我也有能力和力量去面对。"设计出适合自己的句子，然后，想象自己再次回到那个情景，并尝试着用此话告诫自己，你会有怎样不同的感觉？

第七章 加强支持

想象中的同伴

我们在此引用 Stern（1985）关于自我支持策略的观点：心情低落时想象一个支持性的人物。想象中的同伴可以是朋友、伴侣、治疗师或亲属，也可以是你童年记忆中的某个人。这个人之所以被选择是因为他具有我们需要的品质——爱、同情或者可能是呵护、激励——在来访者需要时能提供内在的支持。这种自我支持的对象最初可以是会谈时用于帮助来访者寻找最有支持性的意象人物。治疗本身也可作为这种支持性意象，许多来访者都带着"内化的"咨询师，通过想象与咨询师交流，或者把治疗期间的关系作为一段温暖的回忆。当咨询师度假或来访者遭遇困境时，建议来访者独处片刻，想象与咨询师会谈，写信给咨询师（这封信可以在下次会谈时带来）或回想治疗室内类似的场景，或曾被咨询师积极肯定的个人特质。在面对压力与困难时，这种想象中的同伴就可能成为重要的支持力量。

> **建议**：在你的生活中，你感觉谁爱你并支持你？谁是你学习的榜样，或是你的精神支柱？他身上具有你所需要的何种品质？现在，返回到上一次练习中你所记得的困境。想象当时你的支持性同伴就和你在一起，那么，他（她）会对你说什么？

发展支持关系

最直接的方法是，咨询师可以鼓励来访者利用可获得的支持性关系，比如伴侣、家庭或朋友。如果治疗过程激起了来访者的痛苦情绪，他能否得到这些支持？他是否了解所处社区中可以获得的其他资源？这些信息能反映出来访者与环境联系的关系状态。他可能完全不习惯于寻求支持，上述这类问题需要在会谈中进行探讨。他可能还存在自己不配获得支持或不准许自己获得支持的内射观念或信念（这在男权文化中尤为普遍）。

有时，治疗师过于关注咨询室中的咨访互动，而会忽略背景场的影响。对心理治疗疗效的分析结果显示：疗效良好的治疗中常包含有治疗场景以外的支持因素，如家庭、朋友、宗教团体、社交圈、休闲活动、自我调理等。

> **建议：** 在一张纸上，绘出你的社会支持网络（你也可以建议来访者进行这项练习）。把你放在社会支持网络图的中心，然后写出或画出生活中支持你的人或事。用图形或物品标注每一个人、群体或活动，根据支持因素的重要性大小依远近放置。然后，再绘制一张饼状图，标出你每周独处、工作、活动以及与朋友、家人的时间比例。评价此比例对你是否合适？可以做哪些改变以提高你对资源的利用？

当然，最显而易见的关系支持应该是咨询师！在某种程度上，本书所讨论的所有内容都直接或间接地加强对来访者的支持。在第一章和第四章尤为突出，我们讨论了治疗界限、工作联盟和治疗师的对话式态度所提供的支持。在第十八章，我们阐述了如何扩充创伤或焦虑来访者的支持资源。

挑战的作用

然而，支持绝不意味着惯例性地给予来访者抚慰。有时，治疗师也需要通过面质或挑战来访者僵化的格式塔以提供支持。对于初诊的来访者，有一些治疗师会提供来访者毫无裨益的环境——比如，导致来访者过分依赖或过度寻求建议。这样只会妨碍来访者获得更好的自我支持和恩惠其不合理要求。何时提供支持或帮助，何时进行面质和挑战，这一微妙的治疗难题将贯穿在格式塔治疗的整个历程中。

> **案例**
>
> Beverley 对治疗师所有的话和建议都欣然接受。但当谈到目前她的性虐待问题时，她开始浑身颤抖，坐立不安。治疗师意识到应该避免来访者在治疗中重复被虐待的体验，因此治疗师选择暂停探索。治疗师用轻柔地语气要求 Beverley 说出此时此刻的感受，Beverley 说自己其实不想谈论此事，但又不敢表达自己内心真实的想法。治疗师进一步使 Beverley 逐渐意识到自己一贯的委曲求全的适应模式。接着治疗师建议 Beverley 进行一项轻松愉快的实验。他指着墙上的一幅画说他喜欢这幅画，Beverley 表示赞同。然后，他让 Beverley 指出房间里她不喜欢的东西，Beverley 选了一把笨拙的椅子。治疗师说他喜欢这把椅子——Beverley 立刻就显得有些不安。治疗师要求 Beverley 体会不赞同别人意见的感受。尝试对治疗师喜欢的所有东西都说不喜欢。他们在房间里来回走动，治疗师指着一幅画、一件饰物或一件家具，说自己对它们越来越爱不释手。Beverley——起初是尝试性的——不久便开始喜欢这种游戏，并开始清晰地表达各种不赞成或不喜欢的态度："我绝不同意……我与你的感觉完全不同……不，我不喜欢……不，我可不愿意坐在那儿……"Beverley 开始笑了，坐姿变得挺拔，声音也变得更有力量。最后，她说："我有茅塞顿开的感觉，今后我将为自己辩护。"沉默了一会儿，接着她若有所思地对治疗师说："你知道吗？这是我第一次这样真实地表达自己的想法。"

治疗师保持自我支持

如果你想成为一名出色的治疗师,你必须关注自己的工作状态、工作满意度和自我支持程度。我们提出以下建议:

- ◆ 定期接受督导。
- ◆ 适时接受个别治疗。
- ◆ 定期参加同辈支持小组或同行交流学习。
- ◆ 持续保持专业成长,比如参加研讨会、工作坊和讨论小组。
- ◆ 形成仪式行为以标志咨询或一天工作的结束(如冥想、听音乐、室外活动等)。
- ◆ 养成写日记的习惯,以表达每天未曾抒发的感受,或至少要识别这些感受。
- ◆ 确保案例数量和案例难度在适度范围,在避免职业耗竭的前提条件下尽可能多地挑战自我。
- ◆ 保存每个案例记录,并定期回顾,检查自己的工作效率与满意度。
- ◆ 在治疗之外,发展兴趣爱好,比如体育锻炼、瑜伽或歌唱等。

除此之外,还应考虑怎样在治疗举步维艰或令人沮丧时自我支持,尤其是工作繁忙时。自我支持可以是给同事或者督导打一个电话,外出散步,进行接地练习(grounding exercise)、冥想练习,或回想曾经的成功经历。对有些治疗师来说,自我支持则可能是沐浴熏香,开窗通风或打扫卫生。任何时候,治疗师保持自我支持的责任,实际上也是用来准备迎接来访者所应具备的责任。我们建议你参阅下列推荐书籍中 Smethurst(2008)关于治疗师围绕创伤如何进行自我照料的文章。

关于支持的推荐书目

Jacobs, L. (2006) 'That which enables-support as complex and contextually emergent', *British Gestalt Joumal*, 15 (2) : 10-19.

Korb, M. P, Gorrell, J. and Van De Riet, v. (1995) *Gestalt Therapy: Practice and Theory*, 2nd edn. New York: Pergamon Press.

Mackewn, J. (1997) *Developing Gestalt Counselling*. London: Sage.

Perls, L. P (1992) *Living at the Boundary*. Highland, NY: Gestalt Journal Press.

关于自我关怀的推荐书目

Meichenbaum, D. (2007) 'Stress inoculation training: a preventative and treat. ment approach', in P. M. Lehrer, R. L. Woolfolk and W. S. Sime (eds), *Principles and Practice of Stress Management*, 3rd edn. New York: Guilford Press.

Rothschild, B. (2006) *Help for the Helper: The Psychophysiology of Compassion Fatigue and Vicarious Trauma*. New York: W. W. Norton & Company.

Smethurst, P (2008) 'The impact of trauma-primary and secondary: How do we look after ourselves? ', *British Journal of Psychotherapy Integration*, 5 (1) : 39-47.

第八章　羞愧

第七章我们讨论了支持，紧随其后的第八章我们将讨论羞愧。在格式塔领域，对羞愧的方法已有许多理论上的修正。过去，格式塔理论重视个人的自主性，将羞愧理解成个人自我脆弱的表现。Wheeler 和其他人（比如 Lee 和 Wheeler，1996）重新将羞愧和支持看成场环境下相互关联的两个因素；两者都是调整接触的方式，要么为满足需要而采取行动，要么因担心被拒绝而退缩。

羞愧的动力学与被接受和可接纳有关，涉及任何情景中人际连接的基本理念。因此，羞愧是一种共同创建的人际关系（而不是个体自身心理弹性的不足或欠缺）。

尽管，人们通常认为支持是正面的，羞愧是负面的；但是，在特定场环境中，过多的支持可能导致个体能力的低下，而羞愧不足也可能使个体胆大妄为。例如，环境中的支持允许个体接受或被接受，真实地生活，并愿意冒改变的风险。羞愧则可以使人回避不利场合或危险情景。因此，羞愧具有接触调节或接触改善的功能，其利弊常常视特定的场条件而定。

区分羞愧还是内疚非常重要：内疚是针对"已做的事情"，是有条件的（是可恢复的）。而羞愧往往涉及"我是谁"，是无条件的（主观上无法改变的）。羞愧被个体体验为完全不被接纳、无价值或有缺陷的感觉，这种消极感受往往导致个体不遗余力地掩饰或隐藏。随着时间的推移，羞愧变得如此根深蒂固以至个体常常毫无觉察，而仅仅表现出对批评和评判（或对表扬或赞美）的强烈反应。在会谈中来访者的羞愧一旦被激发，常常会引起来访者从接触中退缩，或对治疗干预表现出强烈的负面反应。

在讨论如何处理羞愧之前，我们将先澄清什么是羞愧，如何理解羞愧，以及羞愧是如何形成的。先介绍羞愧的来龙去脉，是因为我们认为羞愧是一种独特的感受/情绪，每个人都会不时有所体验，它常常导致我们丧失脚踏实地思考的能力。羞愧也具有极大的传染性，一旦出现在治疗室内，就会使治疗师和来访者体验到无能为力的感觉。因此，对羞愧的觉察和理解有助于咨询师为来访者提供有利的支持和干预。

羞愧的起源

儿童在成长的过程中被要求学习和遵从基本的社会规范才能逐渐成为被社会接受的一员。（至少要长到足够大、具备现实的反抗能力。）

这种早期的社会化过程很大部分体现在父母对孩子的教育中。我们被告知社会交往的规矩——同时也习得自己的行为不被赞许的后果。当我们有交往需求时，我们充满渴望，但可能被忽视、拒绝、批评，甚至被告知这些想法十分愚蠢。我们的热情可能招致（所仰赖的）父母的嫌弃、退避或彻底放弃。这种拒绝，如果持续一定时间，必定使个体体验到深深的羞愧感。

因此，判断自己的行为在什么时候是恰当的或不被赞许的，是社会关系中必不可少的重要能力。从这个角度看，羞愧意味着一种人际边界。Schore（2012）发现 12～18 个月的婴儿便会出现羞愧情绪，并且逐渐形成社会互动的（具有帮助意义的）神经生物调节功能。这种"健康"的羞愧特点是随境而迁、羞于违规或犯错后经由羞愧而释然。

这种社会化过程还有一部分在社区和社会层面实现。不同的社会对违规行为的禁止和惩罚也不尽相同（文化羞愧）。比如，在"谦恭社会"中（比如传统的英国和日本），违背社会规范是大逆不道的，并会受到严惩（比如在日本，"丢脸"俨然是奇耻大辱，可导致个体选择自杀）。早期对社会接受性的习得可导致害羞、尴尬或羞愧，这些情感可成为社会关系的重要调节（接触调整）。

然而，上述社会化过程如果过于拘谨、偏激，最终可能导致个体形成严重缺陷而僵化的格式塔。一些儿童养育、教育方式以及宗教信念十分推崇羞愧，并提倡将羞愧作为评估个体的指标："你应该为自己感到羞愧。"（而不是"你的行为不太妥当"）这种评价方式意味着儿童应认为自己是坏孩子，或者本质上是有缺陷的。

羞愧情结

一些来访者的羞愧如此根深蒂固，以至在治疗关系中时隐时现。这一现象被 Lee 和 Wheeler（1996）称之为羞愧情结（shame-bind），羞愧情结形成于人们早期的人际互动。当儿童积极地表达需求或兴奋地寻求支持时，如果照料者没有提供相应的关系联接、理解或谅解，而是表现出冷漠、嘲笑，甚至攻击性反应，而且这种反应反复发生，最终则可能导致儿童认为"自己让人生气"或"我兴奋过度了"或"我生气的话，别人就会嫌弃我"或"我很讨厌"。这些自我表达最终可以凝集成核心信念，我总是不能被接受的。至此，羞愧不可避免地同需求之间产生紧密相联。正如 Mackewn 所说：

> 羞愧与不被接受的需求之间产生了永久的联结，导致个体无法觉

察自身的内在需求。换言之，需求丧失了发言权。然而，与羞愧紧密联结的需求并不因此而消失。所以，为了能始终把此类需求当作"非我"，为了能持续地与不支持其需求的环境和谐相处，个体在需求不自觉地浮现时，便会体验到羞愧。（1997：247）

在这样不良的家庭或文化中，此类社会调节机制使得个体几乎每时每刻都能体验到羞愧感。这被 Kaufman（1998）称之为"内化的羞愧"（internalized shame），被 Lee（2007）称之为"背景性羞愧"（ground shame）——与呈现出的关系主题（relational figure）相对应的关系背景（relational ground）。

因此，仅仅是尴尬或羞愧就足以成为调节社会交往和遵守社会接触的基本过程。但是，当这种调节变成僵化而有害的格式塔时，羞愧就成为一种对不被接纳、不被容许的事物的不健康的无条件反应。只要内心出现了微弱的愿望或需求，都可能产生自动的羞愧反应。

羞愧作为一种具身体验

针对婴儿的观察越来越清晰地表明（例如，Schore，2003），羞愧最早源自婴儿与他人的人际互动，这种婴儿的人际环境绝大部分属于非言语的人际互动。有关镜像神经元的研究显示，人类具有能直接反映他人情绪的神经共鸣能力（参见 Staemmler，2007）。例如，婴儿确实能够感同身受地体验母亲的失望或不赞许，而受虐儿童确实能感同身受地体验（通常被儿童加以自我否认）施虐者的羞愧。

在儿童早年的生活中，大部分的人际互动是躯体的和非言语的。如果最初的照料者对儿童过多地拒绝、敌意或忽视，那么儿童往往形成非言语性的知觉，认为自己存在缺陷，毫无价值或令人讨厌。在治疗过程中治疗师若表现出类似于早年养育者拒绝的眼神、动作或姿态,都可能激起来访者的愧疚感。这种非语言的躯体激活在大部分言语和认知性治疗互动中很容易被治疗师忽视(并让治疗师困惑不解)。

> **建议**:回想一个让你感到羞愧的场景,描述当时的情形、关系以及是什么激起了你的羞愧感,自己能否识别自己的躯体反应、紧张部位、身体姿态和动作?现在你能否听到自己的自我对话(如"我应该退缩")?体会你对别人的反应,以及你对他人的猜测。你是想退缩,还是想进攻?是什么让你感觉岌岌可危?当完成这次探索时,请你回到此时此地,并确保为自己提供某些支持。

在治疗关系中解决羞愧问题

咨询师与来访者之间的关系中也存在一定的羞愧风险。治疗关系的不对等、移情反移情、来访者相对脆弱的自我以及治疗师对自身羞愧的无意识防御,都有可能协同导致来访者产生强烈的羞愧感。来访者的羞愧体验通常还会伴随被抛弃或被孤立的感受——甚至自我抛弃。在面对难以承受的人际威胁时,来访者往往会采取掩饰、屈从或让步等防御策略。治疗的基本任务是帮助来访者重建丧失的内在与外在的人际支持与安全感。我们提出下列指导性建议。

识别相关的扳机点

通常,羞愧都是共同建构的结果,当来访者的羞愧变得越来越显而易见时,往往意味着治疗关系可能日渐衰退,也许是你激起了来访者的羞愧,或没能为来访者提供足够的人际支持。因此,干预的前提便是识别来访者的羞愧是如何被激发的。你可能只需简单地询问下列问题：

"刚才在我们之间发生了什么？"

"我是否说了什么，或做了什么让你感觉不太舒服？"

"我能想象在这种/那种情况下你可能会感觉羞愧。"

或只需要做一些自我表露：

"我在想我刚才是否做错了什么（忽视了你的感受）？

"我记得我曾经犯过一次错，当时我真想找个地洞钻进去"（你也可以示范一个揭露羞愧的经历。）

越过激发因素这道屏障之后，你和来访者便可能重建关系联结。这时，回顾来访者最早年生活中的羞愧经历，识别当时是如何形成信念和态度的，这将有助于来访者解决羞愧问题。

站在来访者的角度理解问题

每个人都有羞愧的感觉，那种感觉就好像站在聚光灯下无处藏身、极度孤独。这种情况下，格式塔干预尤其强调咨询师的分身术——一方面，高度觉察，观察来访者的身体姿势，注意来访者的不适感——在令人相形见绌的他人面前（或感知到他人的存在），加剧了来访者的羞愧感。另一方面，咨询师应关心与包容来访者，设身处地地去体会来访者的感受，理解来访者的需求。此时，你要作为一个敏感的同伴而不仅是个观察者，伴随来访者的左右，努力去理解来访者并与其保持一致。你对来访者羞愧情感的自然躯体反应往往可以成为你共情的基础（对羞愧的解读策略之一）：

"此时此刻对你来说特别艰难"

或"我对你受到的伤害感到非常难过"

或"我能真切地感觉到那……"

通过与来访者分享体验，这样的共情回应往往比袖手旁观式的干预更有力量。

> **案例**
>
> 当 Wesley 因想起父亲惩罚和拒绝他的经历时，开始因羞愧而退缩，咨询师用充满共情的语气说："回想起这一切对你来说多么痛苦，是吗？"

如果羞愧有时候十分强烈以至来访者都不能忍受你的共情回应，此时，尝试让来访者采取"多重视角"可能会更有效。比如，你可以这样建议："此刻，你看起来非常难受，羞愧在你的家庭环境中简直无处不在，所以你很自然地会把羞愧的感受带给他人。"

关注非言语线索

咨询师对最初的羞愧迹象的敏感性是至关重要的。许多羞愧反应起源于幼年，因为年幼，常常还无法用语言清晰地表达或理解羞愧过程，在治疗中，来访者也许只能通过非言语行为来表达。来访者可能呈现局促不安、躯体蜷缩、脸色变化、缄默不语以及感觉自己不复存在等，所有上述非言语线索都需要你迅速作出反应，阻止事态的进一步恶化。

> **案例**
>
> 咨询师发现 Molly 总是不断拉扯自己衣袖，精神萎靡，显得很不舒服。咨询师说："我想你可能不喜欢我刚才说的话，感觉好像我是在'指责你'，是吗？"Molly 回答说："我只是觉得自己很愚蠢。"她抬起头看着咨询师，对咨询师的自我责难而不是责难她，感到有些惊讶。咨询师让她谈谈如何理解治疗师对她的评述，在这一过程中，她清晰地发

现，自己确实感觉受到了批评和羞辱。然后，咨询师说："我现在真正能理解你听到这些话后的感受了。我想我是有些唐突。同时，看到你无辜受屈，我也感到很难过。"

（注：咨询师希望通过这种方式完成四件事。第一，承认自己对 Molly 的不舒服负有部分责任，并在协同建构的治疗关系中验证这一点；第二，澄清来访者的感觉并表达共情；第三，提高 Molly 的觉察力，使她认识到治疗师的失误是如何影响她的自我支持的；第四，向来访者示范承认错误并保持自我支持的适应模式。）

识别真实的情绪

本质上，羞愧是一个意识之外的心理过程。通常是某一特定情景中的失败会被体验成对整个人（包括自己是谁）的全盘否定；或证明自己果然一无是处或毫无价值。治疗的部分任务是要帮助来访者识别他正在体验的这种羞愧情绪，并认识到这种特定的失败感应该只是自己的一部分。这也向来访者示范这是一种可以被忍受与接受，甚至可以与他人分享的情绪体验。正如 Kepner 所说，这些情绪：

> 至少应该被关注和清晰表达，以便使之成为言语的一部分，而不至成为难以表述的背景（1995：42）。

之后，羞愧就有望在关系联结中得到修复。

羞愧发生在早年，儿童往往将父母的羞辱性语言信以为真（"你真笨""你简直就是我的负担"），并逐渐形成自己固定的格式塔，最终转变成理解失败经历的固定视角。

要求来访者识别在具体特定情景中的自我对话，并表达治疗师对此的共情性回应（"你已经全力以赴了"）或要求他们可考虑对处于相同情境中的朋友会怎么去说,这样的干预往往很有帮助。

将来访者的自我觉知作为起点

当来访者的自我过于苛责时,咨询师通常会不自觉地试图引导来访者走向与之相对的另一端,试图劝说来访者摆脱羞愧的反应——哪怕是当他们明显犯错的时候。尝试说服来访者不应该"全怪自己",或相信自己并不是"家里最愚蠢的人"或自己不可能"没有一点可爱之处",事实上,咨询师这样做恰恰扮演了另一种的角色,可能会加重来访者的羞愧。

自我责备的目的在于有效抑制那些可能会受到他人惩罚的行为(Fisher,2013:10)。

此时,治疗师持创造性的中立态度可能会更有帮助。切记,自我责备或自我批评具有防御功能,常常是来访者在充满危机的家庭情景中的最佳生存方式。

案例

Ro 长期以来存在饮食方面的问题,对此她讳莫如深。当她越来越信任治疗师时,她逐渐表露了消极的自我意象。她认为自己丑陋、肥胖、愚蠢。治疗师对此保持中立和好奇,要求了解更多的细节和各种症状的严重程度。当 Ro 开始更详细地描述自己是如何看待自己时,她显得越来越放松。最终她停了下来,告诉治疗师,这是她感到第一次有人悉心倾听,而不试图劝说,让她相信其实自己并不丑陋、肥胖、愚蠢。能被治疗师理解,使她感到被接纳而如释重负。在接下来的几次会谈中,她报告说尽管自己还是时不时地自我评判,但它们已经不像过去那样令她心烦意乱,总体上,她变得更加释然,并开始自我反思。

识别其他情绪背后的羞愧

与退缩不同,有时候来访者的羞愧可能表现为对咨询师的愤怒或挑剔。尽管这容易使许多治疗师难以耐受,但是,某种程度上,这是来访者对预期的可能被拒绝或攻击的危险的一种相对比较健康的反应。通常,针对羞愧的防御方式为:

- ◆ 因激起其羞愧反应的话语或干预,而对治疗师表现出愤怒或暴怒;
- ◆ 藐视——尝试将羞愧投射给治疗师;
- ◆ 嫉妒——忽略自身的羞愧和脆弱,转而嫉妒治疗师的力量或能力(并且诋毁或削弱治疗师的力量)。

来访者的愤怒或攻击可能会激起治疗师自身的羞愧感。作为治疗师,一方面需要加强自我支持,另一方面则需要镇定自若地耐受这些攻击行为。你的治疗性干预应简短,并在可能的情形下共情,向来访者表明你不会在他的攻击下崩溃,也不会为此报复。来访者攻击之后恰恰是你与来访者交流的绝佳时机,借机了解究竟发生了什么,并在共同建构体验的过程里发挥你治疗师的作用。最重要的是,作为治疗师应向来访者示范如何在不退缩或不报复的情况下体验与承受羞愧。

治疗师要避免急于表达歉意或采取防御性的冲动行为,这些反应看起来合情合理,但可能削弱来访者体验和理解羞愧情绪,并有可能降低来访者有效适应环境的能力。对于来访者强烈的愤怒,治疗师允许来访者的攻击表达,将展示出治疗师坚韧而真诚的一面。对于来访者的言语攻击,治疗师可以说:"请继续"或"我懂了,现在我们还能再做些什么?"或"现在你需要我怎么帮助你?"(Clemmens,人际沟通,2008)。

如果来访者的攻击极其恶毒,你应该确立界限,你可以说:"当你大吼大叫的时候,我根本无法听清你在说什么。"或者你甚至可以这样说:"如果你继续威胁我，我将离开咨询室。"

鼓励厌恶情绪的表达

Philippson（2004）提出，羞愧可以被理解成厌恶的内转，是对强加于己，但又无法驱除的事物的一种反应（担心被别人抛弃或伤害）。治疗师的任务便是创造一种环境，让来访者可以重新获得厌恶和拒绝的能力。你可以参考Philippson的文章，他对这方面的干预做了详细阐述。

躯体干预

羞愧通常导致躯体觉察力的下降，也可能相反，导致躯体感觉泛滥。躯体能量完全关闭或防护性地崩溃和躯体自我支持丧失殆尽。正如我们在第十三章所见，最基本也是最有效的支持方式是针对目前正在体验的情绪，鼓励来访者平稳呼吸，将自己的注意力集中在躯体感觉上，采用正念的方式，让身体接触成为一种最基础的支持方式。当然，此时此刻，咨询师也有必要让自己回到自身的躯体觉察上。一个自身呼吸平缓，接地而注重体验的咨询师，将向来访者示范并鼓励如何自我支持。

针对富有弹性的来访者，你可以通过改变身体姿势，选择不同的位置，采取更果断的表达方式——让来访者故意夸大或降低自己的躯体反应以体验其中的羞愧感受。

接触实验（experiment with contacting）

急切的掩饰，往往起源于大量的羞愧体验。要求来访者忍受住羞愧，并冒险去与他人接触，检验他们的担忧和想象的情景是否真实存在，这样的干预具有良好的治疗效果。特别是当来访者将治疗师看成羞辱的来源时，这样的干预更有帮助，你可以鼓励来访者对你进行检验（比如，看你的面部表情或询问你的体验）。来访者会意识到自己能得到比想象的多得多的环境支持。然而，恰到好处的支持水平更为重要。有时，过多的支持和过少的支持其危害程度几乎不相上下。对来访者过度谨慎可能暗示来访者极度脆弱，会令来访者羞愧不已。理想的状况是，你和来访者一起将羞愧体验正常化，直面羞愧，修复羞愧。

推荐书目

Brach, T. (2003) *Radical Self Acceptance*. London: Random House.

Brown, B. (2010) *TED Talk on shame and vulnerability* at www.brenebrown.com/about.

Carlson, C. and Kolodny, K. (2009) 'Have we been missing something?', in D. UIlman, G. Wheeler (eds) *Co-creating the field-Intention and Practice in the Age of Complexity*. New York: Routledge.

Cavicchia, C. (2012) 'Shame in the coaching relationship,' in E. de Haan and C. Sills (eds) *Coaching Relationships*. London: Libri Press.

Gillie, M. (2000) 'Shame and bulimia', *British Gestalt Joumal*, 9 (2) : 98-104.

Greenberg, E. (2010) 'Undoing the shame spiral', *British Gestalt Joumal*, 19 (2) : 46-51.

Heiberg, T. (2005) 'Shame and creative adjustment in a multi-cultural society', *British Gestalt Joumal*, 14 (2) : 118-27.

Kearns, A. and Daintry, P (2000) 'Shame in the supervisory relationship', *British Gestalt Joumal*, 9 (1) : 28-38.

Lee, R. G. and Wheeler, G. (eds) (1996) *The Voice of Shame*. San Francisco, CA: Jossey-Bass, for the Gestalt Institute of Cleveland.

Nemirinskiy, O. (2006) 'Dialogue and shame', *International Gestalt Joumal*, 29 (2) : 83-9.

(Continued)

(Continued)

Philippson, P. (2004) 'The experience Of shame,' *International Gestalt Journal*, 27 (2) : 85-96.

Wheeler, G. (1996) 'Self and shame: A new paradigm for psychotherapy', R. G. Lee and G. Wheeler (eds), *The Voice of Shame*. San Francisco: Jossey Bass.

Wheeler, G. (2002) 'Shame and belonging', *Intemational Gestalt Journal*, 25 (2) : 95-120.

Yontef, G. (1993) *Awareness, Dialogue and Process: Essays on Gestalt Therapy*. Highland, NY: Gestalt Journal Press.

第九章　实验

来访者会被邀请采取实际行动或尝试做些什么,而不仅仅是言语谈论。通过这种具体的实验(experiment),相关问题的"情节"便转变为此时此刻正在发生的事件(Kim 和 Daniel,2008:198)。

理想的实验往往是在咨询中自然而然地展开。比如,一个未被探索的议题浮出水面、一个持续的困境逐渐呈现或来访者对于应对的熟视无睹逐渐清晰,此时,咨询师可以凭借实验,用自己的想象力、创造力以及直觉去帮助来访者探索与寻找问题解决的新途径。

实验的步骤

实验可以被分成一系列相互重叠的阶段,这些阶段可以随机出现,但是,通常会按照以下顺序进行:
◆识别逐渐呈现的主题(figure)
◆建议实验
◆对实验的"风险"和挑战进行分级
◆展开实验

◆ 完成实验

◆ 吸收和整合所学经验

识别呈现的议题或主题（theme or figure）

在与来访者谈话时，你可能就开始发现一些议题或主题正在浮现，尤其是那些看似未完成的、反复发生并使人陷入困境的情形。这些议题也有可能是一些不引人注意的细节，例如每当她谈论某个话题时就全身紧张；或只要一提到某个人，她就显得萎靡不振；也可能是重复相同结局的故事。

案例

Beverley 谈论自己的生活处处不尽如人意。她感到无助无望，似乎她所有的力量都丧失殆尽。当她讲述这个故事的时候，反复提到她丈夫对她所做所为的横加指责，事实上这些事情本来应该由丈夫负责，但在这个故事里充斥着"我无能为力"。

你会看到一个议题正在浮现——在这一个案中，Beverley 对自己与丈夫的关系感觉十分不满，为明确这种主观的猜测，你可以问："看来你的丈夫总是贬低你"或者治疗师有比较明确的反应、意象或幻想。就可以与来访者分享你的意象："我有这样的想象画面，你被人扔在一边，对此，你似乎感觉很无助。"这样，你就向来访者勾勒出正在呈现的主题。根据来访者反应的强度或兴趣，你能核实你的觉察或揭示的精确程度。

建议实验

何时适合向来访者建议实验很难一概而论。一方面，实验可顺藤摸瓜，使治疗顺势向前，或让来访者产生新的领悟；另一方面，实验还可避免因直接行动而引发的不适。避免治疗师与来访者之间关系紧张。在这一点上,大多数格式塔治疗师似乎都很相信自己的直觉和感觉,知道什么时候需要其他干预或者什么时候需要注入新的力量。通常,一个简单的提高觉察力的实验(诸如第二章和第三章所描述的干预方法)就足以转移来访者的能量,从而使之自然而然地学会以全新的方式与自己相处,或适应环境。然而,有时来访者会顽固不化。尽管知道自己需要改变,但却无从选择,或者害怕新的尝试。

为了达到改变,来访者不得不面对不确定性和探索可能带来的焦虑。Perls 等人 [1989(1951)] 曾谈到,治疗是"安全的应激事件",即来访者在面对风险时能拥有足够的支持和安全感。因此尝试实验的第一步是要征询来访者的意见,询问来访者是否做好尝试新事物的准备。当第一次向来访者提供实验时,最好与来访者有一个口头协议,例如:

"你与你丈夫的关系看起来对你非常重要,但却存在很多困扰。如何从新的角度去理解这个问题,我有一个建议,可能要求你试着想象或者做一些你过去从未尝试过的事情,你是否愿意?"

让来访者知道她有权拒绝你的实验建议至关重要。如果来访者勉为其难,这样的实验不仅注定会失败,而且会重复和再次强化来访者先前固定的格式塔或自我限制的模式。治疗师必须言简意赅地告知来访者她有权拒绝实验:"你完全可以对此说不。"此外,治疗师还需要密切关注来访者的躯体信号和其他适应迹象,比如过分仓促的同意。这并不意味着,来访者必须"绝对地"赞成;而是她对实验的焦虑至少能被自身的力量和兴趣所平衡(参见下面的"风险评估")。

对于那些有更多实验经验,并对实验也更为了解的来访者,我们可能只需简单提示即可:"我有一个建议——你有兴趣吗?"或"你想试一下吗?"尽管实验对这些来访者不足为奇,但让来访者知晓自己有权拒绝仍相当重要（尤其当你非常热衷于实验时）。

实验分级

下一步则是确定最富成效的挑战。对某个来访者举步维艰的事情，对另一个来访者则可能轻而易举。评估的目的在于评估挑战的风险以确保应激事件足够安全，即一方面要能引起来访者的紧张和焦虑，但另一方面又使来访者充满力量和信心。太大的风险往往使来访者感觉力不从心，不堪重负，而太小的刺激则无法引起来访者的兴趣。每个来访者都具有不同的敏感性或风险阈值。而且，不同形式的实验对不同的来访者的挑战也不尽相同。一些来访者会发现躯体行动极其困难；而其他来访者则发现难以表达自己的情绪。有些来访者在这一过程中极易引发羞愧，治疗师尤其需要敏感的觉察力。甚至仅仅是提议"我想建议你尝试对这个问题进行探索"，就足以引发来访者的难堪或羞愧。来访者对你最初的建议所产生的躯体反应或言语反应，都有助于你了解来访者是如何感知风险的。

"我建议你演练一下跟你的丈夫讨论其指责行为，你愿意吗？你能想象他就在这个房间里，和我们在一起，坐在对面的那把椅子上么？"Beverley对于这个建议表现得十分紧张，然而她说："我想我能做，我感到有些害怕，但我还是愿意尝试一下。"

如果Beverley发现这样的建议过于困难，我们可以与她商量其他类似的实验。例如，我们可以让她回忆丈夫指责她的一个真实场景，然后想象如何与丈夫沟通。在整个实验的过程中，你都需要持续监测来访者是如何感觉风险和挑战的，随时准备根据来访者自我支持的变化评估调整风险系数（加强支持也可参阅第十八章）。

在向来访者建议实验时，可以由低到高调整风险系数——从最小的挑战，如思考或谈论一种新的行为模式，到在治疗以外的情景中练习这种新的行为。比如，下面就是根据 Beverley 的情况列出的挑战性逐渐递增的实验。

◆ 谈论某种情况下她怎样表现出不同的行为。
◆ 想象上述不同的行为。
◆ 向治疗师大声叙述想象情景中的不同行为。
◆ 尝试在治疗室内练习这些行为。
◆ 全身心地体会在实验中呈现的体验。
◆ 在两次治疗的间隔里，在现实场景中练习这些新行为。

另外，在实验实施的过程中，也有几种不同的方式可用于调整风险系数。

◆ 暂停片刻，调整呼吸。
◆ 建议暂停，并注意自己当下的体验。
◆ 提醒来访者你一直都在支持和帮助她。
◆ 改变情景，例如你可以说："现在想象你丈夫此刻停止说话，他只想听你讲话。"（或"有一面强大的玻璃墙保护着你"。）
◆ 建议她想象有人正在支持她——"你能想象你熟悉的一个人正在你身边，并为你提供强大的情感支持吗？"

展开实验

实验往往始于一个简单的主题、意象或议题。当实验展开时，将会呈现更多的形式和结构。这个阶段也是最能体现治疗师创造力的时候。当你和一个资源严重匮乏或深感无助的来访者在一起时，你首先需要明确来访者未来努力的方向，比如，更加自信，更擅表达，与人相处融洽等，根据这些目标向来访者提出建议。理想的情况是，随着实验的不断深入，你不仅对来访者保持共情和敏锐的反应，同时，你还能随时根据情况提供进一步的建议，并且根据来访者变化的过程灵活调整成长方向。在评估治疗方向和决定自身参与程度时，你除了听取来访者的反馈外，还需要运用观察、想象等技术，甚至运用自己的反移情。

总的原则是你必须对实验持非评判性的态度，避免对实验结果预设任何具体方向。做好叫停实验的准备——可以是调整实验角度，也可以是"退回原处"；实验结果并没有好坏、正误之分。恰如这句话所说——实验的目的在于呈现。实验为来访者提供这样的机会，来访者既可以尝试不同的适应方法，也可以为达到某个特定结果而不予尝试。

如我们所说，理论上，实验是咨询师与来访者共同创建的，因而实验并没有预设的形式。但是，我们还是可以罗列用以激发想象的策略。这些策略可作为实验的载体。有些来访者擅长视觉方面的实验，而有些则善于听觉或行动方面。咨询师需留意（并询问）什么形式更适合来访者。你应问"你是否很善于想象某个人？"或"你是否能感觉自己身体的能量和情绪？"等等。

在大量可能的选择中，有一些普遍适用的实验范式。

停留在僵局中

建议来访者什么都不做也是一个富有成效的实验。通常，来访者会想方设法地回避痛苦情景（比如偏转或转移话题）。建议来访者权且停留在不知所措或无能为力的感受体验中，可能对来访者产生相当深刻的影响力（参见第十三章，我们对变化的悖论原理做过讨论）。切记一句格言："权且歇会儿吧，别轻举妄动！"

放大与节制

提高觉察力的一项有效技术就是让来访者夸大他们的行为。这样做的理论依据是：我们的内心体验常常通过我们的肢体语言与行为来表达。因此，任何一个不经意的动作，比如皱眉、微笑、耸肩或弹指，如果加以注

第九章 实验

意、夸大或重演，都有可能有效地呈现出来访者意识边缘的一些体验。同样，不经意的语言表达或某种特定的语调都有可能揭示个体真实的感受。

正如第十三章所详尽描述的，你可要求来访者暂停一会儿，全神贯注地体验任何细微的手势所带来的感受，并允许自己的注意力持续地驻留在身体能量或动作引导的方向上。

"如果你的细微动作时间再长点，你感觉接下来可能会发生什么事情？"

也有时，你可能发现完全没有必要采用放大技术，因为来访者正使用夸大或加快语速来回避自己的体验。他们的加快语速或极端用词常常令人印象深刻，实际上他们恰恰以此屏蔽自己的真实想法和感受。有位来访者诉说他感到特别的困扰："我的头天旋地转，我简直忍无可忍，我感觉我都快崩溃了。"治疗师建议她进行实验——平缓呼吸，并聚焦于身体的紧张感。当她平静下来的时候，她开始哭泣："我实在是吓坏了，我非常生气。"

引导或提高觉察力

要求来访者聚焦内部体验，体会不同的身体姿势，注意躯体感觉或情绪感受，提高对放松或紧张的觉察力，这些都能提高对躯体过程的觉察能力，并让来访者意识到他们的思想是怎样通过躯体得以表达的。此外，鼓励来访者审视自己的体验，并大声说出这些体验也能有效提高来访者的觉察力。

引导想象

要求来访者闭上眼睛，探索（在咨询师的引导下）过去生活的一些场景，并根据想象改变这些场景，或者改变未来可能的自己。要求来访者运用各种感觉，尽可能详尽地想象。

运用艺术材料

要求来访者运用蜡笔、颜料或橡皮泥等来表达他的内部或外部世界。

通常，要求来访者在一张大白纸上绘图，而这张大白纸为实验提供容器和边界。

利用其他表达形式

利用音乐、舞蹈、击鼓、照片或书信——包括来访者所有的自我表达方式。

彻底改变习惯性反应（或创造一个新反应）

当来访者呈现一个困境时，你应从中找出核心特质或态度，比如固执己见、愧疚或完美主义。然后考虑这个特质在连续谱的哪个位置上。比如，这个特质的对立面是什么——即另一极端是什么？或这个特质是否处于两极连线的中点？来访者是否将自己限定在连续谱的某个位置？这些都为建议来访者拓宽其反应方式提供线索。事实上，可供选择的反应有：逆转、增强或减弱。

在此，我们将详细阐述格式塔实验中最广泛被使用的"空椅子技术"（或者"双椅技术"）。

空椅子技术

空椅子技术是扩大觉察力、探索极性、投射与内射的一种技术。它不仅有助于来访者表达体验，而且有助于来访者认识并重新拥有被疏离的特质。空椅子技术对探索人际动力学与"尝试"新行为也卓有成效。因为它是一项非常简单有效的治疗技术，我们将对此进行详细阐述。

顾名思义，"空椅子"即利用咨询室的一把或多把空余的椅子，空椅子技术最简单的形式是：邀请来访者想象他目前或过去生活中的一个人正坐在椅子上，然后来访者毫无顾忌地同那个人交谈。这是一个特别有效的实验，因为它在治疗室内让来访者直接进入共同创建的现实场景。

空椅子技术让情景中的所有方面逐渐呈现，并促使来访者有所觉察。它还能让体验变得更为直接。空椅子技术尤其能在治疗室里呈现出在治疗场景以外经共同创建而形成的真实情境。

空椅子技术还通常被用来探索和放大内心中"赢家—输家"（这是象征性比喻，指个体内心渴望掌控与被迫屈从这两极）的冲突。赢家的"必须和应该"，通过一把椅子来表达，而输家的"愿望和需要"，则通过另一把椅子来表达。在治疗师的支持下，"怯懦胆小"的输家受到鼓励，获得力量，并勇敢地与内射的"恃强凌弱"的赢家进行对抗。有效的结果是彼此都有所缓和——每一方都承认对方的价值。共同面对同一个人的两个方面，彼此拥有相同的目标和意义感。通过这种方式，来访者学会发现、接受并协调自身体验中相互冲突的部分。

通过这种实验，来访者学习与自身的不同特质或不同部分进行对话。这种实验通常被用来探索情感的极性。比如，一个处于善待他人而自己却筋疲力竭的来访者，治疗师可能会要求他想象自己的冷酷无情，想象它正坐在对面的椅子上夸夸其谈。空椅子技术还可以促进探索自己的内部对话，聆听和允许自己不同的部分诉说和争论——为了便于练习，通常需要来访者角色互换。简言之，空椅是完成格式塔的有效技术（表达未被表达的感受和想法），有助于澄清核心信念或内射，让来访者重新拥有被否认的自我部分和练习新的行为。

重演

在治疗开始之际，来访者并不熟悉这种想象的工作，需反复练习才能进入想象场景，并开始全身心地投入。在设计实验的过程里，比如设计相互对话的角色扮演时，要允许来访者有多种选择。想象另一个人或自己的某一部分坐在哪个位置，或仅仅站在治疗室的某个位置上。

治疗师一般会选择这样开始：

"想象你的丈夫就在我们的治疗室里，他会在哪个位置？是坐着还是站着？他离你有多远？（注：这有助于来访者创造"现实"的场景——一个冷漠无情的丈夫，比如，总是与他的妻子和治疗师保持距离；或者坐在房间的一个角落，半侧着身体，看着报纸。这也有助于来访者评估威胁性人物的直线距离。）

"现在，闭上双眼，想象他的衣着、面部表情、坐姿或站姿。"（注：这为了解来访者与这个人的关系提供重要的线索。）"慢慢睁开眼睛，看着他。你的身体正出现什么感觉？你有什么情绪？你是否有什么话想对他说？（注：此时此刻，你往往可以了解到来访者在这种情境下的痛苦感受。比如，"他正在指责我，"或者"我不敢看他的脸"。）

此时，你需要调整接触或提高实验级别。"你是否愿意尝试去面对你丈夫而不感到崩溃？……要求丈夫停止指责可能会有多大的风险？"空椅子技术很容易改变实验的级别，从非常简单的此时此刻的尝试，到积极而复杂的自我探索。例如，对 Beverley，治疗师可以这样说：

治疗师：假如他此刻就在这里，你又不必顾忌你所说的话，那么你想对他说些什么？

Beverley：我想告诉他，我对他喋喋不休的指责感到忍无可忍。（这可能就足够了，治疗师可以同来访者一起讨论来访者与丈夫之间的冲突，探索她此时此刻的感受。）

一个风险级别稍"高"的实验可能是：

治疗师：那么想象一下他此刻就在这里——你是否愿意开诚布公地告诉他？

Beverley：嗯……**是的，你的意思是……**？

治疗师：有时把冲突带到治疗室里会对你有所帮助。

Beverley：好的，我明白了。

治疗师：如果此刻他正和我们一起在这个房间里，你想象他会在哪儿？

Beverley：哦，很简单——肯定在桌子后面——只是他的桌子更大，椅子更高。

治疗师：继续想象他坐在桌子旁边——他看上去怎样？……你想对他说什么？

Beverley：你对我太苛刻了〔她怒吼〕。你以为你是谁？你以为我是谁？

治疗师：Beverley，告诉他你是谁。

Beverley：我是……我是 Beverley—我是 Beverley……我不是你的……〔Beverley 的声音减弱并转向治疗师〕我只想说"我不是你专用的卑微女仆"。我刚才突然有所领悟，你知道他让我想起了谁吗？

治疗师：(意味深长地)谁？

在这个案例中，空椅子技术被用来提高 Beverley 的觉察力，她觉察到自己如何把对继父的情感强加在丈夫身上，因此丈夫只要对自己稍有声色就足以让自己透不过气来（随后，她意识到就是这个原因导致自己难以容忍丈夫。）

我们还可以只是建议来访者注视她的丈夫，体会紧张或崩溃的感觉。我们也可能鼓励来访者换个坐姿，重新体验自己的感受，并留意她的自我对话或关注她能否启动自己的勇气与力量。此外，另一个方法则是，要求来访者互换座位，以另一个身份说话，或以情绪的对立面自居，夸大地表述自己逆来顺受和无能为力的处境。

在整个重演过程中，务必也将治疗师与来访者之间的关系考虑在内。邀请来访者一起探索治疗关系。比如"在你和我说话的时候，你是否总是有所隐瞒？""你是否不太喜欢我说的一些话或我的一些做法？"或"你能想象对我生气的情形吗？"

忠告

尽管空椅子技术（或任何其他方法）的应用日益普遍，但治疗师仍需要慎重选择。需要判断来访者是进行自我对话获益更大，还是与治疗师进行此时此地的互动更具疗效呢？通常在治疗师的共情和支持下，易于建立人际关系的来访者常常也能经由探索其自我的不同层面而获益。

当这类来访者谈论两难处境或人际困扰时，他们的描述很容易使人产生清晰深刻的印象，仿佛让人感觉到房间里还存在第三个人。此刻，如果让来访者转向第三人对话，或者同自我的另一部分对话就顺理成章了。然而，对于有些来访者而言（例如，隔离或退缩的来访者），需要帮他们建立现实的接触。事实上，这是治疗的关键目标。对于这些人来说，自身的对话反而会促使他们回避与"真实他人"的接触。这种回避会使治疗变得空洞无聊或索然无趣。治疗师感觉自己在治疗中似乎只需充当一个听众，一切与自己毫无关联。遇到这种情况，治疗师需鼓励来访者保持与治疗师的接触（比如让来访者讲述事情的经过，向治疗师表达自身的感受，让来访者觉察自身的体验和反应，并对这些再作出反应，等等）以帮助来访者以更现实的方式与其内部自我保持接触。

在探索多种选择之前，我们应尤为注意。如果来访者的自我加工（self-proess）能力十分脆弱（比如存在分裂、边缘或解离等倾向）。原则上应避免让这样的来访者与其自我的不同部分进行双椅对话。这样的来访者需要稳定的治疗关系作为实验的边界和容器。如果他们沉溺于自己的内部冲突，那么，情绪的发展可能会走向极端，自我整合将变得更为孱弱。此时，空椅子技术应只限于帮助其探索与生活中真实人物的此时此地的人际互动，目的在于练习新的交流模式，或改善自我管理的策略。

实验在格式塔治疗中属于特定领域，应由富有经验的实践者来决定是否冒险去突破治疗的安全边界。在以往治疗的文献中常常会有许多不同寻常的实验范例，比如，和来访者一起出去散步、拜访在家中的来访者、和他们一起做菜、在咖啡馆碰面、探访来访者的母亲，甚至和他们一起玩耍等——方式多样举不胜举。

尽管有可能会在突破安全边界方面存在失误，但我们仍应肯定和支持格式塔治疗中大胆突破治疗界限的勇气。但如果实验确实存在较高"风险"，你首先应该与你的督导讨论此事。

记住，实验的范围可以从简单的觉察——例如，"关注你的呼吸"——到复杂的涉及多个过去人物的角色扮演。在实验早期阶段，治疗师可能较为主动、投入较多的精力，给予来访者较多的鼓励和建议。事实上，治疗过程中治疗师的干预措施常常意味着再现以往场景。治疗师有必要扪心自问："这种情景中我疏忽了什么？如果改变某个因素会有怎样的结果？如何才能导致重大改变？来访者是否显示出一些从未表达却又至关重要的特质？"这种思考对治疗工作很有帮助。

然而，如果实验设计合理，来访者就会逐渐进入状态，并开始根据实验的目的相应地作出调整："不，我还有一些事情想跟他说。"或者"我刚才突然意识到了，而之前我从未想到过。"治疗师可以看到来访者的能量不断提升，实验也似乎拥有了活力。尽管治疗师心中十分明确怎样的结果有益于来访者，但治疗师还是应关心当前的*过程目标*。比如，来访者表达真实的感受、体验良好的支持、完成未完成事件、重新拥有疏离的部分自我或重获自信，等等。治疗师不应预设特定的结局或特定的结果，更不应强求内容目标（content goals）。所有这些都应该完全掌握在来访者的手中。正如我们先前所强调的，治疗师需要保持创造性中立的态度，即一切皆有可能，事情的结果没有绝对的对错之分。

完成实验

有时（例如在角色扮演中），来访者会突然退出角色并停止实验，此时，你可能需要提醒她"你似乎从角色中跳了出来/中断了实验过程"，以核实来访者究竟是想暂停一会儿，还是想终止实验或改变实验方向。当然，实验有时也需要告一段落，会在某个点停顿。例如来访者表示想要结束实验的时候，也可能发生在来访者跳出角色，转而向治疗师反馈刚才发生的事情或自己一瞬间获得的领悟时，或是来访者自身能量发生变化，把注意力转向别的地方时。

此时，治疗师很容易根据自己的想法，一意孤行地鼓励来访者继续实验。因此，治疗师需要接受许多专业训练，坚守创造性中立的原则，让来访者选择自己希望达到的目的。

由此可见，我们不能妄下结论："治疗到此，绝对合适"，而只能顺其自然，让治疗达到新的进展。为慎重起见，治疗师至少需要在会谈结束前10分钟终止实验，留出足够的时间与来访者重新建立联结，总结经验并准备结束。有时，治疗师只须简单地提醒来访者：会谈即将结束，今天可以到此暂停。而有时则需要更果断有力的提示：中止实验，下次继续。有时，咨询师需要用敏感而富有创造力的方式帮助来访者结束实验，并回到此时此地的关系中来。

案例

Beverley正在通过想象重演同丈夫之间的激烈争吵，她情绪激昂、浑身发抖。咨询师意识到离会谈结束还有15分钟，决定中断实验。他告诉Beverley，会谈即将结束，她需要暂时结束这场冲突。治疗师建议她告诉丈夫现在就到此为止，但与丈夫的事情并未了结，仍需后续处

> 理。她接着想象自己把丈夫送到一个安全的地方，让丈夫待到重新被召回的时候。之后咨询师要求 Beverley 关注自己的呼吸，注意自己的接触功能，让自己返回到治疗室、返回到咨询师的身边，并检查自己是否还需要做些什么以帮助自己平复情绪。她还有些虚弱，因此，在离开咨询室之前，咨询师带领她做了安抚练习。

吸收与整合经验

在实验结束之后，需进行体验的吸收与整合。通常，最具成效的改变就发生在这个阶段。此时，可引导来访者从认知层面和实际应用方面对实验进行讨论，总结实验的意义和影响。这一过程十分重要，能帮助来访者意识到自己的信念在多大程度上制约了自己的选择和机会。治疗师也有必要和来访者一起制订今后的计划，把这些新体验运用到现实生活中去。最大限度地把个人资源与社会资源相互结合。新的领悟、觉察力和选择可能需要一段时间才能被充分整合。有时，来访者遇到类似的情景时，会有茅塞顿开的体验；而更多时候，实验将是探索、克服更大困难或完成格式塔治疗历程的第一步。

> **案例**
>
> 当 Beverley 表达愤怒之后，她开始感觉自己能拥有更好的自我支持，并能更适切地面对想象中的丈夫。她意识到自己一直都在回避与继父的冲突。这些领悟使她的治疗进入一个新阶段，她开始探索目前困境的历史根源。Beverley 决定在治疗外采取新的行为方式，克服曾经的屈辱感，勇敢地面对继父。

即使来访者在中途突然中断实验,并返回到此时此刻的情境中,总结阶段依然十分重要。咨询师必须提示来访者实验中止,并要求来访者去觉察是什么导致实验突然中断,中断意味着什么,此刻可能还需要做什么才能让她感觉实验充分完成了。

有时,一个强有力的实验之后,合适的做法是促进来访者在治疗间歇期专心于吸收与整合,然后在下一次会谈时谈论学习的心得体会。这种吸收、整合的讨论十分重要,简单的情绪释放与深刻的再学习由此得以区分。

推荐书目

Brownell, P (ed.) (2008) *Handbook for Theory, Research and Practice in Gestalt Therapy*. Newcastle: Cambridge Scholars Publishing.

Perls, E. S. (1975) *Legacy from Fritz*. Palo Alto, CA: Science and Behavior Books.

Polster, E. and Polster, M. (1973) *Gestalt Therapy Integrated*. New York: Vintage Books.

Roubal, J. (2009) 'Experiment: A creative phenomenon of the field. Gestalt *Review*, 13 (3): 263-276.

Sills. C., Lapworth, P. and Desmond, D. (2012) *An Introduction to Gestalt*. London: Sage.

Spagnuolo Lobb, M. and Amendt-Lyon, N. (2003) *Creative Licence-the Art of Gestalt Therapy*. Vienna: Springer-Verlag.

Zinker, J. (1977) *The Creative Process in Gestalt Therapy*. New York: Random HOuse.

第十章　接触风格：接触和极性的调整

生活即是对事物的连续反应——根据当前需要适应性地作出灵活调整，而来访者则通常因为僵化而刻板地对外界作出反应，进而深陷困境难以自拔。他们热衷于固定地重复相同的人际模式，因为这些反应模式在过去成功地满足过需要，曾经是应对困境的最佳方式。

格式塔治疗师认为心理健康有赖于灵活且满意的人际关系，这种人际关系不仅使人富有创造力，而且有助于个人的心理成长。健康的人际关系意味着个体能根据不同的情景作出调整，选择当下建立关系的最佳方式。当然，这个过程通常是共同创建的，我们与情景的互动过程就像跳双人舞，我们在影响情景的同时，也不可避免地受情景影响。

理论上，互动过程应随着场条件的变化而不断更新与调整。我们以一个正在成长的孩子为例：当婴儿感到不适时，会本能地大声哭喊，然后等待（和渴望）他人的照料（等待时间越长，婴儿求助的哭声就越大）。当婴儿稍稍长大一些，可能就发展成向朋友倾诉并寻求安慰这样的创造性的应对方式。

在这种特定情景反复出现的情况下，儿童必然能逐渐学会如何"足够成功"地应对和满足自己的需求，并逐渐形成合适的习惯性反应模式。这是一个习惯成自然的过程。但是，当来访者的习惯性反应不能随着场条件的变化而相应变化时，他们的人际模式就会成为问题。这种固定的习惯性反应可能只出现在某个特定情景，也可能成为一种跨情景的普遍的接触风格（而且往往处于无意识层面），这种过去一度行之有效（或至少在那个时段看起来行之有效）的接触模式可以渗透在个体生活的方方面面，使个体无法作出新的选择或调整。他们将过去的反应方式转移至当下（这与第十二章中的移情过程相似）。这一现象在临床上随处可见，比如受虐儿童成人后仍回避亲密关系，或者来访者习惯通过暴饮暴食来应对压力。

在格式塔的早期文献中，治疗师就注意到来访者在应对困境或建立接触时总是重复使用一些中断能量的调整方式。这些方式包括内转（retroflection）、融合（confluence）、去敏化（desensitization）、内射（introjection）、投射（projection）、自我中心（egotism）（Perls，1947；Perls et al.，1989 [1951]）以及偏转（deflection）（Polster and Polster，1973）。格式塔治疗师将这些防御的功能统称为"阻断接触（interruptions to contact）"，以此描述人们为应对生活挑战而作出的创造性调整：对情感的控制，对需求的满足，对分离的调整，以及用以人际交往中的利弊权衡。这些描述指出了个体在生活的不同领域中是如何形成有效或无效的调节或关系模式的。健康的个体应能够根据具体情景作出灵活的选择。

多年来，格式塔学者们对"阻断"的概念进行了反复的讨论和修订。（e.g. Swanson，1988；Wheeler，1991；Mackewn，1997；Joyce and Sills，2001，2010；Graffney，2009；Clarkson with Cavicchia，2013）。"阻断"随后被改成"调整（modification）"。因为"阻断"意味着这种关系接触有可能被单方终止。而显然，任何类型的关系都是双向连续的——事实上，我们根本无法一了百了。而更名为"调整"则意味着即便是单方沉默和撤离也是一种关系的连接。

2011 年，我们对"调整"进行了总结，详见表 10.1。我们将七种常见

第十章 接触风格：接触和极性的调整

的调整看作连续谱的两极，每一极端都有着相对应的另一极，而两极之间的区域被称为"灰色区（shade）"。有时，个体在连续谱上的任意位置都可以是恰当的（例如，母亲与新生儿之间的融合）；而在其他时候，同样的位置可能是僵化与刻板的（例如，相互依赖关系中的融合）。我们想要强调的是，只有来访者才能最终判断自己在特定情境中的哪个位置才是最适合的。

表 10.1

能量和刺激的调整：
内转（Retroflecting）………冲动（Impulsivity）
偏转（Deflecting）………接受（Accepting）
去敏化（Desensitizing）………过度敏感（Over-sensitizing）
人际接触的调整：
融合（Confluence）………分化（Differentiating）
内射（Introjecting）………拒绝（Rejecting）
自我过程的调整：
自我监控（Self-monitoring）………自发性（Spontaneity）
投射（Projecting）………拥有（Owning）

然而，在这一版中，我们对调整又有了新理解。我们依旧认为极性（polarities）的观点十分重要，需要加以保留。同时意识到人际关系对接触风格（contact style）的影响，在交往中个体针对不同的人，在连续谱上的位置也会发生相应的变化。然而，这让我们又回到了一个最初概念，即个体"阻断"了在关系中健康的自我表达。我们多次发现，个体的有些接触风格会经常出现，它们可以被视为与人建立关系的固定方式。这些方式可偏向极性的某一端，我们认为对其单独分析会更有价值。

因此，我们将重点关注八种接触风格（见表 10.2），并提出建议：如何加以识别并与之工作。如上表所示，这一版里我们用"自我监控（self-monitoring）"替换了旧版的"自我中心（egotism）"，因为我们认为后者可能会引起歧义。我们也尽量使用能反映调整 / 阻断（我们依据上下文的情境交替使用这两个词语）的动态而非静态的词语。因此，我们更倾向于将"内射（introjects）"这一固定信念（见第十一章）看作当下主动的内射过程，即来访者会不加批判地听取治疗师的建议或把建议视为至理名言。我们将内射视为一种动态过程以及融合过程。

表 10.2

融合（Confluence）
内射（Introjecting）
投射（Projecting）
偏转（Deflecting）
内转（Retroflecting）
去敏化（Desensitizing）
自我监控（Self-Monitoring）
冲动（Impulsivity）

成为固定格式塔的接触模式

我们要重申，有时调整接触是一个固定的格式塔，是个体为了应对过去某一情境的需要而形成的一种创造性调整，久而久之养成一种习惯性模式。很多时候，僵化而固着的调整（modification）往往形成于一种适应（adaption），比如应对一个苛责的母亲（融合）；或者在一个易引发羞愧感的家庭中，压抑自发性反应（内转）；或者试图成为一个完美的孩子（自我监控）；或者抵御痛楚感（去敏化），等等。

当来访者身上存在一种反复出现的关系模式时，你首先要确定这种接触方式是不是只出现在治疗关系中——换句话说，这是否是你与来访者所共同创建的产物。如果它只出现在治疗关系中，那么你需要关注的是治疗室内"两人间的互动"。然而，如果探明来访者在治疗情境以外的大多数关系中也存在这种关系模式（如有例外更值得探究），那么它可能就是我们所提到的"僵化的关系互动"，它往往是来访者目前问题的重要组成部分。

治疗的切入点往往还是在此时此地的治疗关系中。例如，你的来访者存在社交退缩和缺乏自信的交往模式。在治疗中，你也注意到，他说话的声音变得越来越小，神情也显得犹豫不决，然后他低头看着地板。遇到这种情况，你的第一个反应可能是：

刚才究竟发生了什么？ 他在你身上看到了什么，以至激发了他的某种似曾相识的反应？此时可以要求来访者与你分享他的内心体验，即他认为你们之间刚才发生了什么。这能够给你提供关于你在建立关系时的有关信息，你的这些方式往往是无意识层面的，例如，你可能在倾听时不自觉地皱起了眉头。重要的是，你可以和来访者一起更及时、更准确地了解是什么触发了来访者的接触风格。当他看见你皱眉时他感受到了什么？（例如，他感觉你在批评他，因此下意识地出现了偏转与退缩的反应）。

另外，治疗师尤其要注意自己的提问方式，应用不当很可能会导致治疗关系的破裂。如果来访者已经激起了自身的某些模式，这意味着他已经感受到了威胁。如果治疗师对此仅仅是冷静地表达自己"注意"到了这些模式，就很可能使来访者体验到更多的批评或羞辱。如果此时治疗师也正为关系的不良而感到焦虑（很多治疗师都曾有过这种感觉），那么他更可能会词不达意。

治疗师需要带着共情和好奇去探索治疗室内"两人间的互动"，并随时准备去理解来访者是如何体验这种互动的（例如，有侵入感、距离感或被激惹），并关注来访者如何理解这些互动以及激起了来访者怎样的反应。

在工作联盟足够牢固的基础上，这种探索有助于深入理解来访者过往经历的基本结构，进而引申出"这种调整曾用于应对或解决什么问题？"它还有助于终结未完成事件（见第十一章）或开辟治疗的新方向。

下面我们会从融合开始依次详细介绍各种调整策略。

融合

健康的个体能够在融合（例如亲密的性爱）与分化（例如反抗传统家庭的规矩）这一连续谱的两极之间游刃有余地移动。

如果习惯性地固着在连续谱的任何一极，都可能表明个体在依恋或分离上存在问题。总担心与他人亲近可能会带来某些威胁（包括丧失、拒绝、受伤或被遗弃）的个体，可能会通过融合或退缩来解决这一问题。稍后章节，我们将把习惯性退缩的接触风格作为偏转的一种极端形式来再做阐述。

通过融合来进行调整接触的来访者，会表现为彻底陷入你我不分的境地。他们无法分辨人际互动的界限。具有融合特征的来访者很容易淹没于他人的情感和愿望之中，误把他人的情感和愿望当作自己的，或者因产生与他人分离的想法而深陷焦虑和愤怒。有些来访者会对你过度讨好或迎合，或者期望你能未卜先知地理解他。如果你能识别出咨访关系中具有融合倾向，很有可能其中也有你的参与［毕竟，具备共情性理解能力的治疗师必然也具有融入（merge）他人的能力］。你可能会慢慢感受到，与这样的来访者在一起，你变得思维迟钝，或是淹没在来访者的体验中。

当遭遇这样的来访者时，他们的期待可能会让你逐渐感到愤怒或焦虑；或者你发现自己在治疗中"如履薄冰"，变得不敢暴露与来访者相左的想法和意见。

干预建议：

◆ 鼓励来访者在表述的时候使用"我"，而不是"它"或者"我们"。你也可以示范用"我"进行表述。例如，你可以说："当我在听你说这件事的时候，我感到很难过；你有怎样的感觉？"或者"我现在坐在这张椅子上，而你坐在我的对面，此刻你想从我这儿得到些什么？"

◆ 寻找并强调来访者言行中的相同和不同之处，"听上去你好像同意（或者对……有同感）……，但你又好像不同意（或者对……有同感）……"

◆ 探索并共情来访者对分离、终结和丧失的恐惧。这些恐惧往往涉及来访者无意识层面里重要的未完成事件（见第十一和第二十一章节）。

◆ 在治疗过程中，当治疗到了"分界点"时，与来访者分享你的想法并提供未来可选的治疗方向。征询来访者的治疗倾向，或是否有其他的建议。这样的讨论强调了这一事实，即来访者不是单打独斗，而是与治疗师一起面对困难！

内射

融合还可能通过内射的形式来表现。内射指的是个体不分青红皂白地全盘吸收他人（或社会环境）的观点、态度或指令，把这些观点、态度或指令看作绝对的真理。内射过程会导致个体持有未经思考就盲目接受的信念——内射信念。

以内射为主要调整接触方式的来访者，很可能会主动内射治疗师的言论。他会期盼你的解释，而且囫囵吞枣，从不反思你的建议。识别这类来访者较为困难，因为有一位全心全意赞同你观点的来访者，往往会让治疗师感到心情愉悦。然而重要的是，治疗师要密切关注这一访谈进程，并提请来访者注意到他们在轻易地附和治疗师。

干预建议：

◆ 鼓励来访者暂停片刻，并在表达赞同之前先进行反思。请来访者放慢速度，关注与体验自身对治疗师所说的话的感受。如果他对此感受到强烈的焦虑，鼓励他关注自己的焦虑，并探索他是否还有其他感受（如愤怒）。

◆ 特别提醒：自我比较脆弱的来访者往往在治疗的初期会运用内射或融合，以便于让自己在治疗中感受到足够安全。治疗师要对这种可能性保持敏感。

投射

人们常常否认与自我概念相冲突的自我部分，并将其（无意识地）投射到他人身上。例如：否认自己的某些品质，并且认为他人身上具有这些品质："我没有任何敌意，你才是那个生气的人"。这就是我们所指的投射。

当然，"投射"这一概念常常容易被误解。首先，投射仿佛在暗示：治疗师是一块供来访者投射的白屏；却忽视了治疗师必定会对来访者所产生的影响。此外，个体也无法绝对地"投射"出自己。"投射"这一概念还曾被滥用，曾被治疗师用于否认自己的情感反应（当被来访者评论时），治疗师常常会说"这只是你的投射"，意味着这只是来访者自己的想象或错误归因。我们认为，很多时候这可能并不是来访者在否认，而是治疗师否认了自己意识层面之外的活动。

关系取向的治疗师应意识到所有投射都包含有共同创建的成分，至少应把投射过程理解为：来访者选择性关注或过度优先注意到治疗师的某些行为或外貌特征——让投射上钩的"诱饵"。如果治师自身接受过良好的个人体验，能够识别出自我否认的部分，并能意识到自己在共同创建的投射中的作用，那么，这样的治疗师处理投射就会较为适切。

因此，我们提议将投射视为否认自我部分（an aspect of self）的过程，同时，也视这一过程为一种关系体验的共同创建。因此，投射是深入理解来访者和治疗师过去和当下内心世界的一个重要信息资源。

案例

一位努力工作的学者告诉我们，有一天，他结束了一天的繁重工作回到家里。他的妻子在门口迎接他，他对妻子说，"你看上去很疲倦"。对此，他的妻子机智地回答道，"你应该躺下来休息两小时。"当他醒来的时候，妻子对他说，"我现在看上去是不是精神多了？"

干预建议：

◆ 当来访者认为你过于挑剔或者吹毛求疵的时候（而你确信自己没有）。你首先要探究这个想法对来访者的意义和影响。"和那些你认为总爱批评你的人在一起时，你会有什么感觉？"以此探索其相似的体验。"你是否感觉我也很挑剔？"开始，来访者往往会否认自己有这样的想法，"不，我从没想过要批评你，你一直在竭尽全力地帮助我…"

◆ 需要循序渐进地进行探索，例如，"如果你想要批评我，你会说什么？"有时我们会建议来访者环顾房间四周，在治疗室中寻找他不喜欢的物体、颜色或形状，练习对治疗室内的物品进行批评。然后逐步加大强度，直到来访者有勇气说出他们不喜欢治疗师对来访的哪些言行举止（恐怕会有不少呢）。
- ◆ 探究来访者是如何逐渐形成投射的。你做了或者说了什么导致他们认为你在批评他们？正如我们所说，投射往往是来访者和治疗师共同创建的。从来访者的角度去寻找"事实的依据"。寻找导致他们产生此类体验时你这方面的因素，承认你在其中的影响，这很有可能将有助于修正来访者的体验、改变其敌对态度。

偏转

偏转指的是个体忽略或避开来自内部（如某个讨厌的想法）或外部环境（如被迫要求）的某个刺激。偏转以阻止刺激或回避、偏离刺激为特征。

来访者往往会通过喋喋不休、哗众取宠或关注他人等方式来偏转自己的情绪和冲动。躲避影响的偏转可以表现为每当提到某个重要问题时，来访者总是顾左右而言他，似乎对治疗师的询问置若罔闻，有的来访者会曲解或重新定义他人的言行。偏转是一个特意主动回避接触的过程，这意味着一旦你的干预触及他们想要回避的主题时，他们就会充耳不闻。偏转的过程可能会非常潜隐，通常唯一的线索是当治疗师正与来访者谈论某事时，却莫名其妙地发现自己竟被扯到别的毫不相干的话题上去了！

干预建议：

- ◆ 示范如何紧扣某个主题，假设来访者可能遇到的困难。"我猜想你可能对谈论自己被领养一事感到难以启齿，甚至都不愿提及、回想此事。"有时你需要温和但果断地打断来访者的偏转过程，在告诉他你对其偏转的观察以及你对偏转的反应之前，你可以这样说"我需要打断你一下……""我发现每当我们谈到这个话题时，你都会转移话题。你自己注意到了吗？"或者你可以说："我注意到你并没有回答我的问题,我想知道这是否因为你还没有准备好谈论这件事情?"从某种程度上来说,这样的干预能够让来访者知道他们有选择不谈论某些事情的权利,同时,这样也有助于提高他们的觉察力,让他们知道自己"将要表述"部分的重要性。

心理退缩是偏转接触的极端表现。以退缩为习惯性接触风格的个体不太愿意寻求帮助。可能只有当他深陷危机时才会来寻求治疗,他会感觉自己好像游离于这个世界,无法与人相处,总觉得自己与他人格格不入。他可能会形容自己,像个外星人,觉得自己像被囚禁在与世隔绝的无形城堡之中。

干预建议:

- ◆ 在对这类习惯性接触进行干预时,你会觉得很难与来访者建立关系,漫长的治疗过程中充满艰辛。你可能会发现自己很难融入来访者的内心世界。与他们建立工作联盟,也是举步维艰,你需要小心谨慎地展开渐进的治疗步骤。
- ◆ 如果来访者在会谈中出现退缩的表现,不要对来访者穷追不舍:"请告诉我,刚才发生了什么"。这只会欲速而不达。此时,治疗师需采取创造性中立的态度,安静地等待,但应避免自己也陷入退缩的接触模式,即与自身感受隔绝开来。治疗师应练习融入(默默地),保持敏感性和好奇心。你可以不时地向来访者提示——例如,"你现在看上去好像需要退一步,我愿意等你,我也愿意陪伴你。我只是想让你知道,如果你愿意和我聊聊现在发生了什么,我很乐意倾听。"

内转

个体的内转发生在个体克制自己的行为冲动(比如言语、情感或行动)

的时候。如果这种心理能量受到阻挠，可能会带来多种结果。被阻断的冲动可能会自然消退。然而，如果这种阻挠重复出现，或者某一冲动包含强大的能量，那么阻断就可能会导致能量转向内部自我，就可能导致躯体紧张、心身疾病、抑郁或自残行为。

干预建议：

- ◆ 探索与内转同步出现的信念、内射和初始观念的相关联系。最为重要的是，要探索来访者认为将想法付诸行为将带来怎样的后果。只有在来访者和治疗师都已确认这种释放冲动的付诸行为能得到足够的支持，并能适当地控制，内转才能被"消除"。

- ◆ 因为内转的冲动通常滞留在来访者的躯体内，所以在释放冲动时应聚焦于来访者的躯体感受。让来访者觉察身体某个部位的能量积蓄，或让来访者关注身体的某个部位的"倾诉"。在某些情况下，你可以建议来访者"进入"这一部位，观察这部分躯体想要表达什么。

- ◆ 在治疗室内演绎内转。当来访者能识别处于内转核心的内射观念（例如，"不要生气"）时，这一干预特别有效。你可以让来访者聚焦躯体，夸大躯体紧张的感觉并大声复述内射信念。在治疗师的支持下，做好准备，逐渐释放紧张情绪，并将心理能量引向安全的治疗环境中（见第九章有关实验的论述）。

- ◆ 切记：所有的接触都是共同创建的，你可以请来访者反馈，咨询师的存在在那一刻是如何影响其内转过程的。

当然，内转（和所有调整一样）也有助于人际关系的成功处理。在一些特定的情境中，内转冲动往往是一种行之有效的调整。比如，当你在面对一个刁蛮的同事或税务稽查员时，扇他一个巴掌通常对解决问题丝毫没有帮助。

去敏化

去敏感化的机理与偏转有异曲同工之处。它是回避感受的另一翻版。然而，偏转主要是阻止个体完整地感受刺激（而且通常是有意识的），而去敏感化则涉及更深层的阻断——丧失对刺激反应的敏感性。这与持久的心理创伤造成的解离症状如出一辙（见第二十章）。识别这类来访者的线索往往有赖于治疗师对自身的觉察。面对去敏感化的来访者时，治疗师往往会发现自己昏昏欲睡或者不堪重负，而面对偏转的来访者时，治疗师会感到相对活跃（例如，来访者不知不觉的行为会引起治疗师的愤怒、沮丧或焦虑）。

> **案例**
>
> Kerko 好像从来不会感到饥饿，而且，她在整个治疗会谈期间，毫无觉察地一直坐在椅子的边缘，双腿紧绷；Jean-Luc 的弟弟死了，他说对此毫无感觉；Jennifer 以平和的语气讲述着自己遭受严重虐待的经历。

干预建议：

- ◆ 向来访者表明你能够理解，这可能是他们对某些事件的最佳（或仅有）应对方式。
- ◆ 鼓励来访者关注自己的呼吸和躯体感觉，将治疗聚焦于提高躯体觉察力，增强对身体感受和能量积蓄的身体部位的觉察。
- ◆ 让来访者想象某种情境中的感受，并设想，若是换做他人又会如何感受这一情境。对于来访者在情境中的反应，他的朋友会有什么感受呢？
- ◆ 来访者对某一情境采取了去敏化的态度，那么你可以与之分享你对这一情境的反应，并告诉他你还有可能会出现哪些反应。观察来访者对你的反应有多少共鸣。

在来访者恢复敏感性的过程时，你可能会发现来访者极度缺乏支持。事实上，过往的刺激往往对来访者意味着重大的创伤。当治疗师将来访者意识外的创伤性事件再次带入到来访者的意识层面时，要特别关注来访者自我支持的力量，否则，他很可能会在缺乏充分资源的情况下再度体验创伤（详见第十九和第二十章）。

自我监控

健康的自我监控指的是个体自我反思和反省的能力。也许，称之为"自我意识（self-consciousness）"更为贴切。自我监控，作为一种习惯的接触风格，通常以自我限制和自我苛责为特征，（有时称之为"超我"。）最终限制了个体的自发性功能与全面接触能力。针对这类来访者，首先是要鼓励他们减少自我苛责，与其周围的环境（包括与治疗师）建立更直接的接触。其次是要鼓励来访者保持自我宽容的态度。

案例

Kess一边讲述她上周的不愉快经历，一边不时地停下来，惴惴不安地看着窗外。当治疗师询问她发生了什么事情的时候，她说她正在想自己是多么愚蠢，听起来简直就是个傻瓜，她认为治疗师一定在纳闷，为什么她就不能想的和做的保持一致呢。

干预建议：

◆在治疗室中，对来访者因关注自身内部对话而中断与你接触要加以识别，并促使他返回到此时此地保持与你的接触。对来访者呈现的自我担忧，以及试图给治疗师留下"完美"印象的努力表达共情。随着治疗进展，你和来访者之间逐渐发展出一种信任共情的治疗关系，这为来访者提供了一种有助于其缓解自我监控的新的关系体验。

◆ 鼓励来访者练习接地技术，聚焦躯体感受过程，并有意识地关注外部世界（遵循传统的格式塔的至理名言"放下理智，恢复感悟"）。

◆ 探索自我苛责态度的来源。例如，是否源自对早年重要照料者的内射，或是来访者为了保护自己而选择"先发制人"（被过度批评的儿童常常通过自我批评来保护自己免遭进一步伤害）。放弃自我苛责有时会带来悲伤和丧失的感觉；因为尽管自我苛责使内心煎熬，但在某种程度上失去这种苛责犹如丧失挚交（拥有一位爱挑剔的朋友总好过没有任何朋友）。

◆ 鼓励来访者练习自我宽容，以加强自我支持（详见第十八章，发展优势资源）。

冲动

作为内转或自我监控的对立面，冲动是指个体对环境和后果缺乏统筹考虑就付诸行动。它常见于赌博、酒精滥用以及边缘性人格障碍者。从体验循环的角度看，这类来访者在充分认识和评估知觉之前，就直接进入行动阶段。

干预建议：

◆ 养成有意识地觉察体验循环阶段的习惯，对于学习控制冲动行为特别有帮助（详见第三章）。让来访者关注自己的感觉和感受、对它们保持敏感与兴趣，识别并接纳这些体验。仔细思考各种可供选择的行动，然后选择其一。渐次完成上述步骤，来访者将放缓节奏，能更恰切地处理事务。来访者可能会觉得这一过程非常艰难，因而他需要在治疗室内反复体验这一过程。你还可以经常去邀请、鼓励来访者觉察其逐渐浮现的感觉，指出他浮现的感受（或采取的行动），使这些感受（行动）得到充分认识。

◆ 先前章节中提到的接地练习对控制冲动也十分有效。冲动型来访者通常感到情绪无法控制。他们常说，"我实在忍无可忍，我都快被气疯了。"接地练习和提高对躯体限制的觉察练习，都有助于控制情绪。正念练习（详见第十八章）在延缓冲动和帮助来访者发展"双重觉察（dual awareness）"上特别有效。（"双重觉察"指来访者对自己的反应有所觉察［notice］，但不与之认同［identify with］）。

治疗的一般注意事项

在治疗室内，无论聚焦于哪一类接触风格，治疗师都需要完成以下任务。

提升觉察力：在很多情况下，来访者不仅无法觉察到自己正用特定的方式调整接触，而且会无视其他各种可能的选择。对此，治疗的任务是提高来访者对自身关系接触方式的觉察和理解。例如，来访者可能没有意识到，自己正通过转移话题来偏转某种负面情绪，或者每次谈到父亲时就会浑身紧张。他甚至都不能想象还有更好的方法可用以表达。当你注意到这些现象时，不妨为来访者提供假设，以促进来访者自我反思："我发现每次你谈到父亲时都会握紧拳头——你是否注意到这一点？"或者"你是否想过要向父亲表达你的愤怒？"

识别接触模式的起源：这有助于来访者将接触调整逐渐趋于正常化，有效地应对痛苦或消极情绪。也许，这种接触模式过去曾确保了他们的安全，让他们幸免于难。因此，为理解来访者的接触调整风格，你需要设身处地地想象来访者当初的艰难处境，并对其痛苦感受表达共情。识别接触模式的始作俑者也有助于聚焦来访者的未完成事件（见第十一章）。

对接触调整过程的微观探索：要求来访者放缓节奏，探索其调整（modification）是如何在岁月长河中逐渐沉淀保留的。

共同构建：治疗师应与来访者共同讨论寻找其他可供选择的新行为，或者共同设计实验，以帮助来访者更具创造性地尝试打破其旧有的固定格式塔或关系模式。例如，让过度融合的来访者尝试设置界限。当来访者竭尽全力努力重新调整整个关系模式时，实验可能会成为治疗的破冰之举。

探索此时此地的关系：从关系的角度看，在理解调整过程（the process of modification）时，一定要考虑以下事实：理解发生在相互影响的情境中，因而或多或少，是对此时此地关系的一种反应。如前文所示，对"接触界限的动力学（contact boundary dynamics）"（Gaffney, 2009）的探索，有助于来访者了解自身自动化关系模式被激发的真正机理。

关注你自己的行为和反应：治疗师了解自身如何调整与来访者的接触，将有助于觉察接触模式是如何在此时此地的互动中共同创建的。例如，在治疗会谈之后，或者讨论来访者的习惯性接触模式之后，询问自己以下问题：

　　我在其中扮演了什么角色？
　　我的躯体有怎样的感受，我正想些什么？
　　我说了或做了什么？
　　我有什么想说或想做的，但却没说也没做？

总之，如果你时不时地发现来访者（包括你自己）能够创造性地适应新情景，那么说明，治疗正朝着健康的方向大步迈进。

极性

当个体识别出自我的某部分时，这部分自我的对立面或极性，往往是隐晦难辨的。它作为背景悄无声息地影响着当下的体验，而当蓄积了足够的力量之后，这种对立面才能作为主题（figure）浮出水面。当这种对立面得到支持之后，其自我整合才能使个体健康发展（Polster 和 Polster, 1973: 61）。

僵化的应对，对其另一种解释是：之所以这样应对，是因为极性的固着不变。个体的每个方面都可处于某个极性的一端；而其另一端则处于意识之外，形成对立。有的极性相对清晰可辨，如"男性化和女性化""懦弱和强大""欢乐和悲伤"。而有的极性虽然相对隐晦，但与个体的关系模式又密不可分，例如"控制和服从""连接和疏离"。极性也可能与"我应该怎样"的信念或与内射观念相关。Perls 热衷于识别来访者的极性或分裂，他称之为"强者"（topdog）（"我应该多锻炼，注意饮食健康，并阅读格式塔书籍"）以及与之对立的"弱者（underdog）"（"我今天太累了，我对此无能为力，我明天再试试看"）。Perls 认为这两种"信念"势均力敌，相互对抗，最终导致来访者陷入动弹不得的僵局。

个体的极性类型不尽相同。健康的心理功能往往是指个体为满足不同情景的需要，能灵活地做出最佳反应，其调整模式位于连续谱上的最佳位置，而非一种习惯性的自动化极性反应。

例如，Malcolm 安静内向、温和友善，乐于助人。他的自我意象和蔼、内敛、无私、率真。而 Jim，从小就认为人在社会中的位置仅仅有两种，强大或弱小，因此保持"强大"对他来说至关重要；这也意味着，他不会

第十章 接触风格：接触和极性的调整

轻易让自己变得"弱小"。这让 Jim 在需要妥协或在团队工作中平等地交流时感觉困难重重。

我们应该识别自己丰富的情感，了解自我的各个部分，选择某部分自我，而不是否认它的存在（被否定的自我部分可能会不知不觉地影响我们，正如罪犯分子常说，"我当时也不知道自己怎么啦"）。

极性都有其存在的必要性，因此我们需要避免草率地认定某极性是坏的、软弱的，或者令人讨厌的（比如，暴力在家庭内是不恰当的，但对击退歹徒却是必要的）。对极性做价值判断，并不利于来访者对自我阴暗部分的接纳或转变。

> **建议：** 在自己身上，找出你从未表达而确实拥有的某个令人厌烦又想努力掩饰的特质。它可能是残忍、挑剔、嫉妒或者争强好胜。让自己充分地接触这个特质，无论你喜欢与否，都将它作为真实自我的一部分加以接纳。寻找适合这一特质的情境。然后，用积极的方式重新来描述这一特征。

格式塔理论的一个基本信念是，对部分难以应对或难以整合的自我进行否认和分裂，是一种不健康的过程。通常，这个被分裂的自我部分会被排斥在意识之外（见下文），或"投射"到他人身上。将部分自我隔离在意识之外需要消耗个体的大量能量，因而，这会削减个体应对刺激时的能力。

这种否认和分裂会体现在来访者的认同方面，来访者会认同极性的某一端而否认另一端："我永远都不能撒谎""我不能忍受孤独"或者"我从不允许自己生气""我永远不会伤害我的孩子"。尽管这个过程通常是在认知或情感层面，但它也反映出能量的被遏制或被过度宣泄。治疗的任务是帮助来访者恢复灵活选择应对方式的能力。

- 首先，帮助来访者识别其恪守的某一特质的对立面。对立的性质往往因人而异，常常未必能一目了然；例如，爱的对立面可能是恨或是拒绝。治疗师要鼓励来访者想象某种特质的对立面（可能需要给来访者提供建议以帮助他们完成这一任务）。

- 或者，鼓励来访者想象：缺失的极性可能会是什么。

- "你能想象如果感受到……"往往会引发这样的回答，"我感觉不到，也想象不出"，或"这对我来说难以想象"。来访者对极性可能性的抵制程度，有助于你了解能量被阻隔在意识之外的强度。假如这些信念或态度根深蒂固，并被带入当下的创造性调整，那么你应该为来访者提供一些实验的机会。

- 双椅技术和角色扮演（参见第九章）对上述现象会十分有效，因为这能提高来访者辨别其他极性的能力。开始，治疗师可以用"我听上去好像……"给予来访者反馈。然后，如果干预正确，那么来访者会开始把能量投注于被否认的特质。你可以让来访者扮演问题中矛盾的双方，并互相对话。例如，"我永远都不会原谅你，因为……"，以及"我会原谅你，因为……"。以此鼓励来访者将热情和能量依次投注于不同的极性，依次体验，并关注自己的躯体感受和反应。这样的练习往往能促进来访者情感的整合。

- 保持创造性中立的态度。须防备自己下意识地支持极性的某一端（尤其是"弱势信念"），你需要对此保持警惕，因为，看似弱势的部分有时蕴藏着巨大的能量，这种弱势观念会尝试自主表达某些至关重要的信息。

- 对极性名称加以重构。强大和软弱可以被重新看作强大和灵活（或敏感、柔顺、开放、大度）。观察重构是否会给来访者带来新的领悟和能量的再分配。当治疗师将 Hoshi 自认为的"懒惰"极性，重构为她抵抗公司文化的"力量"时，Hoshi 开始有了转变。

◆ 治疗师要切记，个体具有某种特定极性能力，并不等同于会将其付诸行动。例如，能在自己身上感受到某种残忍或嫉妒，这可能只是意味着我们对复杂的人性具有识别能力。有时，来访者需要确认治疗师能够区分攻击念头和攻击行动之间的差异，从而消除疑虑。

推荐书目

Mackewn, J. (1997) *Developing Gestalt Counselling*. London: Sage.

Perls, F. S. (19176 [1973]) *The Gestalt Therapy Approach, and Eyewitness to Therapy*. New York: Bantam.

Polster. E. and Polster, M. (1973) *Gestalt Therapy Integrated*. New York: Vintage Books.

Sills. C., Lapworth, P. and Desmond, D. (2012) *An Introduction to Gestalt*. London: Sage.

Simon, L. (1996) 'The nature of the introject', *Gestalt Joumal*, 19 (2) : 101-30.

第十一章　未完成事件

在格式塔治疗领域中，最广为人知的术语便是"未完成事件（unfinished business）"。同时，它也是本书中多次使用的一个词语。这个术语是指来访者尚未获得圆满解决或彻底弥合的既往情境，尤其是指创伤或艰难情境。

受未完成事件影响较轻的来访者可能只有轻微的不适或挫败感。来访者会对既往情景念念不忘或浮想联翩，该情境也许涉及已故者或伤害者，或者涉及某些被忽视或虐待的情形。而那些影响较大的来访者，例如创伤后应激障碍者，先前未弥合的创伤可导致反复出现症状，这可使他们如惊弓之鸟，有时甚至严重影响日常生活功能（详见第二十章和二十一章）。

通常，未完成事件的核心问题是由于来访者无法接受所发生的一切，或无法表达自己内心的感受，或没有采取行动，或无法解决内心对此事件的冲突反应。

治疗师的任务是创造环境，引导来访者表达情绪，或采取行动以此促进创伤的弥合，放下包袱继续前进。

有时，只需帮助来访者将情景带入更明晰的意识层面，就足以使其继续前行了。而有时，来访者则似乎受阻而停滞不前。他们的未完成或未解决事件并不清晰，只是表现出不明原由的慢性紧张或抑郁。这就意味着，于意识之外存在相互冲突的力量，在僵持中其保持相对平衡。这种状态称之为僵局（impasse）。僵局双方常常势均力敌，一方渴望康复、成长和改变。而另一方（也同样强烈）则抵制改变，固守过去陈旧的习惯性反应模式（比如自责）。

通常，来访者内心深处对改变的后果充满莫名的担忧或恐惧。僵局的背后可能潜藏着强大的核心信念或内射观念。此外，因循守旧让人感到既安全又熟悉；尽管这样可能会带来痛苦或不适，但毕竟是经过反复尝试后被证实足以满足的有效方式。因此，对来访者而言，放弃那些让他们感觉安全或幸免于难的习惯性模式并非易事。

事实上，一旦去面对或审视原初的情境，往往会不可避免地再度激发来访者在僵局中体验到的焦虑或恐惧。对来访者而言，当下所面对的无异于真实的危急状态。因此，在来访者重新调整、寻找不同的结局或解决方法的过程中，治疗师有必要为来访者提供充分的支持。

为了描述如何对未完成事件、不充分的弥合与僵局做工作，我们将工作方式分解为五类。在有些治疗中可能只需要使用其中一类，而有些则需要全都使用。修通所需的时间从一次会谈到数月不等，这取决于具体的场条件和特定事件的本质属性（如果来访者是早年创伤或重大创伤的幸存者，我们建议你参考本书的第二部分）。

探索背景

这包括探索未完成事件的起因、演变、相关信念以及内射，包括"背景和主题"。现象学探索和理解是获取这些信息的最佳方式。以下建议会对治疗有所帮助：

◆ 识别未完成情境（通常只有在经过探索并澄清来访者的问题或当下症状后，未完成情境才会浮现。）

> **案例**
>
> Chistine 从小到大总是与多个临时"继父"生活在一起，这些继父无一例外都将其视为累赘。对此，Chistine 的创造性调整是采取退缩以及自我安慰的方法，并告诉自己不需要父亲或不需要任何男人，依然可以自给自足、自得其乐。然而现在，她来求助咨询，诉说自己在亲密关系方面存在问题。每当她和男友之间出现矛盾，她就对对方失去兴趣，并觉得对方令人厌烦。之后，双方的关系就逐渐变得一潭死水，最终都以男友离去而告终。经历了反复类似的遭遇，Chistine 开始怀疑自己是否应对这种离弃负有责任。早年的创造性调整已经成为她无意识背景的一部分，治疗中她花了数月才觉察到这种过去与现在的联系。她逐渐意识到：她如今的问题是与童年经历中未完成事件相关联的。

◆ 与来访者共同追忆以前尚未完成的原初情景的清晰画面（或是代表性的例子）。

> **案例**
>
> 在咨询师的鼓励下，Chistine 开始回忆她早年生活中"继父们"频繁更换的细节，再度体验到反复被忽略与轻视的悲伤、痛苦情绪，回想起自己当时的沮丧和无助感，总是躲在房间里独自啜泣。

◆ 我们发现眼动脱敏疗法（EMDR）中的"浮回（floatback）"技术能有效地帮助那些记忆困难的来访者恢复回忆（Shapiro, 2001）。治疗师要求来访者找出当下痛苦中最显而易见的元素（例如，与之相关的躯体感受、情绪或信念）。然后，闭上眼睛，让记忆浮回到最早能记得这些情绪或思维出现的时刻。这一技术往往能带来出人意料的结果，尤其当反复尝试追问同一内容时，来访者往往能找回最初的痛苦记忆。

◆ 提高来访者对情绪、想法、躯体感受和信念的觉察能力。

> **案例**
>
> 经过数周的治疗，Christine 童年记忆的细节变得越来越清晰并越来越容易聚焦，尤其能逐渐体验到表达情绪时的躯体反应和感受。她发现，每当男友提出同居时，自己就会变得格外紧张，对此毫无兴致；她还逐渐意识到，儿时与继父相处时也是相同的感受。她还忆起，儿时她一直认为一定是自己做错了什么，才导致继父们对自己那么厌烦或冷漠。

◆ 识别各种阻断或调整接触的模式。

> **案例**
>
> Christine 和治疗师一起识别出她的好几种固化的接触模式。她倾向于内转自己的情绪，当亲密关系即将形成时，她感觉索然无趣，然后投射性地认为男友具有这种情绪。

◆ 切记场理论原则，确保你和来访者双方都能深刻领会目前处理的特定行为的目的、功能及相互关联性。讨论这一行为对来访者生活的影响，包括对过去和当下情境的影响。如果改变这种行为，她的整体生活会有何不同？当下情况又会有何不同？这样的思考包括需要仔细审视固着点的作用——不仅具有阻断某种接触的作用，也会带来继发性获益。

> **案例**
>
> 显然，Christine 与男友的关系中表现出来的厌烦或无趣与既往经历密切相关，并且能有效地（无意识地）保护她避免伤害。当 Christine 将事情的因果联系起来时，她感到震惊不已，因为她一直以为自己已从童年的阴影中走了出来。

在探索阶段，来访者有机会向一位乐于接纳的治疗师讲述自己的故事，这本身就能促进对未完成事件的自然弥合。在支持性的治疗氛围中提高来访者对事物的觉察力本身就足以促进弥合。显然，这种弥合会使来访者如释重负或重拾信心，就如同卸载包袱后轻装上阵。

直面僵局

然而，如果遇到治疗中的劣境，例如：来访者会停滞在僵局中，被恐惧、困惑或危机所困，感觉生命正面临严重的威胁，无力挣扎也无路可退，此时治疗师可能就需要改变策略。暂时中止深入探索。然而，这往往也可成为来访者最有可能改变并获得成长的节点。Perls 等人［(1989 1951)］将这种状况下的治疗任务描述为给来访者"营造一个安全的应激"。治疗师要对来访者需要的支持程度以及来访者自己有效应对的能力做出准确判断。

治疗师应保持创造性中立，鼓励来访者停留在自己的不安和胶着状态中，积蓄能量蓄势待发。治疗师应当机立断，允许来访者的痛苦困惑在治疗室持续蔓延，而不是简单地回避痛苦呈现。

> **案例**
>
> Natasha 前来治疗的目的是希望理解自己为何一直对封闭的空间充满"莫名其妙"的恐惧。在治疗中,她谈到了自己面临的诸多问题,觉得自己努力抗争,但却收效甚微。治疗师常常发现,她在讲述童年往事时极力回避躯体感觉。随着治疗进展,她尝试暴露更多的躯体感觉,却又陷入莫名的恐惧之中,开始出现退缩,时时缄口不言。但 Natasha 还是奋力鼓起了勇气(在治疗师的强大支持下),一步步逼近这个黑箱,在数月的治疗中她慢慢地在黑暗中探寻,其间,她常因迷失方向而惊恐不已。治疗师竭尽全力给予支持,并接纳她的紧张焦虑,但治疗师同时确信(在多次督导之后)治疗正持续进展。最终,Natasha 的记忆逐渐浮现,她开始回忆起她所潜抑的童年期在小屋内受虐的场景,随着对僵局的新的觉察,治疗工作更为流畅地继续开展。

下列建议是将未完成事件作为呈现的主题（figure）来加以探索。

处理核心信念和情绪

来访者可能呈现出某种特定的行为、情绪或表达的主题。遇到这种情形,你可能选择不同的干预方式,但干预的基本目标是让来访者过去未被表达的东西浮出水面,并确保他们能获得足够的支持来解决问题或完成弥合。

在识别问题之后,治疗师的工作将聚焦于问题是如何被保留在此时此地的。其中一种方法是认知干预,识别来访者的核心信念,用语言清晰地描述,验证其正确与否,与来访者一起探索其他可供选择的解决方案。在来访者处理核心信念的过程中，让她体验相关情绪，发现背后未被表达的情绪。

> **案例**
>
> Christine 确信"没有男人在乎我，因为我一点都不可爱"。在治疗室内她关注自己是通过怎样的行为方式去强化这一信念的，当（男性）治疗师在情感层面试图接近她时，她会对治疗师失去兴趣，拒绝他的关心；使治疗师总感觉被 Christine 拒于千里之外。这种时候治疗师就会感觉治疗工作举步维艰，并意识到自己会不时地感到防御或恼怒。在督导时，治疗师检视了自己被 Christine 拒绝时的脆弱，使其能共情 Christine 的退缩需要。渐渐地，Christine 开始思考其他可能性，即"有的男人也许是真心在乎我"，以及"我也是值得被爱的"。她了解和表达了自己是多么渴望被重视和被关心。在之后的治疗中，Christine 开始相信，"我是可爱的"。

利用想象

为来访者提供实验，让他们尝试不同的表达方式。这项干预可以通过想象或者角色扮演来完成（详见第九章）。有些来访者也许无法想象出恰当的应对方式。这时你可以为他们提供建议。你提供的实验可以小到对逝者的遗像说声"我想你"，也可以大到设计一场来访者缺席的出殡、葬礼或守灵仪式，等等。

> **案例**
>
> Christine 仍感觉到某些未处理的事宜，在讲述童年经历中，她开始意识到，自己幼年时面对男性的批评和拒绝时，曾倍感无助。为此，治

> 疗师设计了多种实验，让她与象征性的继父进行"对话"，在治疗师充分的支持下，Christine 鼓起勇气，愤愤不平地告诉继父，自己是多么憎恨他的侵扰。在对话之后，她开始感到信心十足，为自己的勇敢兴奋不已，找回了自认为丧失殆尽的的力量和自信。

有时，来访者会很迷茫，不能确信自己希望改变的愿望有多强烈（例如，有成瘾问题的来访者）。此时，讨论不同行为的利与弊以及每种措施可能带来的后果，有时是非常有用的。治疗师要让来访者清楚，改变与否将给他带来怎样不同的结局。这意味着，如果来访者选择改变，那么这是在他意识到自己行为的利弊（好坏兼有）的基础上所做的决定。来访者始终需要面对这样的存在现实，即继续沿用固定的格式塔和陈旧的应对模式，他将仍然无法掌控生活，所以面对创造性生活的无限可能，他却总是感到一切都难以把握，对"此时此地"感到陌生而迷茫。治疗师要确保自己保持创造性中立的态度，促使来访者自己把握极性的倾向性。

来访者拒绝改变的背后常常可能是他们的灾难性幻想，这种幻想可以通过追踪提问来进行探索。"如果你继续以现在的方式生活，你觉得未来会发生什么？"这类问题一定要问到水落石出为止。无论如何，作为治疗师自始自终要保持创造性中立的态度，避免以任何方式驳斥来访者。有时治疗师可以问这样的问题，"那样的话，会有什么样的结果呢？"或者"那会有多糟糕呢？"这项技术不适用于极度脆弱的来访者，但是，对于具有足够自我支持的来访者来说，是非常有效的。

治疗师：那么，如果你坚持主张并对男友提出要求，你担心会发生什么呢？

Ezri：他肯定会不乐意的。

治疗师：然后会发生什么呢？

Ezri：他也许会离开我。

治疗师：这对你来说意味着什么？

Ezri：那么就只剩下我一个人了。

治疗师：然后呢？

Ezri：［停了停］嗯，我想说，我会无法忍受。我会活不下去。但我想事实可能并非如此。我可能会非常孤独，我会非常悲伤。也许我会发疯。

治疗师：又怎样呢？

Ezri：［停了停］哦，我想我也许不会发疯，我会去找我的朋友（大笑）……确实不可思议——如果最坏的状况就是我会受到伤害。我感觉这也算不上什么。

处理来访者的内射

未完成事件的特殊形式可以视作来访者因内射而陷入僵局。内射是对他人信念的内化，这些他人信念往往是有助于我们融入社会的一些重要规范。最明显的例子便是，理解能力并不完备的儿童，通常会接受一些强有力的指令，如"不要在马路边玩耍""天黑之前必须回家""不许偷东西"。内射对于成长来说是必不可少的，但有些内射却可能成为未完成事件中根深蒂固的核心。它们常常是被过度泛化的消极假设，这些假设要么是关于外界环境的，要么是关于儿童自身的，例如，"永远不要依赖别人""你永远不会成功"或者"凡事要先下手为强"。当儿童成人后，他可能将此内射奉为神明，每当试图反抗就会感到浑身不适。有时，如果来访者能够关注自己情绪的的中间地带，能够切合实际地作出判断，并且对心中的信条扪心自问，这样常常能找出当初是谁"给"了自己这个指令。

第十一章 未完成事件

> **建议：** 回忆一下你的童年，在你的家庭中有哪些信条或指令？如关于用餐的特殊规定？"吃有吃相"，"吃东西时不要张嘴咀嚼"。你还接受过哪些关于身体、诚信、道德、文化的信息？现在思考你还在遵从哪些早期指令。你现在是自由地选择指令，还是绝对地遵循某些指令？

内射往往是酿成未完成事件持续存在的根源，内射信念不经质疑地被全盘吸收，常常处于来访者的无意识层面。而治疗即是要帮助来访者将这些内射带入意识层面，然后对是否保留这些观念做出选择。治疗师不应试图针对这些信念是否有用去施加影响。决定保留还是放弃这些内射信念是来访者的权利。下面是针对干预内射的一些建议：

- 澄清内射的确切含义。探索内射信念的详细内容，这有助于将内射信念带入来访者的意识层面："我注意到你坚信自己什么都做不好。""你的这个想法从何而来？""你真的什么都做不好吗？""你认为表达情感总是错的吗？"
- 在来访者有足够支持的情况下，可以放大内射，以便他更清晰地了解内射内容以及在当下的局限性。例如，"尽你所能保持你的信念，绝不允许自己生气。"也可以让来访者大声地说出信念，甚至大喊"我在任何情况下都不能表达愤怒"。这样的练习本身就能够将来访者的内射清晰地带到意识层面。能够向来访者展示：自己是如何固执己见，不切实际地将它用于所有情境。这样，来访者可能会开始反思，对自己的深信不疑感到困惑不解。
- 有时，可利用角色扮演或重演，以帮助来访者重返过去，直面当初形成内射的情景或人物。然后做出新的决定，摒弃或修整信念，或运用此时此地所有的资源和领悟对内射信念展开辩论。

解构这些刻板的信念通常有助于来访者改变过去僵化的内射信念，并保持继续前行。

整合工作

未完成事件的弥合也许永远达不到完美状态。我们认为，期待从重大丧失、剥夺或虐待所造成的影响中彻底愈合是不现实的。Melnick 和 Roos（2007）指出，治疗师要避免"弥合创伤"的神话，并接纳未完成事件的发生是无法避免的。

案例

Christine 决定和她的现任男友讲述她的过去，他们达成协议：当她感到恐惧和焦虑时，会一起讨论这些情绪。此后，他们的交往关系部分变得如同在治疗室中的治疗关系，更具有自我发现和成长的空间。当 Christine 从未完成事件的束缚中解脱出来后，她注意到以往自己用许多方式限制了自己对男友的反应。现在她采用了新的方式来应对新情境中的挑战，为此她感到兴奋不已。

从很多方面来说，未完成事件都可以被看作对健康的"此时此地"生活的主要阻碍，它的弥合能让来访者带着更为开放的态度生活，并不断获得新的体验。

推荐书目

Clarkson, P. and Mackewn, J. (1993) *Key Figures in Counselling and Psychotherapy*: *Fritz Perls*. London: Sage.

(Continued)

(Continued)

Harris, E. (2007) 'Working with forgiveness in Gestalt therapy', *Gestalt Review*, 11 (1): 108-19.

Korb, M. P., Gorrell, J. and Van De Riet, V. (2001) *Gestalt Therapy: Practice and Theory*, 2nd edn. New York: Pergamon Press.

Melnick, J. and Roos. S. (2007) 'The myth of closure', *Gestalt Review*, 11 (1): 90-107.

Polster, E. and Polster, M. (1973) *Gestalt Therapy Integrated*. New York: Vintage Books.

第十二章　移情与反移情

一个无法处理好移情现象的治疗师不是一个好的心理治疗师，同时一个忽视心理发展议题的治疗师也是无法做好心理治疗的。在格式塔治疗中，我们常用对话式关系和现象学观点来处理这两类问题（Yontef，1991：18）。

何为移情和反移情？

移情这一概念于20世纪初由弗洛伊德首次提出，指的是来访者将既往的人际关系状态转移到当前与分析师的关系上。来访者将分析师当作自己的母亲、父亲或者过去生活中的重要他人来对待。起初，弗洛伊德将移情视为对分析治疗的一种干扰，而后来，对移情的解释则成了分析治疗的重点。Perls（1947）强调格式塔治疗并不沿袭这一观点；他并不否认移情这一事实，但却质疑它在治疗中的重要性。他坚称治疗最重要的是真实的关系和真诚的接触。早期的格式塔治疗师为了将自己区别于精神分析治疗，常坚称自己并不"处理移情"。但实际上，他们所指的是处理移情的方式与精神分析师有所不同。正如在本章开篇引文中Yontef所提到的，处理移情仍是格式塔治疗中重要的一部分。传统的精神分析师倾向于识别并解释移情，而格式塔治疗师则倾向于理解并处理移情对此时此地的影响。在格式塔治疗师看来，移情仍是"真实"关系的一部分，而且是治疗师与来访者相互影响或共同创建的产物。这一认识与弗洛伊德流派存在重大区别，后者认为移情来自来访者单方面的投射，并为中立的分析师所承受；格式塔理论提出，在理解移情现象时，治疗师对来访者的影响不容忽视。更为准确的说法是，移情是由治疗师与来访者共同塑造或共同创建的。下列例子便是说明共同创建的移情关系是如何发展形成的。

案例

Edith 感觉自己孤独而离群，在讲述她的苦恼时，她的声音平静而单调。治疗师觉得自己很难倾情投入。不知不觉中，他开始忽视 Edith 的叙述。漫不经心地听着她的故事，不时看看手表。而 Edith 也无意识地捕捉到治疗师不感兴趣的熟悉的信号。她草草结束了自己对那段枯燥婚姻的诉说，并在治疗结束时对自己的唠叨略表歉意。幸运的是，在与 Edith 的下次会谈之前，治疗师接受了督导。在督导中，治疗师坦言自己接待了一位"相当无聊的来访者"，整个治疗过程沉闷无趣。督导师在听他描述时也有类似的感受，也发现督导这一案例令其昏昏欲睡；但她及时回过神来，开始仔细盘问关于 Edith 的故事，特别是她与治疗师正在形成的关系。她问治疗师："那么，之后发生了什么？Edith 对此作何感想？她的能量都去哪儿了？她有哪些躯体语言？"治疗师才颇为尴尬地意识到，他从未思考过这些问题。

渐渐地，治疗师开始意识到，他和 Edith 共同创造了这种若即若离的关系。他开始觉察他们之间可能存在的移情，对他而言，Edith 代表了他抑郁的母亲，而对 Edith 而言，治疗师代表了她漠不关心的父亲。

> 治疗师开始设想与来访者进行不同于以往的对话。在下一次的会谈中，他对 Edith 说："我一直在思考你的问题，Edith，我意识到当你向我讲述你的生活时，我对你的感受知之甚少。你愿意多告诉我一些吗？"在这次治疗中，治疗师自始至终保持投入的状态。当 Edith 轻描淡写地描述自己的感受和反应时，他会让她停下来，并让她聚焦于自己的躯体感觉。起初，这让 Edith 感到困惑不解，但随着治疗展开她渐渐地变得活跃起来，她与治疗师共同创建的场变得富有活力且饶有生趣。

这种共同创建的移情在不同情境中强弱不等，这取决于来访者对关系需求的强度以及治疗师与来访者双方无意识的程度。毋庸置疑的是，治疗师与来访者的我—你（I-Thou）对话越多，发生移情的概率也就越少。这就是说，为了帮助来访者更深入地理解其体验、理解其建构世界的方式，识别互生移情（co-transference）、识别咨访双方各自在移情中所占的比重，将对理解移情大有裨益。

利用既往经历理解当下体验或预期人际关系，是我们日常生活中的常见现象。与老友不期而遇时，我也是用这一方式来揣摩老友意图的。我的推测和反应（例如，上前拥抱）是基于我的预期，即把我过去的友情体验或与他人交往的类似关系体验转移到当下场景。这种转移是人类重要而必备的功能，它使我们能够根据既往经历来处理新情况。

正常情况下，这一过程会根据客观事实不断更新，根据现实环境反馈以调整我们的预期。然而，有时出于某种原因我们会自信地断定，过去的体验仍然适用，拒绝尝试更新自己的参考框架——或许更准确地说，我们无法更新：因为这已经成为无意识的一部分——背景结构，因此，我们也无调整以此为基础的关系模式。

年幼的孩子会努力地通过建立行为固定模式，对事物进行预测，理解事物的因果联系（即什么行动会导致什么结果），以适应其所处环境。为此，他需要建立关于环境的图式（templates）或固定格式塔，以便自己掌控与环境的互动，从而满足自己的需求。这些图式被用于理解他与周围重要人物之间的关系，理解客观世界以及他在其中所处的位置。最早的图式源于他幼年时与重要照料者之间的关系场——通常是他的母亲或父亲（往往也会是祖父母或哥哥姐姐）——正是这些早年关系以及稍后学校中的人际关系，成为他日后理解人际互动，尤其是亲密关系的基础。移情现象的反复呈现，实际上常常是反映出潜藏着的既往关系中的未完成事件，而这正是在格式塔治疗中需要弥合的部分。

假如，我在孩提时代有一位独断专横、苛责严厉的父亲，我可能在回应父亲时会情不自禁地焦虑，总担心自己又做错了什么。然后我逐渐发展出这样的关系图式或应对模式，即一旦周围出现男性权威时我就深感焦虑不安。我预期那些有点儿傲慢的男性都会用我父亲的方式来对待我——即使在我长大成人，并离开原生家庭之后，这样的预期也可能成为互生移情的一部分，从而妨碍治疗关系的健康发展。

> **建议：** 用形容词或简短的描述快速完成下列六个句子；例如母亲是慈祥的、亲切的，她照料我。
>
> 母亲是……
>
> 老师是……
>
> 男人是……
>
> 医生是……
>
> 小狗是……
>
> 看看这些答案能否让你的移情性预期浮出水面。

格式塔治疗师假设，治疗室内出现的移情和接触风格折射出来访者

（或治疗师自己）在治疗外的人际关系。从这个角度来看，治疗室是来访者人际关系的一个缩影。

识别移情

移情（transference）是一个动态的过程，更准确的表述应是移情的进行时状态［（transferring）尽管我们这么认为，但我们依然选择沿用传统的表述。)］。面对较强烈的移情时，你也许会感觉到，来访者对待你的态度如此奇特或者令人匪夷所思，以至使你觉得他们眼中看到的你可能另有其人。你发现很难理解他们的态度，他们对你的理解也随心所欲。例如，有的来访者仅仅接受几次治疗后就将你理想化，称赞你是一个完美的治疗师，你说的每句话都影响深远，或者只有你才能完完全全地理解他们。对于（大多数）治疗师来说，这样的反馈很难信服，因为与来访者建立良好的关系非一日之功。

对于另一些来访者而言，你的中途休假（早已协商好的）会被视作对他们的抛弃，是你在刻意表达对他们的厌烦。如果对此加以澄清，你会发现他们的想法毫无依据，然而，他们在意识层面上仍然固执己见。

通常，更加微妙的移情往往是来访者与治疗师共同创建的。有时治疗师只能通过对来访者态度的自然反应（反移情）来识别移情，例如对治疗感到异常疲惫、急躁，好批评（或者反过来）想保护，或者是喜爱来访者。当移情和反移情的节奏与咨访双方的偏好非常吻合时——例如胆小怕事的来访者和乐善好施的治疗师——识别来访者关系模式中固化的格式塔则更加艰难。

识别你的反移情

在早期的精神分析治疗中，治疗师对来访者的反应统统称为反移情，但作为格式塔治疗师，这样的分类过于笼统，对理解反移情毫无益处，我们提供了以下三个途径以帮助治疗师了解自己的反应。

◆ 首先，这是对"此时此地"情境的现实反应吗？你对来访者产生的正性情感是因为来访者对你友善而热情吗？你感到诚惶诚恐是因为来访者看起来很棘手或者咄咄逼人吗？这都可能是对"此时此地"的常规反应。

◆ 其次，这可能是反应性反移情（reactive counter-transference）。这是对反移情更传统的理解，即咨询师正在对来访者的移情期待（换言之，是来访者对人际关系的重复或索求）做出反应。

◆ 最后，在一定程度上或许是你自己的移情——即你对来访者这类人群的未完成事宜。Clarkson（1992）称之为前摄反移情（proactive counter-transference）。例如，来访者让你想起你索求无度的母亲，令你心生焦虑。对此，你应扪心自问"这是我熟悉的感受或想法吗？"如果是，那么你的反移情可能只是你自己的移情。如果是这样，你需要在督导或个别治疗中进一步探究自己的移情。另一方面，还需谨记，你的移情还会持续影响共同创建的关系。当你识别出自己的移情之后，你便可通过自己的情绪来更好地反思和获悉来访者相关的信息：这位来访者此时是如何激发出你这些移情的？他向你传递了怎样的信息？为什么你此刻的感受会如此重要？

> **建议**：回顾你的生活史，尤其是你的人际关系经历。在你的生活中是否存在任何固化的或重复的模式？例如，总是爱上背叛你的恋人，老是依赖照顾你的恋人，愿意结交强势或顺从的朋友，容易和上司发生冲突。在识别出你的关系模式之后，思考这可能会对咨访关系产生怎样的影响？

无论是上述哪种情况，准确识别移情都需要治疗师能够做到自我觉察且思路清晰，这极富挑战性，尤其当治疗师也在这种共同创建的关系中发挥着作用时。也正因为如此，对于心理治疗师的受训者而言，接受个别治疗就显得尤为重要。

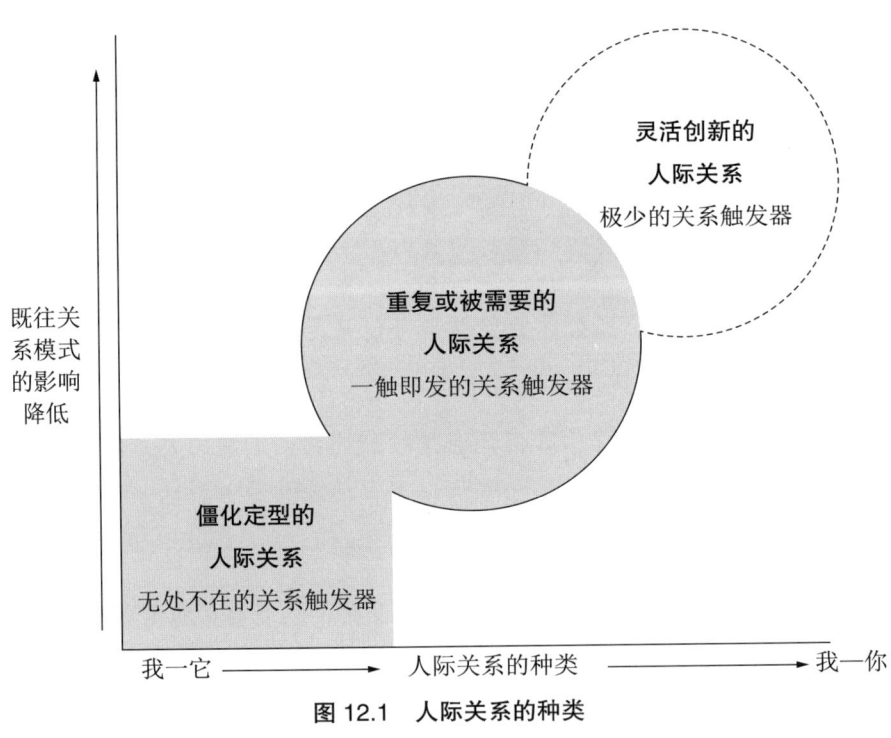

图 12.1 人际关系的种类

图 12.1 试图说明从僵化的人际模式通往我 - 你（I-Thou）人际之间的

变化趋势。纵轴代表着既往关系模式对来访者的影响不断降低——Jacobs（2000）称之为"持久模式（enduring patterns）"。横轴则代表了从我 - 它（I-It）到我 - 你（I-Thou）人际关系类型之间此消彼长的过渡。

图 12.1 清晰地呈现了人际关系的互相关联的三个区域。

左下角区域是彻底僵化的我—它人际关系，在这种人际关系中，个体主要受内心对他人的看法以及对关系的预期的驱使。这种反复出现的模式只需日常生活中的微小刺激就能激活过去的行为模式（有时是很微弱的刺激，如他人的性别或衣着，甚至是一个不经意的手势、气味或向窗外的随意一瞥）。这样的关系模式常见于人格障碍者、创伤后应激障碍者，或更极端的精神病性患者。

右上角区域描述的是我—你人际关系，在这种人际关系中，个体过去的关系模式具有适应性且适合当下的情境，因而个体能够完全开放地应对出现在此时此地的冲突。这是前来寻求成长和发展的健康来访者所在的区域。

中间区域描述的是绝大部分治疗关系所在的区域，这个区域或多或少地受到既往关系经历的影响。其中，有些关系是积极和成长性的，比如深刻的安全感和爱的体验。但多数关系往往并非如此。重复的关系通常是未完成事件的遗留以及既往冲突的再演——这些关系可能是来访者的亲身经历或他们想象和渴望拥有的关系。Stern（1994）称之为"被重复和索求的人际关系"。

尽管格式塔治疗师和来访者会有很多时间停留在右上角区域（尤其是当治疗进展圆满时），然而，更多的治疗时间还是会聚焦于中间区域。因此，为觉察自己在任何互生移情中可能扮演的角色，治疗师应能对自己的关系模式有足够的了解。

现在，我们将进一步深入探索反复出现和变幻莫测的中间区域。诚如之前所提到的，有些关系模式具有良好功能，有助于保护和支持来访者。但在本章中，我们只探讨那些给来访者带来困扰的关系模式，即那些被体验为消极或貌似积极的模式。

反复出现的关系模式

消极的重复性移情是指来访者可能（往往无意识地）根据既往经验感觉或预期你有某些消极品质或特征，比如挑剔、充满敌意或将之遗弃的父母形象，来访者能很快注意到你身上这些特征的迹象。然后，他会完全无视你实际上的反应和特性，以对待其父母意象的方式对待你。

> **案例**
>
> 当治疗师向来访者提议，在接下来的会谈中将回顾一下治疗历程时，Miles 马上很生气地说："我就知道你想甩掉我"。

积极的重复性移情有着类似的动力学特征，只是来访者用更多积极的方式看待你，并期待你是一个温暖、智慧、乐善好施的人。被转移到当下的移情通常具有来访者早年关系的动力学特征（即所谓的客体关系——如想了解更多格式塔关于客体关系的理解，请参考 Delisle，2013 年的著作）。转移到治疗室中的情感并不是针对某个特定人物，而是一种动态的关系极性，在这个关系极性中——以例子中的治疗师和 Miles 为例——一端为苛责、傲慢、鄙视，而另一端则意味着懦弱、屈辱、无能。在这种动力关系中，来访者站到了极性的一端而你可能被放到了极性的另一端。这种动力学关系绝大部分存在于无意识层面，而来访者则以此建构自己的人际关系。当这种关系预期成为了习惯性的固定格式塔，来访者就会在你身上看到某种特征，从而很容易激活或证实自己的关系预期。再次重申，这种移情关系位于图表的中间区域，是来访者与治疗师共同创建的。作为治疗师，我们也会把自己的习惯性模式带到治疗中，并协同创建治疗关系。

索求的人际关系

这种移情是指来访者试图与你一起"驶向"一段他的发育过程中需求未能满足的既往关系。

这种移情是对"他人"的一种关系索求——一个能够理解、肯定、接纳、调谐、安慰或支持他的人，一个能够为他提供共鸣式联结的人，这种联结也是健康成熟的人际关系的重要基础。[这类似于 Kohut（1971，1977）提出的理想化移情和镜像移情。]事实上，这种需求的满足贯穿我们的一生，但在婴幼儿期，这种共鸣式的联结对自我的发展尤为重要。如果来访者早年经历中常被剥夺这种共鸣式联结，那么，他就很容易产生这类移情。在某种意义上，他所试图内射、内化和同化的，是为其提供支持的他人的体验。

将这类索求的移情看作治疗的重要组成部分时，我们也希望你能注意到 Philippson（2009）提出的防御性和表达性移情。即有些异常积极、貌似索求的关系可能是来访者用以回避冲突的一种防御策略。

移情或反移情的动力学

当来访者经历移情体验时，他可能会不自觉地用某种行为引诱或激发他人的互补性反应。如果来访者（或其他任何人）认为你无能，并以这样的态度对待你（例如，就像他的父亲一样），那么治疗师很容易就感受到压力，并不知不知觉地陷入这个角色（尤其当你具有一些自身的问题，相信自己还不够好时）。你会很快开始"反移情式地"回应来访者，就像那个来访者眼中的无能之人的反应。同时也可能会感觉到作为治疗师的失败，此时你已经被"上演"的移情所蒙蔽，事实上，你已成为来访者既往移情动力学的积极参与者。

> **建议**：你可以通过想象一位特殊的来访者来提高你对自己潜在反移情的觉察；关注你的情绪和躯体感受。现在，想象，你可以毫无顾忌地对他说任何话、做任何事，而不必担心任何伤害或报复。你会说些什么呢？你又会隐瞒或否认什么（也许是某些阴暗面）？在这些反应或冲动中，有多少是你平时很熟悉的，又有多少是特意针对这位来访者的？

当你与来访者共处一室时，请关注自己的躯体共鸣，你的感觉和躯体反应有时是帮你找到移情的蛛丝马迹。

你可以借由自己的反移情来获取信息，了解来访者的感受或者他的过往经历（其过往经历此刻正在咨询室里"重演"着）。你的反移情也可能是来访者需要探索和表达情感的信号。尤其是那些强烈的情感（例如，索求性的移情激发出的情感），你应该仔细反思（尤其经过督导），如何将这些情感以最恰当的方式运用到此时此地的关系中。

有必要强调的是，治疗师（和所有人类一样！）都会犯错。有时，你会发现自己存在某些反移情反应，或者经历了数次治疗后，你认真思考治疗中发生的事情，意识到你对来访者的态度完全是基于一种共同创建的移情动力现象。在这种情况下，要学会接纳自己。毕竟你很少会给来访者带来永久性的伤害。在我们的治疗经验中，大部分来访者在治疗过程中都得到了足够的支持，他们会忽略治疗师犯下的错误。另外，移情也为你提供了丰富的信息，让你能够发现自己人际关系中的深层含义，而这往往很难通过理智和语言获得。所以你需要在后续的治疗中带着开放的态度，探索你和来访者之间的关系以及这种关系的意义。接纳并共情来访者对你的反应，承认错误，甚至向来访者道歉。这样的态度能够为你们探索和面对移情与反移情提供一个宽阔的场。与来访者一起探索，一起肩负起创造真诚关系的重任，咨访双方都将获益匪浅。

如何处理移情

显然，治疗师在移情中需要起到重要作用（切记，移情是共同创建的）。理解来访者移情的动力学特征将有助于治疗师做出最佳决定。

针对如何积极地处理移情，我们提出下列建议，注意，这些建议只是总的指导原则。当你对自己在关系中的反应感到困惑时，建议你充分反思，试着询问自己以下问题：

◆ 为何在这段关系中，我此刻会有这样的感觉？
◆ 来访者的既往经历是否能解释我现在的感觉；例如，在什么时候来访者本人或他生活中的某人有过我现在的感受？
◆ 我如何根据自己的理解进行有效干预？

下面是可供选择的不同回应方式：

接纳

◆ 一位非常脆弱或曾经遭受过重大创伤的来访者，在治疗关系建立之初可能需要正性移情给予自己勇气，从而更好地参与治疗。
◆ 不加评判地让移情自然发展，将提供充分识别和理解移情性质与意图的机会（同时也能提供思考最佳对策的时间）。

探索

◆ 描述你所看到的现象，以提升来访者的觉察力：
  ● "当我给你建议时，你好像充满了怀疑。"
  ● "你看上去不太愿意和我谈论那件事。"

◆ 探索关系中移情的性质：
  ● "你是否正在猜测我此刻的想法？"或
  ● "你似乎觉得我此刻会批评你。"

◆ 猜测来访者的感受并指出，例如：
  ● "你是否对我很生气？"

指出或面质移情

这是传统格式塔治疗师惯用的方式。它指出（和挑战）来访者的移情期待。

你可以这样说：

"你似乎把我当作喜欢找茬或评判你的人。从你对待我的态度中，我都认不出我自己了。你怎么会这样看待我？"

或者"你一直要我告诉你如何处理这个问题，好像我无所不知。我想知道你怎么会认为我是专家的呢？"

来访者的反应应该是一种真切的反应（尽管它是由移情造成的），你应该真诚以待，反馈你对此的反应或客观现象。

"你认为我在批评你，但其实我刚才是在关心你"，或者像 Perls 等人所说：

他（治疗师）有时会因误解而生气，或为此深感遗憾，或甚至会因遭受诬陷而愤怒。[1989（1951）：249]

来访者会很容易将面质理解为批评、指责或羞辱，因此，治疗师应在互相尊重的氛围下采用猜测或假设的语气进行试探。治疗师可以这样问：

"你好像……"或者"我想知道你是否觉得我在批评你？"

理解关系的扳机点

如之前所说的，通常，来访者的移情反应源自治疗师的某些特征，可以是治疗师的行为模式、特定的干预方式、手势、表情或语调（通常治疗师对此毫无觉察）。你需要探寻这种可能性。

"刚才那一刻，你似乎突然变得很生气，发生了什么？"

"我说了或做了什么让你停了下来？"

"刚才发生了什么？你的脸色变了，目光也移开了。"

治疗师也可以与来访者分享自己在重要时刻的体验，必要的话，甚至可以承认在交流或陈述中所犯的错误。如果来访者正担心你会生气，那么你直接告诉他，你确实感到生气，但却不会因此弃他而去，这样的回应有时会带来极大的治愈效果。我们认为，重要的是治疗师要用温和的方式表达自己的情绪——换句话说，坦言自己的情绪，而不是防御性地掩饰，这本身就是一种互相尊重。在任何一种助人关系中，双方的权力都是不平等的，这种不平等会放大治疗师对来访者的影响。你与来访者之间这种真实的扰动将为来访者提供一个全新的方式来处理现实焦虑。

自我暴露

表露你的反移情。通常，格式塔治疗师强调现实关系和主体间的互动场，因此可以通过表露自己的反移情，以提高来访者觉察自己是如何影响治疗关系的。治疗师具有洞察与理解的自我表露，伴随为来访者温和地提供试探性建议，能帮助来访者理解自身在人际关系中的某些问题。来访者和治疗师都需要知道，强调治疗师的自我暴露，是为了帮助来访者理解其自身的人际模式，而不应是用以缓解治疗师的紧张。建议阅读第四章中有关自我暴露的相关内容。

> **案例**
>
> *治疗师*："我注意到我们之间刚才发生了一些事情，它可能会帮助你更好地理解你与上司/同事/妻子/其他人之间的关系。我注意到，你所说的话让我产生了一些感受，恐怕这些感受跟你之前提到的那个人的感受是类似的。当你谈论你的困难时，我觉得这好像与我无关。我很难参与进去。我想知道你是否愿意回顾一下，看看我们能否理解刚才究竟发生了什么。"

在这个例子中你会注意到以下细节。首先，我们故意选择了用来访者所熟悉的语词方式去表达，没有使用那些侧重于为自我负责（self responsibility）的表述方式，而是故意说成"'它'让我有了某种感受"。这样做是沿用了来访者的思考框架，而不是引领他脱离其旧框架。假如我们想要让来访者明白，此刻在治疗室里所发生的事情，就是他在治疗室以外的模式的再现，那么，此刻就不是向来访者演示新沟通模式的恰当时机。同时，治疗师还要结合来访者的具体情境以使干预更加有效。再者，治疗师的语气应是试探性的，应表达想要探索的愿望。这样的表达并不是一种控制或是虚伪的做作。治疗师的表达（即使是有洞察力的）如果不能引起来访者的共鸣体验就对治疗毫无意义。因此，治疗师要提供自己的行为现象，邀请来访者参与这种共同探索——而不是颐指气使地告知来访者。最后，治疗师需要确认来访者是否有探索的愿望，应最大限度地调动来访者自身的力量来完成探索过程。

探索移情与其他关系的联系

询问来访者,对治疗师的感受是否与他对其他人的感受相似:

"你是否发现,在日常生活里,你也会猜测别人都在批评你?"

这样的提问能够有效地凸显来访者的移情过程,来访者或许会因此意识到,*所有人都批评自己*,恐怕不太现实;或者换个角度去想,假如每个人都畏惧自己,那么或许是因为自己做了什么而招致的。

讨论共同创建的场对移情有可能造成的影响。例如,来访者因害怕受批评而从不询问他人的反馈,并且他也成功地让朋友和同事相信他对任何反馈意见都不感兴趣。结果呢,他从此也就得不到任何反馈了,他因此而无法更新自己的移情期待。

寻找最初形成关系的历史根源及其他相关因素。

"你记得以前有过这种感觉吗?"

"谁是第一个严厉批评你的人?"

"你小时候有人一直忽视你吗?"

"那么,在你脑海里,我是否变成了那个不值得你信赖的人?"

这也能为理解来访者与早年重要他人的联系提供有价值的线索。

修通未完成事件

治疗师需要解构和修通来访者过去的未完成事件。来访者应能在此时此地表达他的既往感受,就像他现在的真实感受一样。来访者与你一道直面、解决其问题(于"当下"解决"过去")会带来恰当的治愈效果。"有时,来访者的未完成事件中未充分表达的情绪不会自动出现,需要你对它进行探索。例如,你可以问来访者,"当你遇到一位对你毫无兴趣的治疗师时,你是什么感觉?"

如果来访者已经逐渐意识到自己的移情，那么你可以通过实验，安排来访者与移情根源的重要人物进行对话。采用角色扮演、双椅技术和其他任何可以将既往人物带入当下的实验（见第九章）。

最简便的干预是对来访者的移情性恐惧表示关切，理解来访者对你的移情性攻击。对来访者而言，被倾听、感受被接纳、看到过往经历对自己的影响，都具有修复作用。

总之，促进来访者发展出真实的感觉，畅所欲言，包括那些听上去荒谬无理或者难以启齿的内容，往往有助于来访者对未竟事宜的修复。在治疗关系建立的初期，治疗师就应邀请和支持来访者进行这样的表达。这并不等同于治疗师要无条件地接受来访者的攻击，而是指用一种相互尊重的对话方式与来访者一起探索。

提供补偿性反应

索求性移情中是否隐含某些重要的康复因素，至今仍饱受争议。在这种移情关系中，来访者将你视为他早年缺失的重要他人，这个人应该能接纳他、关注他，并能够回应他的需求。然而，需要强调的是，治疗师并不应该完全成为他们未曾拥有过的父亲或母亲。你需要做的是有效地回应他们此时此地的感受，包括为他们无法获得父母的关心而哀伤。

治疗师应及时反馈来访者的感受，让他体会到你的包容和理解。比如，你可以说："是的，我真的能感受到那种悲伤"，或者仅仅表示"同情"来表达共情。这样的措施能够帮助来访者倾听自己的内心，并学习自我共情。认知性评论通常对来访者帮助不大。

你有时会不可避免地"误解"来访者的感受。在这种情况下，当来访者感到失落时，他可能会转而表现为愤怒或悲伤，这会使来访者和治疗师都深感不安。这时，有效的做法是认真倾听，温柔地询问来访者的感受并帮助他识别自己的情绪。

当来访者的情绪逐渐稳定，你可以将当下的移情与他早年的重要人物联系起来。需要记住的是，在这类移情中，来访者往往是在重复早年非言语和前认知时期的需求。你的干预措施都可能被来访者理解为是无情的拒绝或要求他改变，因此，尽量保持言简意赅。

治疗师须注意此类移情往往会反复呈现。这很正常，也是预料之中的——甚至是治疗所需要的——循序渐进的过程。但来访者一味沉溺在补偿性接触中不仅会妨碍移情的修通，而且会给来访者造成错觉，即满足需求理所应当，治疗的投入或联结遥遥无期。

改变投射性认同

为来访者提供补偿性反应，有时候包括治疗师允许自己去共鸣来访者对痛苦的否认——这种对痛苦的否认，深藏在来访者对索求性移情的渴望之中。

这一现象可用投射性认同来解释（projective idetification，e.g. Ogden，1982）。格式塔对这一概念的讨论请参考 Staemmler（1993）、Jacobs（2002）和 Philippson（2012）的著作。

由于来访者的这种投射性认同，治疗师可以体验到强烈的原始情感，这在精神分析理论中被认为是一种移情，即来访者将自己被压抑的情感"投放"在治疗师身上。然而，格式塔理论对此有着不同的理解。我们不认为是来访者将自己的体验"投放"在治疗师身上。而是治疗师的深度的共情和共鸣，即治疗师用自己的情感体验，来靠近来访者的"体验"，以及靠近来访者的深层尚未探索的或被否认的情绪。

这种深层感受的浮现如果过于强烈，会让人措手不及或无法掌控，来访者（无意识地）往往会对之否认或排斥。作为治疗师，我们通过共鸣，感同身受地体验到那些被否认的感受。Philippson（2012）把这一过程描述为治疗师自然而然地观察到来访者无意识的躯体和面部信号，这些信号包含来访者的未完成事件。当治疗师觉察到某些奇怪的现象时，很可能已无意间发现了来访者否认某种体验的信号——它可能是情绪、感觉、突如其来的意象、躯体动作等。在此过程中，治疗师也会同样突然感到不适、恶心、头晕、饥饿或愤怒等。

首先，治疗师要容纳来访者的情绪。治疗师应接纳、抱持和感同身受，这恰恰是来访者需要学习的。同时，治疗师在处理这类复杂的情况时，还应一如既往地保持与来访者的正常关系。通常，这种情绪反应令人难以接受——治疗师本不"应该"承受这些情绪。尽管是来访者激发了这种情绪，但治疗师仍应持容纳的态度。治疗师应根据情况决定是否促使来访者识别这种情绪，无论识别与否，治疗师都要从治疗目标考虑，避免因此产生报复、崩溃或羞愧的想法或行为。

治疗师须要不断反思、探索与吸收自己的感受。只有当这类情绪逐渐被治疗师接纳和整合时，才能引导来访者随后识别和重新接受被否认的情绪，这个重新接受与整合的过程对于治疗师和来访者来说都至关重要。

另一种可能面临的困难是，来访者投射性地认同治疗师的情绪时，可能会对之进行攻击，正如之前对自己的这个情绪进行攻击一样。来访者会不遗余力地对你进行批评。你应再次为来访者作出示范：你并没有否认这种情绪，而且承认这些情绪以及遭受来访者攻击的同时，你也没有陷入灭顶之灾。

并不是所有来访者都会产生这类移情。但如果出现了，建议你应寻求督导和治疗，因为这类移情常常容易使你迷失方向，会让你丧失与来访者建立关系的能力。

小结

为解释处理移情的不同形式,我们将不同的移情分开叙述,但它们之间并非是完全割裂的。事实上,各种移情常常并存,有时一类移情占主导,而其他时间则是另一类移情占主导。

色情移情

来访者爱上治疗师通常总是由移情所引起,或至少是由于在咨询过程中密切接触所导致。当移情带有色情或性的意味时,常常可能成为治疗中最棘手的问题。

大多数文化对公开谈论性都是讳莫如深的,而且它常与羞耻、不安全或不合时宜有关。色情移情伴有大量的能量释放,对于经验不足的治疗师而言,俨然是潜在的雷区,在与具有色情移情的来访者的互动中,你的情欲也可能被唤起。我们建议此种状况下,你应营造一个开诚布公地讨论吸引和性的氛围。来访者对性的表达和疑问应与其他任何主题一样受到治疗师的尊重、肯定和关注。此时,如果你感到来访者有实际性接触的念想,你则可以向他申明你所遵循的职业伦理与规范,确立边界。你可以这样对来访者说:

"我想告诉你关于你我关系的界限。我所遵循的职业伦理与规范不允许我与你建立超出治疗关系的任何关系。那意味着,我们绝不会像朋友那样约会,或建立治疗关系以外的其他任何关系。这是保障治疗工作和治疗关系的基本守则。"

申明之后,你还应该与来访者进一步探索相关的各种问题,你需了解以下几点。

研究表明，来访者与治疗师之间的性关系，总伴随着对精神的创伤，从长远看都是具有施受虐色彩的，即使这种性关系在治疗终止之后发生也是如此。

与来访者讨论对自己的爱或性的意向，有时会令治疗师感到尴尬或难以启齿。但切记，治疗师若对此吞吞吐吐或刻意回避，则可能会使来访者误以为是来自治疗师的批评或者激起来访者的羞耻感。

如遇来访者直接问你是否爱他/她，你可决定是否回答这一问题或者探索其提问的意义（"我的看法对你有多重要？"）。如果你认为给来访者正面答复是最恰当不过的，那就可以肯定地回答。"我认为你是一个非常有魅力的男人/女人。"以下说法则完全不同。"我觉得你很有魅力"或"我被你所吸引"（这种表达具有煽动性，可能会超越治疗边界）。有效的回答是：设想你是一位称职的家长正在回应处于青春期的儿子/女儿的提问。

色情移情常常是对喜欢、关爱或肯定需求的错误表达。如果来访者在孩提时常常以性诱惑来获得父母关注，那么他们也会这样对待治疗师。

成人的性与儿童的性有着天壤之别。许多来访者在处理自己的早期问题时，会像孩子一样探索或检验他们对性的理解及他们的性对他人的影响。治疗中，他们实际上是在寻求界限清晰的（父母式的）回应，既亲切接纳又不乏恰当限制。

有性虐待史的来访者尤其可能"突破边界"，这是他们无意识地重复儿童期的受虐经历。他们可能会要求你的抚摸或拥抱，或者诱使你注意他对你的吸引。

时刻警惕自己对性诱惑的反应，尤其需觉察自己无意识层面的反应，同时还要警惕自己是否沉溺于来访者的赞美之中，这种沾沾自喜也可能使治疗偏离方向。

治疗师对色情移情的反移情十分常见，对此需要在督导或自我治疗时进行讨论。它可以成为治疗师深入了解自己的资源，但我们建议不必向来访者袒露这类情感。因为这样做毫无治疗价值；治疗师应另行处理自己的问题，不应额外加重来访者的负担。

在治疗实践中，治疗师应对那些具有色情移情的来访者给予关心和理解。治疗师有必要知道，来访者对治疗师的爱意是出自"真心"，尽管这种爱与发生在日常生活中的爱大相径庭（Storr，1979：78）。

> **建议**：花时间想一想自己与性有关的习惯思维。你在家庭中曾经讨论过性吗？你对于性或性别的理解是什么？对你而言，对别人具有吸引有多重要？如果要与来访者讨论与性有关的话题，你还需要怎样的支持？

总结

移情是所有人际关系中不可或缺的组成部分，同理，大多数治疗关系也必然蕴含移情成分。由于移情是来访者关系场的一部分，因此，了解移情能为治疗师提供大量关于来访者的重要信息。与精神分析不同，我们并不注重对移情的解释，而是关注既往经历对咨访关系的影响。

最后，我们以两条经验作为本章的结束。首先，了解你自己的移情特征和倾向性。熟悉自身的关系预期，以便对来访者的移情作出预测或准备。其次，定期反思咨访之间可能出现的移情和反移情的固定格式塔，从而提高治疗中对移情的敏感性。

关于移情的推荐书目

Clarkson, P. and Mackewn, J. (1993) *Key Figures in Counselling* and *Psychotherapy: Fritz Perls.* London: Sage.

Mackewn, J. (1997) *Developing Gestalt Counselling.* London: Sage.

Melnick, J. (2003) 'Countertransference', *British Gestalt Journal*, 2 (1) : 40-48.

Philippson, P (2002) 'The Gestalt therapy approach to transference', *British Gestalt Journal*, 11 (1) : 16-20.

Staemmler, F-M. (1993) 'Projective identification in Gestalt therapy with severely impaired clients', *British Gestalt Journal*, 2 (2) : 104-10.

Thomas, B. Y- (2007) 'Countertransfefence, dialogue and Gestalt therapy', *Gestalt Review*, 11 (1) : 28-41.

关于色情移情的推荐书目

Cornell, B. (2004) 'Love and intimacy-a reply to Quilter', in 'Letters to the Editor', *British Gestalt Journal*, 13 (1) : 41-2.

Latner, J. (1998) 'Sex in therapy', *British Gestalt Journal*, 7 (2) : 136-38.

Mann, D. (1997) *Psychotherapy: An Erotic Relationship.* London: Routledge.

O'Shea, L. (2000) 'Sexuality: old struggles and new challenges', *Gestalt Review*, 4 (1) : 8-25.

O'Shea, L. (2003) 'The erotic field', *British GesTalt Journal*, 12 (2) : 105-10.

Philippson, P. (2012) *Gestalt Therapy. Roots and Branches.* London: Karnac.

Quilter, S. J. (2004) 'Yes! But…what about love? 'in 'Letters to the Editor', *British* Gestalt Journal, 13 (1) : 38-40.

Spagnuolo Lobb, M. (2009) 'Is Oedipus still necessary in the Therapeutic Room?' *Gestalt Review*, 13 (1) : 47-61.

Wallin, D. J. (2007) . *Attachment in Psychotherapy.* New York: Guilford Press.

第十三章　躯体过程

每次治疗中，治疗师都必须营造一个足够强大的躯体过程，以支持来访者将此时此刻的内心感受作为躯体能量或持续的躯体体验而加以感知。(Kepner, 2003: 10)。

躯体语言是个体鲜为人知的内心世界的外在表现。来访者的动静舒缩、举手投足，都可能流露出她的情感、需求、创造性调整和信念。如果治疗师不能够主动觉察自身的躯体感受，这种重要的交流方式就很容易被遗漏或忽视，并且治疗师对来访者躯体所传递的非言语信息也会掉以轻心。

"躯体"治疗也是格式塔的一个重要特点，在躯体治疗中，提高身体感知体验或活力的能力是治疗工作的起点，这种能力将不断促进来访者将躯体感受纳入自我觉察中。

对于很多焦虑、抑郁、物质滥用、药物成瘾和进食障碍的来访者来说，忽视躯体感觉是隐藏或回避问题的惯常途径。了解躯体感觉也是了解来访者的深层次动力的潜在切入点，治疗师的任务是"帮助来访者理解身体所表达的信息"(Kepner, 1987: 69)。对于这些来访者而言，躯体感觉有时反映出心理发育性问题，有时是创伤经历的唯一证据，而有时，躯体感觉则是来访者难以言表的内心呐喊。

治疗师自身的躯体反应也能对来访者的情绪产生非言语的共鸣，成为深入理解和共情来访者的重要方式。实际上，大脑中的"镜像神经元"（由Rizzolatti等人发现，1996）具有的功能能使我们对他人的体验形成心理镜映，设身处地地感受他人的感受，这很可能是共情反应的神经学基础。

作为治疗师，自身的躯体反应能够提供许多关于来访者此刻躯体和情感变化的重要信息，而这些信息来访者本人可能毫无觉察。同时，自身的躯体过程还能增强感知两人间躯体能量的潮起潮落。因此，格式塔治疗师尤其需要关注自身的躯体反应，对躯体觉察保持高度重视，利用躯体过程促进关系场的发展。在本书中，我们已多次举例如何"回到你的身体"的练习，我们建议你选择一种你能在工作中常规使用的练习形式。

> **建议**：练习回到对自己身体的觉察上，看看你是否注意到，你有多紧张或放松，身体的哪些部位感觉紧张或放松，观察你的身体姿势，定格在某一时刻：此刻，你的身体在表达什么？现在向前伸出你的双臂，做环抱状，仿佛自己正抱着一个巨大的皮球。保持这个姿势一分钟；看看自己会有怎样的感受和反应。现在换一个姿势，请低下头，并将两手手臂交叉在胸前，看看自己的感受会有怎样的变化。

对于格式塔治疗师而言，健康是指情绪、认知和躯体等紧密联系的各部分的整体功能良好。对于很多来访者，治疗的关键就是提高他们对那些回避或压抑部分的觉察，重新连接躯体能量、活力和经验。这种自然过程的修复既是疗愈的过程也是重建"完整的人（whole person）"的重要部分。

在许多文化中，躯体信息可能会被割裂、忽视、贬低，甚至遭到责难。另外，不同的文化对躯体触碰、躯体姿态、躯体界限的非语言交流形式也看法不同。因此，治疗师有必要对来访者躯体过程的独特文化背景保持开放和敏感。

针对躯体过程的干预

在介绍如何进行躯体工作之前,我们想先介绍躯体工作的一些总体原则。首先,治疗师应保持整体观念;个体的各个部分都是相互联系的。不能脱离整体地只"评论"或"关注"某个躯体动作,这往往让人困惑不解,尤其是对那些初次接触格式塔治疗的来访者。较恰当的表达是:"当你在谈论你对老板的愤怒时,你的双手一直动个不停——你是否注意到了?你认为这表达了什么?"

其次,治疗师需谨记,当躯体过程变得更加凸显时,来访者的情绪体验也可能变得更加强烈,尤其是负性情绪,例如羞愧。

关系场

寻找躯体过程的切入点

第一项任务
首要任务是,治疗师需要寻找与自身躯体自我的连接。有好几个练习(包括上文提到的那个)都可以帮助你提升对自身躯体的觉察和敏感,觉察此刻自己的坐姿、躯体姿态、呼吸节律,并体会其中不同的躯体紧张度。由此获得对自己躯体的整体感受。

第二项任务
第二项任务是,治疗师需要对来访者的躯体过程保持敏感,并对两人关系中正在发生的躯体变化保持开放的态度。你可以从扫描对方身体的举动与张弛开始,观察正在发生什么,或者哪些事情并没有发生。他们的呼吸是渐深还是渐浅?坐姿是自如抑或僵硬?你是否有压制或想表达的欲望？你是否有某些重复动作或行为？由此，来访者的某些特征或主题（figure）便慢慢于你眼前浮现出来。

第三项任务

第三项任务是，觉察你自身对来访者产生的躯体反应。通常，在治疗师和来访者之间会出现"躯体互换"（embodied interchange），这种影响往往是无意识的。你自身的躯体体验可能会为你了解来访者的感受提供重要线索。比如，你是否发现自己变得紧张、焦虑不安或者没精打采？你是否感到喉头紧锁或心如鹿撞？

第四项任务

第四项任务是，理解你自身的共鸣式体验。Clemmens（2012：42）描述了这一过程的四个阶段，具身化（embodiment）、调谐（attunement）、共鸣（resonance）和连接（articulation），在这一过程中，治疗师首先接受来访者体验的"声波"，对来访者的体验产生共鸣，然后通过思考、想象或联想将其象征性意义转化为语言。此时，你可以决定就来访者的躯体过程展开治疗，也可以向来访者表露自己的躯体反应以及伴随的联想：

"当我听你讲这些的时候我感觉胸闷。"在讲述时，你也可以运用手势加以说明（例如，用手按住自己的胸口）。

这类共同创建的躯体过程干预方法在 Appel-Opper（2012）的著作中有更详细的描述——请参见推荐书目。

提升躯体体验的治疗性建议

提高躯体觉察力

促进来访者提升对躯体感受的觉察能力。身体的哪个部位让她感觉紧张，此时此刻她对自己保持的身体姿势有什么感觉？提高对躯体感受的觉察能力，来访者通常需要在这一方面不断地学习和练习。来访者常常自然而然地对躯体感受进行解释，探究它的意义，试图去理解它。治疗师建议并鼓励来访者对躯体感受保持不加评判的好奇心，以此引导来访者趋向更具现象学的探索过程：

- ◆ "那么，你注意到胸口的感觉了……它是固体的感觉还是液体的感觉？它有颜色吗？"
- ◆ "那是一种怎样的感觉……紧张的，刺痛的，柔软的还是坚硬的？"
- ◆ "它是热的还是冷的？是怎样的形状？"
- ◆ "当你关注这种感觉的时候，接下来发生了什么？"

来访者一旦意识到躯体感知的方式几乎都不在认识层面上，便会放弃试图改变它的愿望或为它贴个标签的做法，转而较为轻松自如地信赖、尊重躯体体验，视其为源头，相信它能引领自己走向那些能够被深化、可以被接纳的体验。

把语言中的"它"改为"我"

为提升来访者对躯体反应的觉察能力，你可以建议来访者调换否认自身躯体感受的措辞。例如，将"它受伤了"改为"我受伤了"，"我的脖子很紧张"改为"我感到很紧张，就在脖子那儿"或"我让脖子很紧张"。

关注呼吸

Perls 等人［1989（1951）：128-9］将焦虑描述为是兴奋被压抑而导致的缺氧状态中的一种情绪体验。因此呼吸对这样的体验影响至深，改变呼吸节律将会影响躯体性焦虑和相应的情感体验。关注呼吸能让来访者的情绪有所改变。此外，呼吸也是自我支持的重要组成部分。当人们受到惊吓或威胁的时候，呼吸自然会变得急促。

当来访者开始谈论某一场景或某种情感时，你往往能观察到她的呼吸变化。这种情况清晰地表明她的呼吸与某种体验之间的关系。有时，让来访者关注自身呼吸节律的变化，有助于重建健康的、协调自然的呼吸。在有些情况下，你可能需要建议来访者聚焦于自己的呼吸，并逐渐恢复呼吸的平稳和节律。

接地练习

我们发现聚焦于"此时此地"的多种冥想或觉察练习对治疗尤为有效。接触练习的简便"版本"即是"觉察你的脚正踩在地板上"。

针对躯体动作的干预

调整体态

仅仅轻微改变躯体姿势或对躯体动作加以关注（例如，感受你四肢的感觉），便能极大地改变我们的感受或对自我的认识。当你要求来访者尝试的时候（例如，笔直地坐在椅子上，或相反，懒散地坐在椅子上，或信心满怀地站起身来，等等），你可以鼓励来访者关注自己的想法和感受是如何变化的。

激活技术

在确信来访者已获得良好支持之后，你可以应用双椅技术、表达性动作、高声言语、唱歌，以及其他方法帮助来访者释放躯体紧张、躯体能量或情绪。这种释放也可以是最终的躯体表达或事件整合的重要步骤，能同时带来完整感和意义感。

然而，宣泄仅仅可以让身体释放阿片类物质而使来访者产生短暂的快感，这很可能导致来访者对这一方式产生误解。因为如果宣泄只是表达过去的痛苦，即使能带来了片刻的快感，这种方式也会强化来访者固化的格式塔。只有当曾被疏离的情感得以释放并引导出新的内化，这样的宣泄才具有治疗功效——这可能是源于治疗师能全盘接纳并共鸣来访者的体验，并引导来访者对这段体验赋予新的意义和理解。

最后，需要牢记的是，一些思维聪慧或学识渊博的人往往面对自己的躯体感受时显得束手无策。针对这类来访者，直接提供有关知识信息，如躯体应激症状、焦虑和惊恐反应、创伤后应激反应、放松原理等将更为有效。此外，你还可以建议来访者在两次会谈的间歇期间参与诸如按摩、武术、瑜伽、散步和游泳等活动。

对躯体信息进行解码

比宣泄释放更为有效的方法是逐步深入地探索来访者的躯体感受，这种方法常用于感觉运动心理治疗（Ogden et al., 2006），躯体探索是以格式塔治疗为基础的，同时它也拓展了格式塔治疗的讲解。它包括寻找在来访者躯体紧张掩盖下的被阻断的动作。这些被阻断的冲动可以是一个动作，它是来访者为了适应文化或情境的场条件而内转的动作，并构成了个体创造性调整的一部分；也可能是一种爱的表达——例如，伸手抚摸朋友的愿望（在寄宿学校等冷酷氛围中遭到嘲讽的一种表达）；还可能是伴随着害怕、羞辱或惭愧的隐晦的羞涩。觉察被阻断的动作，鼓励来访者有意识地不加评判地对之逐步探索，并体验该状态下的躯体感受，能帮助来访者识别和释放被困的能量，也能够帮助来访者理解自己急需表达却又急于压制的情绪。

在大多数情况下，这些被阻断的动作将内转形成某种防御行为系统（Ogden, 2009），这些防御是由于来访者在创伤经历中表达受阻而形成。随着外界压力增大，躯体反应自然趋向于：

◆呼救

◆ 设置界限

◆ 推开

◆ 逃跑

◆ 语言或行为上变得一意孤行

如果过去偶然的或经常的强化刺激使我们被迫内转自己的冲动，例如，战斗或逃跑的冲动，那么冲动会成为未完成事件存留体内。当你与来访者共同追踪他的躯体过程时，应鼓励他关注任何偶然出现的"微动作"（Fisher, 2011）。你也要仔细观察他的（和你自己的）躯体反应，你可以这样对来访者说：

◆ "你注意到你现在的手势吗？"

◆ "我注意到我的肩部有些紧张……你注意到类似的感觉了吗？"

在识别出某个动作之后，不要急于完成该动作，而是要让来访者观察这一行为，并看看"接下来将会发生什么"，或者让来访者有意识地重复这个动作。

关注来访者的微动作所伴随的能量，并觉察什么联想（即意象、情感、记忆）会浮现出来。你可以建议来访者：

◆ "想象你做完了这个动作是一种什么样的感受。"

◆ "让你的身体感受那个动作的力量。"

如果是一个推的动作，你可以提供来访者一个用于推开的抱枕，同理，来访者必须逐步有意识地做这个动作，追随自己的躯体感觉逐渐觉察这一动作的意义。

如果来访者对某个动作毫无觉察，那么治疗师应为他示范这一行为，并让他意识到这个动作潜在的意义，这些行为如耸肩、奔拉嘴、举起手或是改变姿势。和之前一样，可以让来访者有意识地重复这个动作，体验自己的觉察内容。随着实验的深入，治疗师可以通过模仿来访者的动作和姿态促进和鼓励他的觉察。如果来访者有习惯性的动作，那么探索这种动作——作为共同创建的调整接触模式的一部分——的形成、源起，将具有十分重要的治疗意义。

如果，在追踪微动作之后，来访者感受到了躯体能量却没有浮现出主题（figure），那么治疗师可以根据自己的直觉（或躯体信息）向来访者建议实验性的尝试：根据躯体能量选择某一姿势或动作。比如，靠近或离开，伸展或蜷缩。原地跑步或双脚轮踏，想象跑步和用转头及偏转身体来反映厌恶和反感的体验，这些都能为被压抑的来访者获得一种力量或自主的感觉。

上述建议的重点应使治疗工作在创造性中立的范围内进行，促使来访者的躯体表达其所需表达的内容（结果往往会出乎你的意料）。在实际治疗中，你当然会产生种种预感、直觉、想法或建议，而这些将引领来访者朝向完全不同的治疗方向，不过，在引导来访者前行、促进其表达或者完成躯体动作的不同选择中，并没有所谓的正误或优劣之分。每位来访者都是独一无二的，他们的表达、接触和解决问题的方式也各不相同。

> **建议：** Kelly（1998）提供的这套练习能够帮助来访者整合自我体验。它包括对四个不同区域聚焦注意力。你可选择任意区域开始练习。
>
> **焦点一：提高对躯体感受的觉察力**
>
> "关注你的躯体自我，并留意你正觉察到的躯体感受（例如，我的胃在翻腾，我的下巴感到紧张，我的双腿感到沉重等）。"充分停留，给予来访者足够的时间完整地觉察其感受。
>
> **焦点二：识别姿势动作**
>
> "停留在你体内渐渐浮现出的感觉中，观察这些感觉是如何变化和发展的；注意你身体想要改变的姿势和任何细微的动作。稍稍放大这个

动作并去体会那是一种怎样的感受。"

焦点三：识别情感

"停留在你的感受中，此时你觉得哪种感受／情绪可能伴随而来。慢慢体会。（比如，悲伤、恐惧、生气、愤恨、喜悦等）。"在做下一步之前，让来访者充分停留在情绪以及与这种情绪的关系之中（因为它们会彼此表达）。

焦点四：识别想法或意象

"当你停留在自己的感受和情绪中时，留意脑海中浮现出的相关想法、意象或记忆（例如，'过去当我听到父母争吵时，我常有这种感受'，'这让我想起了自己不得不站在众人面前演讲'等）。"

以来访者的主题（figure）为出发点。例如，来访者可能会浮现出某段回忆或某个想法，经你对此加以询问，则可能引发出他的更多感受。比如，治疗师问来访者："当你告诉我你的抑郁经历时，此刻你注意到自己的身体有什么感觉吗？"假如来访者报告他感受到了某种情绪，那么你就可以进而将关注焦点转移到相应的身体感受上。比如，"你是如何知道自己悲伤的？你体验悲伤时，身体的感受是什么？关注身体的感受，检视一下'悲伤'这个词是否能确切地表达你当下的感受，或者你需要试着换一个词来表达么？"

这项练习能够有效地帮助来访者整合被忽视的自我部分。Frank（2003，2013）的另一种实验方法，称之为"发展性躯体工作（Developmental Body Work）"，这项实验用于理解来访者在此时此刻的治疗关系中浮现出的早年心理－躯体问题。治疗师需关注来访者的非语言表达和反应模式，以此探索（和解决）来访者呈现的未完成的发育需求。我们建议你阅读她的文章以便进一步了解如何运用这项实验。

第十三章 躯体过程

有关身体接触的争议

如果身体代表的是自我,那么我们接触的一个人的身体,实际上是在接触此人的自我(Kepner,1987:75)。

身体接触在格式塔治疗中所含有的功能与其他躯体治疗技术不同,如推拿、古希腊按摩(Alexander technique)或指压按摩疗法。因此不能将此混为一谈(除非你接受过心理治疗与躯体治疗的整合性专业培训)。我们认为,为了使身体接触更加安全有效,临床工作者需要接受这一领域的专业培训。这里,我们将提供关于身体接触的一些基本原则。

身体接触通常发生在家庭成员和亲密伴侣之间。它传递着重要的含义,常带有亲情或性的色彩。而在社会交往方面,回避身体接触常常顺理成章,即使这样可能会错失不少良机。而在某些拉丁文化中,在会面和告别时没有躯体接触会被认为是非常奇怪的行为,即使是在治疗师与来访者之间也是如此。

在我们的治疗基本准则中,仍建议治疗师最好不要与来访者有任何身体接触,除非你们的治疗关系已经建立得很好,并且你也了解身体接触对于来访者的意义,尤其是基于他们早年的生活经历和文化背景。对于某些来访者,在你将进行非常微小的躯体干预前,最好先征询:"我能否将手放在你的胳膊上?"

身体接触之所以成为敏感话题,是因为来访者的求助议题或所遭遇的困难,往往是在其前语言、非语言期或处于意识层面之外的情境中,发生了围绕躯体的触碰、侵犯或虐待;来访者在那一阶段往往尚无法清晰表达或理解其遭遇。

曾有过性虐待经历的来访者往往被人劝导遗忘或否认自己的受虐经历。因此,对这类来访者的干预要十分小心。显然,在任何情况下你都不能触碰他们的胸部、臀部或生殖器部位，但你无法知道的是——来访者也不一定知道——他们身上的其他部位也可能会让他们联想到受虐经历。尽管来访者和治疗师都已成年，但治疗师出于善意的躯体接触完全有可能会让来访者再次体验到受虐的感觉。除非你有明确的治疗理由与来访者进行身体接触，否则最好不要尝试。你与来访者身体接触的动机可能出于同情。然而，它也可能会是触发来访者移情的扳机。

如果你打算与来访者有身体接触，你首先应考虑这是否有利于治疗，咨访关系中治疗师与来访者的地位本来就不平等。你应该思考以下问题：你会让来访者主动与你进行身体接触吗？当来访者感到痛苦时她能在不加询问的情况下就触摸你的手，触碰你的胳膊或拥抱你吗？治疗师与来访者应就身体接触以及如何接触达成一致。此外，治疗师需要知道，无论最终达成的协议为何，都会对治疗关系产生影响。

> **建议：** 看看你能否能回忆起家中关于身体接触的信息？存在关于身体接触或爱抚、赤裸和性行为的规则吗？当你进入青春期后你的家庭成员是否改变了与你身体接触的方式？这个练习对于来访者也会很有帮助。

在列出上述注意事项后，你可能会对任何形式的身体接触都望而却步。如果是的话，我们表示歉意。有多种行之有效的身体接触方式能对躯体过程做干预——例如通过轻柔但坚定地抚压胸部或背部来加深呼吸和促进宣泄。我们认为治疗师想要借助身体接触作为干预的话，他就应该接受专门的训练和督导。

关于正常人际交往中身体接触的一些思考

尽管如此，有些形式的身体接触依然能够成为共情与人际接触的自然、正常的延伸，因此也成为治疗师为来访者所提供的诚挚关系的重要组成部分。

在问候和离别时，很多身体接触是具有仪式性意义的，包括握手、亲吻脸颊、拥抱等。对有些来访者而言，意识层面上的正式问候会成为治疗环节中强有力的组成部分，也是特定形式的"我与你"会面（I-Thou meeting）的"支柱"。而另一方面，也有些初诊来访者会感到执行此类社交仪式有压力，而我们却也不必因此就在初次会面时不跟他握手；对治疗师而言，重要的是营造一种氛围：使每周每次的会面不致于千篇一律，而是设法促成来访者做出不同的行为反应。治疗师不预先与来访者讨论会面时的这些仪式行为，这样能较容易达成彼此互动。而随后治疗师再将此类仪式行为带进来访者的意识层面，以促进治疗："我发现每次我们会面/告别时，你都会伸出双手，要求一个拥抱，并拍拍我的背……你对此有什么感觉？你觉得这些动作似乎在表达什么？你有没有不想这么做的时候？"

在治疗期间，你可能会出于安慰来访者的目的而轻触他的双肩，在他难过时握住他的双手，在表达支持时将手臂搭在他的肩上，在治疗快要结束时给他一个深情的拥抱。所有这些身体接触都可以促进你与来访者更深层面的接触和交流。此外，这些行为在某种程度上也是同情和人性的表达。适宜的躯体接触还能在实验中帮助来访者聚焦被忽略的躯体感受，在来访者感到悲伤时让他感到你与他同在。

推荐书目

Appel-Opper, J. (2012) 'Relational living body psychotherapy', in Young, C. (ed.) *About Relational Body Psychotherapy*. Galashiels: Body Psychotherapy Publications.

Clemmens, C. and Bursztyn, A. (2005) 'Culture and the body', in T. Levine Bar-Joseph (ed.), *The Bridge: Dialogues Across Cultures*. New Orleans: Gestalt Institute Press.

Clemmens, C. (2012) 'An embodied relational dialogue', in T. Levine Bar-Joseph (ed.) *Gestalt Therapy. Advances in Theory and Practice*. London: Routledge.

Corrigall, J., Payne, H. and Wilkinson, H. (2006) *About a Body-Working with the Embodied Mind in Psychotherapy*. London: Routledge.

Frank, R. (2003) 'Embodying creativity', in M. Spagnuolo Lobb and N. Amendt. Lyon (eds), *Creative Licence-the Art of Gestalt Therapy*. Vienna: Springer-Verlag.

Frank, R. (2013) *The First Year of the Rest of Your Life: Movement, Development and Psychotherapeutic Change*. New York: Routledge.

Hartley, L. (2009) *Contemporary Body Therapy, The Chiron Approach*. Hove: Routledge.

Kepner, J. I. (1987) *Body Process: A Gestalt Approach to Working with the Body in GeStalt Therapy*. New York: Gardner.

Kepner, J. I. (1995) *Healing Tasks in Psychotherapy*. San Francisco, CA: Jossey-Bass, for the Gestalt Institute Of Cleveland Publications.

Kepner, J. 1. (2001) 'Touch in Gestalt body process psychotherapy', *Gestalt Review*, 5 (2): 97-114.

Ogden, P, Minton, K. and Pain, C. (2006) *Trauma and the Body: A Sensorimotor Approach to Psychotherapy*. London: Norton.

(Continued)

(Continued)

Parlett, M. (2001) 'On being present at one's Iife', in E. Spinelli and S. Marshall. *Embodied Theories*. London: Continuum.

Parlett, M. (ed.) (2003) 'Special focus on embodying', *British Gestalt Journal* 12 (1) : 2-55.

Totton, N. (2005) *New Dimensions in Body Psychotherapy*. Maidenhead: Open University Press.

第十四章 梦的工作

Perls 曾说过,梦是"通向整合的康庄大道"(1969:71)。他认为,梦不仅仅只是个体的未完成事件,它还是让当事人理解"生活意义、因缘和命运"(Baumgardner,1975:117)的一种"存在信息"。Perls 认为梦的每个要素所反映的都是个体在觉知状态下(the waking person)的某个侧面,尽管在意识层面上其觉察程度可能有所不同。因此,梦蕴含着自我投射的各种成分。在梦中,来访者的部分自我被投射为人或物,而治疗师的任务是帮助来访者重新拥有或获得这部分自我。

而 Isadore From 则认为"梦中发生的事情不应被视为投射,而应被视为内转"。实际上,来访者的梦反映了与治疗师关系相关的信息(Muller,1996:72)。他认为梦的工作就是要理解并处理来访者在清醒状态下对无法表达的内容的内转。

Sichera(2003:96)指出,Perls 等人[1989(1951)]实际上是在提示治疗师不应寻找理解和解释梦的确切含义,而应把梦视作艺术品那样,通过运用"细腻的文字与图像表征"来诠释其含义。

我们认为在不同程度上,以上解释都可能是正确的,治疗师应始终对梦浮现的意义保持开放的态度。它可能是来访者的某个未完成事件——尤其是反复出现的梦境或令人厌烦的噩梦。也可能是来访者生活故事的碎片或是对目前压力或难题的反映。还可能反映出来访者尝试重新接纳被疏离或被排斥的自我部分。或是对治疗关系的某种表达——是咨访交流的延伸。

对梦的工作有多种形式，提供的梦也无须完整。可以对梦的片段或来访者清醒时对梦的联想进行工作，因为梦境中被记住的部分往往蕴含着正在浮现的未完成事件。Perls（1969）声明，格式塔对梦的工作并不聚焦于解释。他强调梦的含义只能通过梦者对梦的探索和实验才有可能被发现。他认为，梦，尤其是反复出现的梦境，是向梦者传递某些潜在的信息。这些信息可能包含梦者当前生活状况或正面临的问题的描述和概括。例如，反复出现被人跟踪或被人追赶的梦，与一个人独自待在空房间里的梦，显然隐含着不同的潜在信息。Perls 还认为，梦可能还蕴含着有关存在（比如，死亡或灵魂）的本体信息。

从格式塔治疗的角度来看，梦中的每一个部分、事件、主题和过程都代表着来访者和他生活的某些方面。因此，治疗师要鼓励来访者从不同角度去探究梦的含义。下面是来访者在治疗期间描述的一个梦境以及常见的对梦工作的方式。

案例

Jake 由于生活陷入困境，苦不堪言而前来寻求帮助。一天，他栩栩如生地描述了一个梦境的片段，这个梦让他感到心烦意乱、迷惑不解。他讲述时，声音低沉而压抑。

"我正沿着一片荒凉的海滩走着，我感觉既紧张又害怕，天空漆黑一片，乌云翻卷着海浪扑打着沙滩。然后，我看到一个人从远处缓缓走来。那是我母亲，尽管她看上很年轻。她悲伤地哭泣着，并向我哀求。"

探索方法

练习用现象学的方法倾听来访者的梦

治疗师要跟随来访者的能量与关注点,并观察能量在何处被阻断或回避。切记,你需要将注意力集中于对此时此地的觉察。同现实生活一样,梦中出现不同的意象、象征和隐喻对于不同个体具有不同的含义。同一个象征,对于不同的梦者也蕴含着截然不同的含义。因此,治疗师的首要任务是弄清楚梦中哪些东西与来访者的生活直接相关,并询问这些物体、语词、符号和人物对他来说分别意味着什么?他会联想到什么?这些联想可以是生活事件——过去或现在的;也可以是声音、图像或文字。梦往往是梦者的一种尝试,即把逐渐浮现的复杂情感带入自己的意识层面,这就如同孩子初次尝试用语词来表达自己的感受,那些浮现出的语言和形状可能只是一些不具有逻辑意义的言语形式或符号形式而已。因此不要急于去"理解"这些意象。

案例

治疗师问 Jake,荒凉的海滩让他联想起什么。Jake 想起一段重要的回忆"我记得有一年我父亲离家与另一个女人同居,我和母亲去度假时那个海滩有点与此相似。"

让来访者用现实的语气讲述梦境

如同梦境就发生在此刻,让来访者用第一人称"我"和"身临其境"地方式讲述梦境,这可以使来访者的体验更为真切。

> **案例**
>
> "我正沿着一片荒凉的海滩走着。我感觉既紧张又害怕,天空漆黑一片,乌云翻卷着海浪拍打着海滩。此刻,我看到一个人从远处缓缓走来。当她走近时,我才发现那是我的母亲,只是她看上去比现在更年轻,她一边哭泣一边大声呼喊着,'你一定要帮帮我,我快要死了,只有你才能帮助我……'"

当Jake复述梦境的时候,他的能量发生了变化。他充满情感和活力,一点都不像他刚开始描述梦境时的那种迟钝、萎靡的样子。当他继续讲述时,我们可以清晰地发现Jake对了解梦的含义充满了兴趣和好奇,而且开始较自由地将梦境与当前的问题进行联系。

将梦境体验成为真实的故事

在来访者讲述梦境的过程中,你会发现很多议题和主题(theme and figure)正在浮现,如语调的变化、躯体反应、接触调整模式等。于是,你可以针对这些来工作,以提高来访者的觉察。

> **案例**
>
> 治疗师说,"Jake,我能打断你一会儿吗?我注意到当你讲述梦的时候,你身体一动不动,显得有些紧张,而且你说话的声音也越来越小,看上去你好像很压抑。"在这个干预之后,Jake逐渐觉察到自己在面对母亲时的躯体反应内转与无助感。

建议来访者用非语言的方式表达梦境

这包括让来访者用不同的姿势、来回走动或发出声音等表现梦境。此外，也包括用代表梦境的物体或来访者的画作，来开展治疗工作。

案例

治疗师建议 Jake 拿出纸和彩笔，用绘画的形式来表现梦境，然后让他退后几步，从远处观看这幅画。他邀请 Jake 想一想这幅画想要传达怎样的信息。画中还漏了什么，或者他还想添些什么？想象沿着沙滩行走会有怎样的感觉？他的母亲可能遭遇了什么？Jake 意识到他所画的母亲的形象，身体的中间有一段空白。

建议来访者以梦中的人和物来复述梦境

这个实验是基于这样的理念，即梦的每个特征都包含了梦者的部分自我——有些自我已被梦者觉察，而有些则毫无觉察或可能被否认。让来访者从梦中最难以察觉的部分开始复述会很有意思，如一片开阔的场所或是一个容易被忽略的细节。这可能会给来访者带来惊人的领悟。但如果来访者对梦的某部分有特别的兴趣或被强烈吸引，那么也可以从这一部分开始复述，然后逐步过渡到最疏离或最难以注意的部分。来访者以梦中不同人物的角色进行复述时，他通常会不由自主地产生内省、顿悟或认同感。这有助于来访者理解那些已经呈现却仍处于无意识层面的象征意义。

第十四章 梦的工作

> **案例**
>
> "我是海滩，Jake 正沿着我行走。我在这儿已经很久了，我绵延数公里，却很少有人从我身上走过。我感到既寒冷又孤独。"当 Jake 以"孤独的海滩"这一角色复述梦境时，他开始显得有些忧伤，他说"那段时间，我确实感到非常孤独"，泪水夺眶而出。

有时来访者会发现要认同梦境中痛苦的、恐怖的或是攻击性的人和物并不容易。事实上，来访者更难认同的人和物，往往是他们竭力否认的自我部分。他们需要治疗师给他们以接纳和鼓励。接纳疏离的自我部分对治疗大有裨益，因为这类投射和否认已消耗了来访者的很多能量。

此刻，治疗师应抽身出来，觉察来访者梦境中可能缺失的重要部分。有时来访者会说，"图书馆里一个人也没有"，或者"那个男孩没有脚"。而往往无法注意到自己梦中明显缺失的部分，治疗师可以这样问，"那么其他人都去哪儿了？"或者"那个男孩怎么走路呢？"或者其他类似问题。Perls 认为梦中缺失的部分暗示着来访者人格的缺失部分。

为梦境中的人或物之间创设对话或实验机会

> **案例**
>
> 治疗师鼓励 Jake 角色扮演，与梦中的母亲展开一场对话。随着实验的进行，越来越清晰的是梦中的 Jake 无论说什么，都无法帮到母亲，也无法让母亲感到满意。Jake 变得越来越沮丧，他突然中止了实验，转向治疗师说，"生活中，我的母亲真的就是这样，她一直都指望我能够照顾她，满足她的需求。我恨这种压力。"当 Jake 和治疗师一起回顾这

> 段体验时，Jake 说：以前，对母亲这种索求，他从没感受到过不满与愤怒。（他明白了，从小他就很愤怒，只是当时没感受到而已。）

尝试给梦创设不同的结局

尝试给梦创设不同的结局对噩梦特别有效。你可以让来访者想象自己正变得更强大或更有力，或让他召唤一个意象或人物来支持他们。然后让他重演梦境（可能需要尝试好几次），看看结局会有何变化，或者问题是怎么解决的。

> **案例**
>
> Jake 想象他的父亲正沿着海滩向他和母亲走来。当父亲走近时，他将母亲拥入怀中，一边安慰她，一边告诉她，他会照顾好他们母子俩的。Jake 开始意识到，父亲才是那个本应帮助母亲缓解痛苦的人。而事实上，Jake 多年来一直因为无力帮助母亲而深感内疚。接着，Jake 意识到自己对父亲抛下他们母子俩感到多么愤怒。

用梦的要素创造性塑型

如果你开展团体治疗，创造性塑型能有效地囊括团体成员的意识和无意识思想，将梦境淋漓尽致地展现出来。这一方法对探索心理的亲近和疏远问题尤为有效。在治疗中，来访者将梦中的角色和重要客体（包括他本人）分配给团体成员，然后来访者凭感受和直觉（而非思考）引导，分配团体成员各自位于治疗室中的不同位置。让每位成员根据自己的角色进行发言，叙述自己在这一位置上的感受以及需求等。然后你可以邀请来访者

第十四章 梦的工作

按照他的希望再次排列这些角色的位置，或邀请各位角色谈谈他们更喜欢的位置以及原因。之后让他们移动到新的位置上并重复这一过程，逐一询问他们的感受。

即使来访者进行个别治疗，这个练习也可被调整为使用治疗室中的其他物品代表梦的不同要素，并将它们摆放在治疗室中相应的位置上；然后让来访者根据不同要素的角度进行叙述并完成位置远近的调整，或是让来访者退后一步，拉开距离观察这些要素（从元认知的角度），尝试调整它们的位置。

将梦视为与治疗师或治疗有关的信息

一定程度上，梦也可能是来访者对外界事物的内转，或是对难以表达的体验的内转。当你在倾听来访者讲述梦境的时候，应想象其中可能蕴含着他希望表达但又难以启齿的信息。比如，关于被照料？还是关于恐惧或失望？或是关于对某个人物的性吸引？梦境是否与上次治疗有关？来访者是否在用这个梦告诉你那些无法在此时此地表达的信息？

> **案例**
>
> 在督导时，我反思了自己与来访者的治疗关系：脑海中回顾了上次与 Jake 的治疗场景，并试着回想他是否认为我是一个自私的人。我记得我告诉过他我即将休假，我不知道他是否会把这看作我自私的表现（停顿了一下）。或者，我不知道他是否是因为休假临近，担心分离或被抛弃，担心他将独自面对当前生活的难题。

上述关于梦的工作，也同样适用于处理幻想或白日梦，因为两者同样也反映出来访者处于意识边缘的欲望、冲突和未完成事件。处理过程中你应特别留意来访者所述梦境中缺失的部分，或其梦境中回避的部分（例如，相反的情绪感受，或者某位家庭成员的缺失）。

我们发现，用上述方式处理梦境能促使来访者对自己否认或隐藏的部分有一个全新的认识。

推荐书目

Amram, D. (1991) 'The intruder: a dreamwork session with commentary', *Gestalt Journal*, 14 (1) : 61-72.

Bate, D. (1995) 'The oral tradition and a footnote to dreams', *British Gestalt Journal*, 4 (1) : 52.

Baumgardner, P (1975) *Legacy from Fritz: Gifts from Lake Cowichan*. Palo Alto, CA: Science and Behavior Books.

Downing, J. and Marmorsteing, R. (eds) (1973) *Dreams and Nightmares: A Book of Gestalt Therapy Sessions*. New York: Harper&Row.

Grey, L. (2005) 'Community building viewed from a group dream perspective', *Gestalt Review*, 9 (2) : 207-15.

Higgins, J. (1994) 'Honouring the dream-an interview with Dolores Bate', *British Gestalt Journal*, 3 (2) : 117-24.

Perls, F. S. (1981) *Gestalt Therapy Verbatim*. Moab, UT: Real People Press.

Sichera, A. (2003) 'Therapy as aesthetic issue', in M. Spagnuolo Lobb and N. Amendt-Lyon (eds), *Creative Licence: the Art of Gestalt Therapy*. New York/Vienna: Springer Verlag. PP. 93-9.

Stern, M. E. and Lathrop, D. (2010) 'Dreams: Contact and contact boundaries', *Intemational Gestalt Journal*, 33 (2) : 35-47.

第十五章　自我督导

与来访者的每一次治疗旅程，你都可能会感受到治疗的举步维艰。有时，这种感受可能与来访者陷入困境的感受交相呼应，但有时也可能毫不相干。不管怎样，遇到这种情况，治疗很可能陷入僵局。此时，最重要的是你应该定期督导，同时对整个治疗过程进行自我督导也将让你获益匪浅。

陷入僵局时，你可以问自己两个问题。首先，遇上的这个僵局是否提示了：来访者需要驻留于此处并加以探索？其次，这个僵局，是否是你在治疗方法上遇到的困难？你需要着手解决它，使治疗进程得以继续。治疗师（尤其是初学者）很容易将治疗中的胶着状态看作自己的失败，很容易在治疗中因无法总保持正确而感到沮丧。而格式塔治疗的优势之一就在于，它用积极的态度看待这类胶着。格式塔并不将僵局视为一种需要被克服的障碍，而是把它看作一个需要被理解的难题。

初期的最佳干预方案就是让来访者"驻留"在这种胶着状态中（改变的悖论），并对僵局可能隐含的信息保持开放态度。我们建议，咨询师应尽量避免自己陷入"不够优秀"的自我怀疑中，而是需要调动自己的能量去理解胶着状态的性质、内在意义及各种可能性。实际上，有时候这种情形恰恰说明治疗到了最关键的时期，因为来访者将当初促使他前来求诊的现实困难（和固着状态）带入了此时此地的治疗情境。

当你想用一个全新视角来审视僵局时，不妨从以下三个方面展开自我督导。

一、工作联盟和治疗关系

- 核查你与来访者最初的治疗协议。两人都遵循着治疗目标，还是其中一人已经改弦易辙？（比如，你认为来访者"应该"处理某些问题，而他并不赞成。或者会不会是来访者感觉其他问题更重要，但他并没跟你"澄清"这一点？）
- 想象一个能够描述胶着状态的比喻，并探索它对你的意义（例如，像在一团迷雾之中或是正被慢慢淹没）。
- 从咨访关系的角度审视问题。这个问题在何种治疗关系时出现？如果胶着是来访者的一种表达，那么它可能正在表达什么？它是否重现了来访者早年人际关系的动力学特征？你是如何促成或激发这种胶着的？
- 躬身自问，你有无自己未识别的反移情。这种胶着状态是否似曾相识？（你经常对很多来访者有这种类似的感觉，还是只限于这一特定的来访者？）

二、来访者的过程

- 询问来访者此刻的感受。是否觉得治疗进展缓慢？如何理解这一停滞不前的现象？
- 询问来访者是否能用一个比喻来形容她的胶着。（例如，"我感觉自己就像在一间伸手不见五指的房间里，害怕得寸步难行。"）
- 来访者是否存在阻止自己前行的内射或核心信念（例如，我是个任何事都做不好的人）？

- 为完成艰难的转变，来访者是否拥有充分的支持？
- 来访者害怕改变吗？
- 来访者的"胶着"，是否只是在向治疗师表达痛苦，她要的是治疗师在情感上给予相应的呼应而已，实际上并不期待改变。
- 来访者在体验循环的哪个环节上受阻？比如，她是否有所觉察但又缺乏能量？她是否有能量却不知如何应用？如此等等。

三、你自己的过程

- 如果来访者看起来对胶着状态并不在意（尽管你十分在意），那么应该思考是否是你在治疗进程的预估上出了问题，阻碍了治疗。
- 反思某次治疗中某个看似特别艰难的时刻。当时发生了什么？来访者说了或者做了什么？你有怎样的感觉？你说了或者做了什么？你那时更想说什么？用空椅技术想象与来访者的讨论。放大你的反应，例如，"我对这种状况/我对你感到忍无可忍，因为……"如果你可以毫无顾忌地对来访者说你想说的话，那你会说些什么？
- 在会谈期间关注访谈过程，反思这些过程是如何发生的？回想上次督导时你得到的建议，或者想一想自己的优势与潜能。很多治疗师（包括我们自己）能够在胶着时通过有意识地求助而获得督导师的支持，想象他们的教诲、建议与指导，甚至推想出"督导师在那个情境中会说些或者做些什么"。
- 检查你是否工作超负荷？是否有太多棘手的个案，让你感觉筋疲力竭或者力不从心，或者你对自身缺乏照顾？

回顾治疗历程（或是……让来访者督导你）

想要成为一位出色的治疗师，你必须经常定期回顾治疗历程，评估和调整治疗方向，与来访者达成新的协议（有时需要在一次会谈中完成上述任务）。有时，你还需要有意识地安排正式的回顾性会谈。借助与来访者的共同回顾，从来访者的反馈中提高自我督导的效能。来访者拥有与你治疗互动的切身体验，因此，他们的反思往往可以为你提供绝好的学习机会。

你可以提前向来访者建议回顾治疗历程的会谈，并要求他们在会谈的前一周准备回顾的内容。

在回顾性会谈中你可以：

1. 回顾最初的治疗协议。（来访者的最初治疗目标。）
2. 与来访者核实治疗进程是否与治疗协议紧密相关，进展是否顺利。
3. 观察你和来访者共同作出的评估是如何随着治疗进程变化而变化的。
4. 询问来访者迄今为止对你和治疗有何感受，哪些部分对他们特别有帮助，哪些部分毫无帮助，是否希望治疗师能有所改变，或希望自己有所改变？
5. 讨论治疗过程中还应该做哪些改变。
6. 确定下一步的短程治疗、长程治疗或治疗终结的时间。

上述步骤不仅为你提供了反思材料，而且为你找出需要督导的问题。我们建议治疗师每三个月进行一次这样的历程回顾，也可以酌情调整自我督导的频率和正式程度。Miller 等人（2008）认为有的治疗师之所以能够脱颖而出，正是因为他们愿意寻求和回应来访者对治疗的反馈。在治疗结束的半年后，为来访者提供一次追踪回顾会谈；或者在一年后，联系来访者，评估他们治疗结束后的状态，这些都将有助于你的个人成长。有的治疗师会为来访者提供免费的追踪会谈以评估治疗的持续疗效。

定期的历程回顾不仅会成为你观察自己治疗实践的一种方式（见第

二十三章），而且还能成为你个人成长的重要契机。

当然，自我督导的原则同样也完全适用于你与督导师之间的交往。你们可以一起回顾治疗工作，探索你觉得有效或无效的部分，关注你的个案负载，发展自己的优势与潜能。

推荐书目

Bor, R. and Watts, M. (2010) *The Trainee Handbook: A Guide for CounseIIina Psychotherapy Trainees*. London: Sage.

Carroll, M. and Gilbert, M. (2005) *On Being a Supervisee: Creating Leaming Partnerships*. London: Vukani Publishing.

Gilbert, M. and Evans, K. (2000) *Psychotherapy Supervision-An Integratiye Relational Approach*. Buckingham: Open University Press.

Hawkins, P. and Shohet, R. (2012) *Supervision in the Helping Professions*. Maidenhead: Open University Press.

Inskipp, F and Proctor, B. (2001) *Making the Most of Supervision*, Part 1. London: Cascade Publications.

Kearns, A. (2005) *The Seven Deadly Sins?* London: Karnac.

第十六章 治疗旅程的终结

人,一方面觉知自己的存在独一无二,同时又知道死亡是最终宿命;对他/她而言,无论是从心理治疗的角度上说,还是在生命意义上看,根本问题都是如何使生活富有活力。(Perls,1970:128)。

治疗旅程的终结意味着重大的分离,这很可能激起我们对孤独、丧失以及死亡的潜在信念和恐惧。治疗结束往往隐伏着这样的危险:来访者和治疗师不约而地回避分离的焦虑,以至治疗迁延拖沓。诚如Peals所说,直面死亡对每一个人都是巨大的挑战。当然,这也可以为来访者提供选择以恰当方式结束咨询的机会,不仅让来访者学习承担事件的责任,而且还可以训练来访者接受治疗结束的感受。有人发现,有时治疗旅程的终结是整个治疗体验中最具深远影响的部分。

终结模式

人们通常运用各种方式来回避丧失或终结,这种回避痛苦和焦虑的方式往往与个体常见的调整接触密切相关(参见第十章)。有的来访者会通过"提前离开"来回避治疗终止。他们会在临近终结时出现退缩——心理的,甚至是躯体的。例如在最后一次治疗时爽约,不辞而别或者在最后

第十六章 治疗旅程的终结

访谈时，平静笃定或心不在焉。而另一些来访者则可能因无法忍受离别而突然出现症状恶化或杜撰新的未完成议题以延缓治疗。还有的来访者在治疗的最后阶段会反复纠缠原初求诊的问题，这样的情况屡见不鲜。他们仿佛退回到先前的功能水平，依然具有最初前来治疗的事件和问题。我们认为，这个方式是来访者在"尝试应用"其旧的应对策略，他们想确定如果需要的话那些旧策略还能用得上。不过，这个方式也可能是来访者在用以告诉自己和治疗师：还没准备好离开。

治疗师的任务不仅是帮助来访者顺利离开，还要帮助他们通过离开这一过程尽可能多地了解自己。任何终结，尤其是意义重大的治疗终结，都将唤醒来访者过去对终结和转变的体验。来访者可能会重陷先前未能表达的丧失体验。她可能会出现某些自发性的反应模式，这些反应是过去曾成功应对终结和分离的创造性调整模式。其中，来访者早期与重要照料者之间的关系尤为重要。这些经历通常奠定了来访者的关系模式——常被称为依恋类型——影响来访者未来与他人的亲密关系，也包括分离行为。

> **建议：** 回想你过去生活中有关终结的经历。思考那些意义重大和不足挂齿的终结（如丧亲之痛，开始新的工作，或离开某次聚会）。你是否倾向于有特定的行为方式？比如匆匆离开，绝不回头，或相反，对现实的终结视而不见，习惯借口说"一会儿再见"。你能识别出自己应对终结的特定模式吗？

当你识别出自己熟悉的应对方式后，请思考它对你作为治疗师的影响。你可能会与来访者不约而同地运用同样的回避模式？你可能比较容易回避什么？

你可能需要帮助来访者觉察与识别她对终结的体验及其重要意义。这是个机会，能帮来访者瓦解其应对终结的固定格式塔、正视转变议题。

其他会影响来访者终结体验的因素是：

◆ 治疗关系中特定的移情和反移情若未得到妥善处理，可能会给终结带来困难。比如，治疗师可能会被来访者看作不能背弃的脆弱的母亲。

◆ 受当前问题的影响，如来访者目前正面临人际困扰或者丧亲之痛。

◆ 与终结议题有关的特定文化意涵，以及意义有待探明的规仪。

◆ 当前的场条件对来访者的影响。比如，治疗结束后来访者能获得怎样的环境支持？来访者是否正在同时经历其他压力事件或变化？

成功的治疗可以看作来访者（和治疗师）履行协议，修通僵化的人际关系，达成协调一致的过程。如果这些目标顺利完成了，那么终结便是"水到渠成"。当然，分离的过程难免会让人伤感惆怅，因为这期间建立的真诚而温暖的治疗关系不仅让人流连忘返，而且还给来访者带来了绝无仅有的成长机会。因此，在治疗结束之际，治疗师和来访者都会有难舍难分的感觉。

案例

B'Elanna 接受心理治疗已有两年半的时间。一天，她来到治疗室，宣称自己已从治疗中获得了很大的帮助，现在准备结束咨询。显然，她打算当天就结束治疗。当治疗师建议花更多一点时间用于道别时，她感到非常惊讶。在探究她速战速决的告别仪式时，B'Elanna 想起以往她每次假期结束坐火车回寄宿学校时，母亲送别的场景。母亲的辞别干脆简短，转身离开后从不回头。B'Elanna 意识到这也影响了她处理分离的行为方式。当她清晰地回忆这些离别的真实场景时，她逐渐觉察到自己压抑痛苦感受的特征，之后她决定用不同的方式来应对这次治疗结束，他和治疗师达成协议，将继续用五次时间来相互道别。

终结的类型

我们将概述大多数治疗终结所需要完成的任务。识别不同的终结类型,对治疗应该有所帮助:计划的或无计划的,自愿的或被迫的。每种终结类型都将带来独特的挑战和机遇。

计划性终结

不限时治疗

这类治疗的终结是由双方协定而自然产生的。来访者通常表现出对达成的治疗目标具有信心和能力,能在面对生活挑战时保持充分的自我支持和能量。此时,来访者可以在充分觉察的情况下选择结束治疗。来访者通常能意识到自己独立解决问题和迎接挑战的能力,能够成为自己的治疗师。对于治疗师而言,有时也需要接受来访者的"足够好"(good enough),而不要期待来访者去完成治疗师确定的所有议题。

短期或短程协议

详情请参照第二十二章。

非计划终结

出于治疗师的需要

有时,治疗中止是因为治疗师自身的生活情形所致。比如,治疗师因为疾病、搬家、决定减少工作量或退休而被迫中止治疗。遇到这种情况,如果来访者以往存在任何被抛弃的体验（事实上这种中止并非抛弃），那么他们的问题极有可能会卷土重来。此时，治疗师要意识到来访者需要表达她的感受和想法。如果你不得不出乎意料或令人难以接受地中止治疗，下列建议可能会对你有所帮助。

- 尽可能早地通知来访者。
- 允许来访者对你愤怒和失望。允许与终结相关的未完成事件浮出水面（参见第十九章中抑郁症干预的例子）。如果终结是因你生活中的危机事件所致，那么，来访者自然会对你表示关心和同情。应保持警醒，来访者可能为保护你免遭其愤怒和悲伤的影响，而表现出过度的理解。
- 尽可能详细说明终结的原因，确信来访者理解终结是出乎计划之外。
- 如果可能，让来访者选择终结的具体时间。
- 如果是工作调动，提议在新的从业场所为来访者提供治疗，即使这个提议对他们并不一定可行，但这表明了你的态度。
- 策略性地实话实说（见第四章自我暴露的相关内容）。
- 帮助来访者寻找新的治疗师——有时你可以帮助联系治疗师并促成转介工作的顺利完成。
- 不管什么原因关闭诊所或场所搬迁，都不可避免地让人心烦意乱。治疗师需要努力确保自身在这一时段内能获得足够的督导和支持，不应低估这种心烦意乱。

当来访者"消失不见"时

有时，来访者不辞而别，突然终结治疗。无论她出于怎样的考虑——可能是对你的专业技术感到失望或者对治疗感到焦虑，她都有这种选择的

第十六章 治疗旅程的终结

权利。这类终结往往发生在治疗的初始阶段，来访者往往对是否继续治疗举棋不定。我们建议你不要打电话质问来访者。这可能会让她有被"追赶"的侵入感。通常，恰当的回应方式是写一封短信，表达你对她不能前来治疗的遗憾，同时，确认下次预约是否取消或告知她应电话预约下一次治疗时间（我们建议你使用信件而非电子邮件或短信，因为后者显得不够正式，且可能存在泄密的风险）。如果她对此置之不理，那么你就应顺其自然，或者再写一封信告诉她：你估计她此刻已决定放弃治疗，并祝她一切顺利；任何时候她改变主意，可继续预约治疗，你随时乐于为她提供帮助。

要记住有时候来访者的消失（尤其在几次治疗之后）意味着她已经从治疗中获得了帮助，感觉有所好转。如果她并不了解心理治疗这一行业，那么她可能不一定知晓"良好终结的方式"，她只是觉得自己不再需要治疗而已（类似于去医院就诊，如果治疗有效，不会再回去看医生一样）。终结治疗的方式应该可以有多种形式，无须刻板拘泥于某种"特定形式"。你应尽可能撤回停滞在未完成治疗上的能量。你也可以通过督导来修通你自身的未完成事件。

如果你和来访者的治疗时间已较长，那么情况就有所不同。你最好写信询问有关情况。当然，你在治疗室之外所说的每一句话都必须谨慎。即使你已对来访者未能前来治疗的原因了如指掌，但在信中公开谈论治疗内容也意味着治疗界限的打破；治疗干预只应在治疗室内进行。此外，信件也有可能会被他人拆阅。因此你在措辞时要格外慎重。比如，你可以表明，你觉得彼此的交流已经中断，你仍有事情需要与她进行讨论，希望她能继续治疗。

当来访者想要"提早"中断治疗

来访者完全拥有选择的权利。更何况,她的选择也很可能是正确的。你和来访者都需要对她的选择表示信任。然而,事实上,你也有权去说服"可能的来访者"——那些在你看来需要进一步成长的来访者。如果你认为她是在回避,那么你可借助对话式访谈向来访者提出质疑。有时,当来访者感到愤怒,或觉得不被理解和无法表达时,会选择中断治疗,或者威胁要中断治疗。你需要开诚布公地与来访者一起讨论她产生放弃治疗念头的过程,下列问题可能会对你有所帮助:

◆ 最近,她的生活和治疗发生了什么变化?
◆ 她是如何理解这些变化的?
◆ 她对你或治疗有任何不满意的地方吗?
◆ 她过去是如何判定结束关系或逃离某种情境的最佳时机的?
◆ 她是否能认识到,实际上这是在逃避终结?
◆ 也可以向来访者表露自己的两难处境:"一方面我必须对你结束治疗的决定表示支持,这是你的权利。但另一方面我又非常想挽留你,希望我们继续合作。"

对于想要离开的来访者,如果治疗师只是指出或暗示:结束治疗无助于她独立解决问题或者她尚且无法依靠"自身的力量"发挥作用;这通常会显得既不恰当也不够尊重(有悖于职业伦理)。更为恰当的表达是,"我能够理解你想要离开,但我觉得这个决定有些仓促。不知道你是否愿意和我一起探究一下这个决定背后的原因?"

第十六章 治疗旅程的终结

终结的任务

依据经验，大多数治疗在终结时通常需要完成以下任务。在治疗接近尾声时，治疗也应主要围绕这些任务。如果是长程治疗，这些任务可能需要花费数月来完成。如果来访者试图回避这些任务，那么你可能需要在治疗结束前的几次会谈中，主动提及这些话题。

提高对终结的觉察力

觉察治疗的终结，虽然这一任务看上去似乎简单明了，但其意义却格外重要。有研究表明，哀伤工作最关键的因素之一是使来访者能够描述死亡对他的影响和意义。这一点与处理重要终结的原理如出一辙。我们相信来访者需要对"如何为治疗旅程画上句号"进行富有意义的思考。你可以鼓励来访者回顾当初寻求治疗的原因，治疗过程的展开以及他们目前的状态。

我们可能会以各种方式否认终结。有时我们会跟来访者约定，如果他需要的话可以回来再做跟踪随访；这可以是一个合理的提议，却也可能是对终结的一种回避。要与一个已经建立了重要而亲密的关系的人分手，实属不易。然而，回避终结，这不仅会妨碍来访者"干净利落"地结束治疗，还会剥夺他们对治疗终结的真实感受，使得治疗的一个重要环节（来访者探索自己能独力应对终结）缺失。如果你和来访者都已同意结束治疗，并且确定了结束日期，那么无论来访者出现了什么新的（或旧的）症状，通常治疗都应如期结束。治疗师可以让来访者探索这些症状与治疗终结之间可能存在着什么关联。

觉察终结的重要意义

治疗师和来访者双方都需要从多个角度来总结治疗对来访者生活的重

要影响。

- "这是我过去两年来,每周二下午三点必须准时光顾的地方。"
- "你是第一个和我一起谈论我母亲精神错乱的人。这让我觉得你对我了如指掌,而不只是泛泛而交。"
- "一旦在生活中遇到困难,我会习惯地想到与你讨论,然而,现在我必须开始独自面对。"

治疗师与来访者双方也可能只是相互表达肯定和感谢:

- "我喜欢你。我会怀念这段和你一起走过的日子。"

案例

当治疗师询问 B'Elanna 以往的离别经历时,她感到不知所措。当问及她是否有过重大或痛苦的离别经历时,B'Elanna 矢口否认。治疗师温和地表达了自己的疑惑,"一次也没有吗?离婚算不算?"B'Elanna 断然地摇了摇头。"那是一种解脱——因为那段婚姻对我来说简直就是一场噩梦。"治疗师接着问"那么离开你的家庭和故土呢?"B'Elanna 再次予以否认:"哦,那儿有什么好?我很高兴能够离开。"治疗师指出了 B'Elanna 经历过的多次离别,但她每次都否认离别时有情感波动。似乎亲人或熟悉环境的丧失,都不值得为之悲伤。然而,随着探索的不断深入,B'Elanna 开始意识到自己一贯的应对模式。她的成长经历需要她变得强悍独立。由于她的国家饱受战乱之灾,因而,从小到大,她都被要求自主自力和顽强不屈。她被迫早早地将这种"幼稚的悲伤"置之脑后。随后,她一直延用这种方式来应对生活中所有的丧失。这种觉察让她重新审视自己将要离开治疗师,以及她会如何处理离别之痛。

对于许多来访者而言,与治疗师的关系会是他们人生中最重要也是最深入的关系之一。因此，结束这段关系对他们来说举足轻重。同时，终结也凸显出治疗关系明显的特异性。曾经如此亲近，但日后却可能永不相见。这对于治疗师来说也同样充满痛苦，以至有时会打破治疗界限（在社交场合与来访者会面、成为朋友等）。我们认为，干净利落的终结不仅有助于治疗的结束和疗效的巩固，而且有助于来访者将治疗关系内化为自身的内部资源。

鼓励来访者充分表达情感

终结时的情感表达可能包括悲伤、愤怒、恐惧、解脱、兴奋或者上述体验的混合。你可以通过提问来鼓励来访者表达情感，"这段关系对你意味着什么？此刻，当你打算与我道别时，你觉察到了什么？"此外，这时也是你选择向来访者表露自己情感的时机。

情感表达可能也包含消极或习惯性的情绪反应，如抑郁、怨恨、遗憾、内疚等。来访者过去的关系模式也可能浮出水面。这些模式中可能包括常见的内射和信念："对我来说，重要的东西总会最终失去的"或"如果治疗师更为出色，我会比现在更好"。

案例

在终结问题上的自我发现让 B'Elanna 深受触动，她花了很长时间深深哀悼自己的过去。她决定在七月份结束治疗，但在六月初的一天，她怒气冲冲地来前来治疗，对停车场的管理牢骚满腹。她说，这里应该有更好的管理系统来指示具体的停车位置。治疗师对由于停车场缺乏清晰告知而带给她的不便深表理解和歉意。但她却接着谈论前来治疗的路上，交通状况是多么的糟糕。治疗师用温和的语气和她开了个玩笑，"来

> 这里真是一件令人讨厌的事，不是嘛！" B'Elanna 凝视着他，然后显得神情沮丧和退缩。治疗师意识到自己刚才可能说错了话，随即向她道歉。B'Elanna 接受了治疗师的道歉，人也明显放松下来；她开始哭泣，她说，"没有你，我不知道自己如何处理问题。"治疗师听了感到既温暖又悲伤。他也将自己的这种感受告诉了 B'Elanna。他们默默无言地坐了一会儿，体验着分离带给彼此的伤痛。

认可已取得的治疗成果，明确未完成的任务

回顾你和来访者一起走过的治疗历程——艰辛与收获，已取得的成功和没有取得的改变。你可以让来访者回顾整个治疗历程中的转折点，治疗中哪些因素最为重要或最具影响力，什么时候治疗停滞不前或毫无进展。你也可以与来访者分享你的洞察力，比如，你如何看待其治疗历程及其关键时刻，这些都可能会对来访者有所帮助。你的确认和证实会给来访者带来极大的支持与肯定。此外，询问来访者是否还有哪些需要，以及她是否想对你有所反馈。

> **案例**
>
> 随着七月的临近，B'Elanna 日渐感到不安。但她也对"恰当地完成终结"（用她的话来说）感到激动不已。在倒数第二次治疗中，B'Elanna 与治疗师一起对治疗历程进行了回顾。B'Elanna 说，"你知道，我真正开始信任你的时候是那天我诉说对工作的担忧时，而你居然还记得我一年前告诉过你有关我祖父的事情。"当治疗师让她总结治疗至今她有哪些变化时，她意识到自己已判若两人，她觉得自己的生活比先前更加充满生机与活力。

> **建议**：在这一阶段，引导想象技术可能对来访者会有所帮助，你可以这样引导："想象治疗已结束六个月，你对结束治疗会有怎样的感受，如果你有遗憾，那会是什么事情让你感觉遗憾？你是否还有一些话没说，一些事情没做或者一些情感没有表达？"

在这一阶段，如果来访者仍有问题尚未得到解决也属正常。Melnick 和 Roos（2007）对格式塔强调弥合未完成事件的观点提出了质疑，他们建议来访者一方面可以将能量从所丧失的人那里撤回，同时还可以在内心与之保持连接，两者有机地结合。提出了"放手且维系"（p. 102），认为建立与所丧失的重要他人的内在依恋，很有利于来访者的学习与成长。

对未来的计划

在治疗结束之际，除了回顾整个治疗历程之外，还需要确定来访者未来可能会遇到的问题。比如，来访者预期自己在接下来的几个月内会遇到怎样的问题或境遇，她会如何应对未来的危机和困境，尤其是遭遇当初促使她寻求治疗的问题。你们的治疗关系，应能被内化为一种支持性资源。治疗师的言谈举止，关怀与支持都应成为来访者内心的力量源泉。现在，治疗即将结束，来访者的生活中还有哪些其他的支持性资源可以调用呢？她能开拓怎样的社会关系、参与哪些社会活动呢？

> **案例**
>
> 治疗师要求 B'Elanna 思考自己将如何面对未来的生活，B'Elanna 对此建议非常重视。她仔细考虑了未来可能不得不面临的挑战，以及她将如何应对。治疗师对她的回答加以赞许，因为在过去，她明显缺乏规划自己生活或确保自己安全的愿望和能力。当治疗师与她分享这一点

> 时，她更加意识到自己今后会拥有美好的未来。当把这种深层次的安全感与她颠沛流离的童年经历联系在一起时，他们都深有感触——既为她曾遭受的苦难感到难过，又为她能够依靠自我支持来规划未来生活感到欣慰。

当然，若是对未来的预判过于乐观了，恐怕也不切实际（好高骛远）。来访者即将独自踏上旅途，未来道路上将遭遇怎样的焦虑或兴奋，一切都还是未知。

道别

如何道别应由治疗师和来访者共同完成。你们可以就此主题展开具有意义的讨论。有时，来访者会设想一个别出心裁的告别仪式，比如送给治疗师一些小礼物或象征性的纪念品。

> **案例**
>
> B'Elanna 并不打算举行特别的告别仪式。她说，对她而言，最重要的是能够保持这段治疗关系直到告别之时。她预期自己会在最后结束时失声痛哭，实际上，她在最后一次治疗中确实哭了，但也与治疗师一起放声大笑——回忆他们一起度过的时光，并庆祝一起走过的治疗旅程。当 B'Elanna 注视着治疗师说出再见二字时，禁不住热泪盈眶。治疗师也被这一幕深深打动，同时也表露了自己的离别之情。当 B'Elanna 走出治疗室，渐行渐远时，她又突然回头，凝神伫立，看着治疗师，彼此真挚地相视而笑。然后 B'Elanna 转身离去，治疗师也随即关上了门。治疗师意识到自己可能再也不会见到她了，禁不住感慨万分，体会到要放下一段深厚的关系是多么地艰难！

第十六章 治疗旅程的终结

撤回能量

最后一项任务是从治疗关系中撤离能量,以便进入背景或体验循环中"充实的休憩"阶段,从而为重新投入新的关系做好准备。这项任务需要治疗师与来访者各自在治疗结束后的数日或数周内独立完成。

警告:对丧失的处理常被称为"哀伤辅导",它的工作重点是对丧失进行必要的哀伤,来访者和治疗师都应接受和欣赏治疗的终结,哀伤的过程也充满艰辛,会让你们筋疲力尽,你与来访者都需要确保自己在这期间能获得良好的支持。

治疗师的丧失

我们一直聚焦在如何帮助来访者识别他们的终结模式。但不可避免的,治疗师也会有自己的终结模式。作为治疗师,也会因自身的依恋和丧失问题而产生情绪;也会因生死离别而激发反应。为了保护来访者和自我保护,以及下列两个主要原因,治疗师了解自己的终结反应至关重要。

◆ 我们需要确保自己的终结调整接触模式不会影响来访者完成她所需要完成的任务。我们必须做到既不对终结过程掉以轻心,也不拒绝适时地放手。

◆ 成功的治疗师的职业生涯中必然有许多成功而令人满意的关系终结。但更重要的是,我们应知道如何用更明智有效的方式处理终结,以避免将自己的能量滞留在过去的回避模式中。

本章的案例连续呈现了治疗师如何处理终结的完整过程。治疗师也经历着同样的历程,在每个阶段或任务中,治疗师都要面对失去这段治疗关系给自己带来的意义和影响。

为了确保你的终结能够尽可能的干净利落,我们建议你多做一些探索自己终结模式的练习。

> **建议：** 你是否记得第一天上小学的情境？你还记得去学校之前是怎样的心情？你做好准备了吗？人们通常发现，初次上学与家庭的分离经历体现出个体对未来生活变化与调整的应对模式（如果你无法回忆起这次经历，你可以回忆第一天上初中或第一次接受心理治疗或第一次来治疗中心的情境。）。
>
> 这次经历是如何影响你对终结和开始的看法的，它是如何影响你作为治疗师的工作的？从那时起，你学到了什么——理论和个人经历中——帮助你更好地应对终结？

推荐书目

Vazquez Band in, C. (2011) 'The process of grief according to Gestalt therapy'. *Gestalt Review*, 16 (2) : 126-44.

Houston, G. (2003) *Brief Gestalt Therapy*. London: Sage.

Mackewn, J. (1997) *Developing Gestalt Counselling*. London: Sage.

Melnick, J. and Roos, S. (2007) 'The myth of closu re', *Gestalt Review*, 11 (2): 90-107.

Philippson, P (2009) *The Emergent Self. An Existential·Gestalt Approach*. London: Karnac.

Roos, S. (2001) 'Chronic sorrow and the Gestalt construct of closure', *Gestalt Review*, 5 (4) : 289-310.

Sabar, S. (2000) 'Bereavement, grief and mourning: a Gestalt perspective', *Gestalt Review*, 4 (2) : 152-68.

Worden, J. W. (2009) *Grief Counseling and Grief Therapy: A Handbook for the Mental Health Practitioner*, 4th edn. New York: Springer Publications.

第二部分
应对挑战

PART TWO

MANAGING CHALLENGING ENCOUNTERS

第十七章　风险评估与应对
第十八章　发展优势资源
第十九章　抑郁与焦虑
第二十章　创伤（上）：评估与稳定
第二十一章　创伤（下）：加工与整合

第十七章　风险评估与应对

在治疗过程中，来访者经常会谈及生死问题，有时会出现严重的行为问题或危险举动。对治疗师来说，判定这类行为无疑是一项挑战，需要治疗师具有风险评估的能力。来访者可能出现精神病症状或自残行为，或趋于解离或退行状态，或处于创伤或抑郁焦虑状态。这些遭受严重痛苦的来访者，不仅自身丧失基本的社会功能，而且还给他人带来困扰。他们常常通过破坏治疗设置、突破治疗界限来激起治疗师的挫败感和无助感。因此，治疗师需要突破格式塔治疗技术，用特定方式来帮助他们，应制定更具操作性的干预方案，对来访者的风险因素进行评估（也包括评估治疗师是否安全）。

鉴于篇幅，本章节将着重讨论风险评估与应对的主要步骤，即在什么情况下需采取哪些干预措施。在下一章节中，我们会进一步讨论如何帮助来访者寻找自身"资源"——包括建立社会支持系统和发挥现有优势。寻找自身资源几乎对所有的来访者都有帮助，尤其是对那些心理非常脆弱的来访者，效果更为显著。在后面的若干章节中，我们会逐一讨论抑郁、焦虑和创伤三类常见问题的风险处理。

对于存在风险的来访者，格式塔治疗师应广泛了解其他专业知识，查阅相关文献或向督导师求助，必要时还要考虑转介精神科。本书的推荐书目列出了各种与格式塔流派相关的有价值的文献供治疗师参考。此外，治疗师应熟知精神科的诊断标准，例如DSM-5（目前使用范围最为广泛但也是最具争议的诊断标准系统）或者ICD10（第十一版即将发行）。只有熟悉了格式塔领域内外的相关文献与知识，格式塔治疗师才能与其他专业人士进行沟通和合作。

需要说明，针对"高风险"来访者采取更具策略性和指导性的工作原则，看似与格式塔"此时此地"和"尊重自然发展"的原则相违背，但这两者实际上并不矛盾。正如Yontef和Philippson（2008:271）所说：在治疗过程中，成长是水到渠成的结果，它可能是伴随着关注、亲密关系等因素自发产生，也可能是系统指导和行为矫正的结果。在后种情况下，成长建立在自我认知和自我接纳的基础之上。在很多临床工作中，治疗师花费大量精力去培育来访者的心理应对技巧以遏制破坏性行为……学习的成果都是需要来访者与治疗师齐心协力的合作才能获得的。

必要的注意事项

在第五章中，我们曾讨论过在初始访谈时进行风险评估。本章则进一步探讨当治疗师在考量是否接手"高风险"来访者的时候（或是治疗中的来访者出现了危机时），需要考虑哪些因素。为便于理解，我们列出了风险管理的六大操作步骤。

1. **评估现状**；
2. **收集资料**；
3. **评估风险**；
4. **采取行动**；
5. **制订计划**；

6. **监察**过程。

评估现状

尽管带着对来访者不离不弃的美好愿望，然而，不少格式塔治疗师还是会忽视风险评估的重要性，以至对收集评估所需要的关键信息掉以轻心，这一现象十分令人担忧。有些来访者会在初始访谈时呈现出多种问题，治疗师需要根据其可能存在的风险因素决定是否需要立刻采取行动。治疗的首要任务就是评估来访者是否处于危机状态：

◆ 来访者是否正面临可能失去工作/关系/住所/孩子/金钱/自由的潜在危机。
◆ 来访者是否处于崩溃边缘？是否可能失去基本社会功能？
◆ 来访者是否存在自杀或自残行为？
◆ 来访者是否存在任何暴力行为倾向？
◆ 来访者是否正饱受病痛折磨却仍未就医？情绪问题或心理疾病是否引发了躯体症状（如甲状腺功能紊乱）？
◆ 来访者的状况是否因物质滥用或急性精神障碍所致？

上述问题中，只要存在一项，治疗师就首先要采取行动以防止来访者的状况进一步恶化或避免来访者丧失社会功能。接着，应仔细思考如何系统而具体地解决问题。这包括与来访者共同探讨风险管理（有时这样的讨论是必需的）、提供建议、心理教育，联系全科医生或社区心理健康服务机构，应最大限度地利用一切有助于改善状况的社会资源。

此外，即使来访者目前暂无生命危险，治疗师在决定是否以及如何开展干预之前都需要优先考虑下列问题。

◆ 来访者是否存在需要优先处理的现实问题？来访者呈现的任何问题都源于个体经历和当前场条件下的生物、认知、情感和躯体因素的综合的格式塔。例如，如果来访者工作环境或人际关系压力过大（比如，与重病的伴侣生活在一起），在确定"心理"治疗计划之前可能需要寻求一些现实问题方面的援助。

◆ 是否适合治疗这样的来访者？你是否接受过足够的相关知识的督导？此类来访者是否符合你的治疗风格？你的工作地点是否合适？比如，对于问题较严重的来访者，诊所地点不太适合设在家中。选择第三方机构或者医疗中心接诊来访者，可能更安全、更自在。

◆ 同样，来访者可能不愿意接受你的治疗，或者难以与你建立关系，治疗师需要直面自己的真实感受，切勿将自己想象成无所不能的"救世主"——能够或必须拯救每一位来访者。

◆ 来访者呈现的问题对你意味着什么？在许多情景中，及时寻求督导比贸然决定接诊更为有利。任何情况下，我们都建议你寻求督导，设定定期评估的协定。比如，每四次访谈与督导回顾一次。这样，根据督导评估你就可以决定是否需要将来访者转介。同样，这也有助于你判断：来访者是否存在符合精神障碍诊断标准的严重问题，抑或只是其他种种原因让你感觉来访者的问题"比较棘手"。

收集资料

对来访者的问题进行初步评估后，你就需要探讨具体问题的细节和原因。治疗师可以根据专业，从理论出发，设计出你需要收集信息的方向和细节。明确你下一步治疗中需要讨论的问题清单，让治疗更具有结构性。这样有助于你掌握评估的节奏和理清思路，尤其是在评估高风险的来访者时，治疗师应从专业的思路出发，避免情绪和思维上的扰动。

良好的评估同样也包括探寻问题的起源与意义。我们认为，深入了解当前问题的来龙去脉是澄清问题的必要途径。

下列问题稍做调整便可用于澄清所关注的问题：

◆ 第一次出现这样的问题是在什么时候？（例如：自杀想法、自我伤害、物质滥用、贪食或厌食，担心发疯等。）

◆ 当时你的生活中还发生了什么其他事情？

◆ 当时你的家人、朋友对你的问题有什么反应？（或想象他们可能会有什么反应？）

◆ 这个问题经常出现吗？为什么？

◆ 这个问题在什么时候最糟糕？

◆ 你是否为这个问题请求过或得到过任何帮助？

◆ 这个问题最近一次出现是在什么时候？或最严重的情况是在什么时候？

◆ 你是如何应对这个问题或者如何努力帮助自己的？

◆ 是什么让你决定现在来寻找帮助？

显然，治疗师无须按这一清单逐个询问！一般来说，如果来访者的自我支持足够完善，他通常在一次会谈中就能轻松自如地回答完这些问题。反之，治疗师可能需要若干次的访谈才能收集完这些信息。需要注意的是，这些问题势必会触动来访者敏感和脆弱的部分。有些治疗师就会在提问的时候畏首畏尾，担心触碰来访者的痛处——比如自杀意念、幻觉或虐待经历。然而，许多来访者会感觉到与一个勇于询问（和倾听）其痛苦的人分享自己的经历本身就让人有所释怀。事实上，治疗师带着尊重、开放和接纳的态度去倾听，本身就能促使来访者学习用同样的方式对待自己。

评估风险

一旦锁定了具体的风险目标，你便可以查阅这一领域的专业文献，与督导师讨论具体情况。查阅文献和寻求督导不仅可以让治疗师少走弯路，还可以为自己提供良好的支持。比如关于各类心理障碍的风险的描述性或预测性资料，自杀想法在什么情况下最可能付诸行动，或各种药物的特定疗效和副作用等，这些参考资料都是非常有用的。

评估严重性

即确定来访者目前的风险在日常社会功能连续谱上的等级位置：

轻度————————中度————————重度

轻度：是指来访者目前的症状确实引起了主观不适，但是尚未显著影响其日常生活（例如：来访者会觉得做事的时候有一点吃力）。

中度：是指来访者的症状造成了其社会功能部分丧失，或间断性地妨碍来访者的日常生活。

严重：是指来访者的症状已经对其生活造成持续而严重的干扰，使来访者丧失了大部分的日常生活功能。或者意味着来访者随时可能出现伤害自己或他人的行为。

连续谱较严重的一端，意味着来访者难以有效地应对目前的困境，同时也提醒治疗师，在经历与这样的来访者艰难的治疗会谈之后，需要更多考虑自我照料和自我保护。此外，你还需要考虑来访者的症状持续的时间，来访者的问题是最近刚出现的还是由来已久的。

评估严重性还有助于你决定：

◆ 多大程度上对来访者采取行为或干预策略？（比如，继续咨询或转介专科医生、建议来访者休息一段时间、教导缓解焦虑的技巧等。）

◆ 多大程度上采用稳定情绪、提供接纳和建立安全感等措施？（例如：对于处于崩溃或极度痛苦的来访者。）

◆ 为避免来访者的症状进一步恶化，你需要承担多大的责任与风险？（例如：是否需要坚持精神医学治疗，或是否需制订风险管理计划。）

第十七章 风险评估与应对

有自杀风险的来访者

任何有自杀风险的来访者，即便你怀疑来访者的行为是出于某种目的（不是真的想要自杀），你都需谨慎对待，因为治疗师的不作为可能导致来访者的自杀风险升级。大部分人选择自杀并非出于深思熟虑（身患绝症的患者可能例外），自杀决定源于混乱或冲突的精神状态。某些时候，自杀是一种特定的表达方式（多数是为了表达愤怒——有时也针对自己），往往源于当事人无法向他人直接表达情绪，从而内转成为自杀冲动。有时，自杀是当事人期望消灭自身困扰，以"拯救"自己的唯一方法。这些对自杀动机的解读有时可以帮助来访者看到自己强烈的求生欲望（被听到或看到），而非真正的自杀意念。

人们普遍认为询问自杀意图很可能加速自杀行为，其实这种观点缺乏科学根据。事实上，像其他话题一样，采用开放而不加评价的方式讨论自杀，可以给来访者带来宽慰与支持。因此，向来访者提及自杀意图的时候，你不应表现出紧张、焦虑或责备的姿态。你首先需要决定是否应该立刻采取紧急措施以防意外，在计划干预策略之前对风险等级做一个详细的评估。如有必要，我们还需要返回到"资料收集"阶段，除本章"资料收集"阶段罗列的问题之外，下列问题也有助于你作出更明确的决定：

◆ 来访者是否曾试图伤害过自己？如果有，是在什么时候？当时发生了什么？

◆ 有什么扳机事件（如失恋）导致来访者采取这种自我伤害的行为？（目前是否存在自伤行为？未来还可能会发生吗？）你可以询问："如果再发生类似事件（如失恋），你打算怎么办？"

◆ 之前，是什么让来访者放弃自杀行为？是否由于他人的介入？如是，当时他人是如何制止的？

◆ 来访者是否有具体的自杀实施计划？是否已确定具体的自杀方式？

◆ 如果来访者自杀成功，谁将受到影响（如何影响）？在他们的社会关系中，他们认为谁会最难过？

切记，来访者的自杀意图和行为往往投射出家庭和社会系统的问题。

因此，尽管讨论这些问题让人有些不舒服，但你仍有必要追根溯源。例如"你是否考虑过如何自杀？你打算服用多少剂量的药物？你从哪儿能获得这些药物？你将在何时何地服用这些药物？"来访者如果有具体而详尽的自杀计划往往比模糊的自杀意图更令人担忧，具体的自杀计划表明来访者存在严重的自杀风险。

采取行动

转介

评估过程中，你都应考虑是否需要将来访者转介（或将转介作为备选），我们建议你求助督导后再决定是否转介。我们在第一章曾介绍过如何与其他机构或其他治疗师进行转介。需要注意的是，无论治疗师多么谨慎地处理转介，来访者都不可避免地会体验到被评判与拒绝的感受。因此，治疗师在转介过程中要充分表达对来访者的尊重和理解。因为来访者已身处困境，仍冒着风险与你分享自己的脆弱，你可以向来访者解释：你很想尽全力为来访者提供帮助，而你发现擅长这一领域的其他人更适合帮助他，并不是因为他的问题有多严重。

处理自杀危机

在紧急情况下，你可能需要联系家属、全科医生或社区心理服务机构。对于相对紧急和危险的情况，治疗师可以增加会谈频率，或需要来访者与你保持电话联系以便提供紧急支持。有些治疗师会和来访者签订"防止自杀"协议，这一做法在格式塔领域中颇受争议，但它确实有一定效果（推荐文献中 Mothersole，2006 年的著作中有深入的阐述）。"防止自杀"

协议要求来访者承诺在下一次咨询之前不做任何伤害自己的行为，甚至在极端的案例中，来访者在自伤行为之前电话联系治疗师（注意，在协议中强调"通话"，而不仅仅是拨打电话！——万一你因故未接到电话，来访者不能算履行了协议）。在协议中，治疗师也可以提供来访者一旦出现自杀意念便可以紧急求助的联系电话，或确认来访者在紧急情况下有能耐心解答、认真倾听并善解人意的朋友或家人。签订协议是为了确保来访者不会冲动地采取自杀行为。此外，协议也能让来访者感觉被包容和抱持——表明你对他生命的尊重，而不是对来访者意愿的干涉或限制。

即使你个人认为来访者拥有选择自身生死的权利，但作为一名格式塔治疗师，你仍有拯救生命的责任与义务（详见第二十四章中伦理的部分）。这意味着，为了处理自杀危机可能需要你临时改变原有的治疗方式。此时，创造支持与抱持的环境，严格遵守治疗协议都是必不可少的。除非你确信来访者有能力处理自杀危机，我们不建议你对此类来访者采用宣泄、空椅子或面质等技术。有时我们竭尽全力，但来访者可能最终还是选择了自杀。这对治疗师会造成极大的打击。此时，你更需要寻求支持，不应过分自责并提醒自己不能也不必控制来访者的决定。

将来访者带回现实

在危机干预中，来访者可能会出现退行、解离或者其他脱离现实的行为。因此，每一次治疗结束前，治疗师都需要帮助这样的来访者重获现实感（即回到此时此地），以便他在咨询结束后能凭借自己的力量应对现实生活（例如，开车回家）。

在每次治疗结束前，治疗师都要预留10～15分钟用于帮助来访者恢复现实感。治疗师通常只要说："本次治疗即将结束，现在我们花一些时间回到当下，来回顾一下这次治疗的内容。"然而，你可能还需要下列对话或其中的一部分干预（无须完全按其顺序进行）。

- 确保来访者的接触功能良好:"你在这个房间里看到了什么?什么形状与颜色?有没有听到钟声、鸟鸣和汽车鸣笛声?仔细听一会儿——你能区分出多少种不同的声音?"
- 简单询问一些此时此地的问题:"你现在感觉怎么样?这个房间里有没有什么东西比较吸引你的注意力?你能注意到我吗?"
- 以从容坚定的语气与来访者对话。
- 恢复对身体的觉察力:"现在请你把注意力放在身体感觉上,感受整个身体的感觉,注意你的呼吸,感受你坐在椅子上的重量、脚踏地板的重量,以及整个身体的紧张或放松。"
- 温和而坚定地要求来访者回到现实中。例如,对于出现闪回的来访者,可以这样要求他:"这是你的一段记忆,现在我要求你把它放在一边,和我一起回到这个房间。现在请注意听我说话。"
- 提醒来访者她正身处何地:"现在,你和我一起在咨询室里。"
- 以坚定的语气提醒来访者:"好,现在请你把这个问题放在一边,以后我们再继续。你必须现在停下,回到咨询室来,请把注意力集中在我身上。"
- 询问来访者治疗结束后的打算,以刺激她对之后的想法和期待:"今天治疗结束之后你打算做些什么?下午或者晚上有什么安排吗?"
- 如果必要或条件允许,邀请来访者活动身体,比如建议来访者站起来,在房间里和你一起来回走动,给来访者喝杯水,或者喝杯茶(至少在英国是这样!)。
- 你也可以和来访者一起捏捏抱枕或抛抛纸团以激活身体感觉。
- 最后,和来访者一起简要回顾刚才发生的事情。你可以先谈谈对刚才时段的感受,然后再请来访者叙述他的感受。文字和描述能让来访者远离体验。在治疗结束前,治疗师要确保来访者已恢复良好的自我支持。比如，询问来访者打算怎么回家，如何照顾自己，在紧急情况下如何联系你（所有这些都要求具有"成人的"觉察与计划能力）。

制订计划

在决定与来访者签订治疗协议之际，你必须慎重考虑风险问题、来访者的特定需要以及你自身的专业能力与资质。必要时你需要与督导师讨论这个个案是否对你合适。你还将思考这个来访者的需要，并决定哪个议题需要首先解决或留待最后解决。最后，你还需要决定你预先考虑的格式塔治疗关系是否需要调整。针对高风险的来访者，治疗师需要根据其风险等级小心谨慎、循序渐进地为其提供对话式关系，因为治疗师的过度热心很可能给脆弱的来访者造成更大的压力。因此，我们建议你回顾第六章治疗的注意事项，以便你为来访者制定最佳（有针对性的）治疗方案。

对慢性严重心理问题的来访者治疗往往进展缓慢，治疗师需要有长期"作战"的准备。对于长程治疗，来访者就可能会出现对治疗师过分依赖，这对治疗师非常具有挑战性。从另一个角度来说，这也会是治疗师不断学习与自我探索的心路历程。你将从最棘手的来访者身上学到最多（他们往往教会我们识别自身的盲点和阴暗面）。

监察过程

治疗师在把握治疗方向的同时，也要不断监察治疗过程。在长程治疗中，治疗师需要经常回顾治疗危机的演变过程：来访者曾用什么样的方式来应对危机，哪些方式是有效的，哪些方式是失败的，来访者从中学到了什么？

治疗师需要对来访者症状突发恶化的迹象保持警觉，恶化既可能是对其生活状态的反应，也可能是由治疗的挑战所激发。来访者面临困境时是否频繁出现自残念头、酗酒、缺席、停药、失眠或者饮食障碍，是否变得更孤僻、更迟钝？如果有上述行为，治疗师就需要重新评估风险，临时暂停原治疗计划，优先处理新近浮现的危机。与来访者讨论你的担忧，努力将风险降到最低。你也可以根据出现的危机调整治疗方向，与来访者讨论新的治疗方案。让来访者参与制订治疗计划既能监察治疗过程，又能鼓励来访者运用自我的力量去解决困难。

治疗师的自我保护

在第七章中，我们向治疗师提供了多种自我支持的方式。你可以在本书第七章找到建议清单，我们建议你经常对照清单核查自己能否保持良好的自我照料。这一点在处理精神障碍的来访者时尤为重要，你需对他们的精神状态予以特定的关注，第一点（也是最简单的一点），治疗师需要谨记治疗是一个自然而缓慢的过程，你需要不断核对最初预期的计划进度。有时治疗师可将一些治疗步骤适当地告诉来访者。

第二点，治疗工作可能会引发治疗师的替代性创伤、职业倦怠、继发性应激障碍和情感耗竭。研究显示，大概有 50% 的创伤临床工作者自身也会体验到悲伤甚至极度悲伤，并且这种哀伤情绪可能会持续很长时间。如果治疗师也曾有类似的童年经历，或是近期有过创伤，那么上述的反应更是难以避免。

治疗师对来访者的接纳、理解与共情可以为来访者提供促进康复的治疗情景，但同时也极易引发治疗师的替代性创伤。如果治疗师在与来访者的交往中感到索然无趣和麻木不仁，精力和效率都逐步下降，这便是职业倦怠的前奏。如果治疗师过度卷入来访者的不良情绪中，再次经历曾经的受虐情景，治疗师的反移情会十分强烈。治疗师的自我支持也应是治疗的一部分。治疗师可以在必要的时候让来访者暂停，让自己有更多的时间去处理来访者陈述的内容。这样的做法对来访者也是一种示范，让他意识到自己是有能力（也有权力）控制自己的情绪的。

> **建议**：回顾你接诊过的最难的一个案例，回忆当时每一次治疗结束后，你如何感到情感耗竭、精疲力尽，不想与人交流，甚至感到身体不适，或者任何其他异样的感觉？当你倾听来访者讲述他们的故事时，你是否经常不自觉地隔离故事带来的痛苦感受。

这些感受是否让你感到自责或内疚，甚至开始怀疑自己的能力，觉得无法向同事或督导师讲述自己的感受。应该知道，一位尽责、敏感并能够共情的临床工作者，常常会有类似的感受，这是很自然的现象，只是，遇到这种情况，治疗师更需要加强自我支持。

推荐书目

Howdin, J. and Reaves, A. (2009) 'Working with suicide', *British Gestalt Journal*, 18 (1) : 10-17.

Kearns, A. (2005) *The Seven Deadly Sins?* London: Karnac.

Stratford, C. D. and Brallier, L. W. (1979) 'Gestalt therapy with profoundly disturbed persons', *Gestalt Journal*, 2 (1) : 90-104.

第十八章　发展优势资源

在传统的格式塔治疗中，治疗师较少刻意地拓展来访者的积极资源或加强心理复原力以达到治疗性改变。但是，近几年大量的心理治疗疗效研究表明：乐观、希望、心理复原力等因素对抑郁、焦虑和创伤的康复起到了非常重要的作用（Fredrickson 等，2003；Luthar, 2006; Rachid, Seligman, 2013）。因此，发展来访者的优势资源已经成为现代格式塔治疗中不可或缺的一部分。

从治疗的角度而言，所有求助心理治疗的来访者都是缺乏支持的。这可能体现在来访者目前的场条件、人际关系以及在需要支持时的求助能力上；同时，支持的匮乏还可能表现为来访者难以调节自身的情绪、认知和身体状态。

而从另一角度讲，来访者从其艰难的处境中"活"了下来，这就意味着他在某种程度上找到了足够的资源用以应对其情景和症状，尽管这种资源利用所带来的是某些不良作用（比如麻木不仁、药物滥用、社会隔离等）。有些紊乱的来访者甚至会饮鸩止渴，比如处处树敌、情感退缩或者精神解离等。

来访者也会启用很多健康的资源：毫不气馁，顽强应对，保持社交或维护友情，通过帮助他人来获得缓解。治疗师很少探询来访者这些具有正向作用的健康资源，也很少关注来访者的这些活动、资源和关系是如何被扩展和加强的。

在第七章中，我们讲述了帮助来访者加强自我支持和环境支持的一般技巧。本章会进一步讨论如何建立来访者具有弹性的自我加工（self-process）能力，以及具有弹性的人际关系。我们认为这些资源是有效处理抑郁、焦虑和创伤的先决条件（这三类常见问题的具体阐述请见下面几个章节）。

资源策略

我们已经确定了以下六大最重要的资源：

1. 重塑希望；

2. 加强关系支持；

3. 发展：

   i. 躯体资源；

   ii. 想象资源；

   iii. 目前的场资源；

   iv. "被遗忘"的资源；

4. 鼓励"正念"态度；

5. 发展自我关爱和自我宽恕；

6. 重构积极体验。

我们意识到要获取所有上述资源绝非易事，事实上，整个治疗历程中，不同阶段的来访者可能只涉及其中一部分的资源。因此，我们建议在评估和诊断阶段就开始识别来访者缺少哪些资源，或需要发展哪些资源。你要设想，哪些资源能切实有效地帮助来访者应对其当下困境？或者当你过去处于危机时刻时，哪些资源曾经有助于你？比如说，治疗师需要思考：来访者是否已经失去了对生活的希望？或变得离群索居？在目前的处境中，他们是否自责不已，拒绝任何自我宽恕？是否无法调节自己的痛苦情绪，只感到不堪重负或动弹不得？他们是否对自身的优点和积极品质都熟视无睹？

在来访者即将投入复杂的治疗工作之时，我们需要着手关注上述领域。事实上当来访者拥有了足够的资源之后，他们通常就能够自发地找到有效解决目前问题的方法。

整个治疗进程中，你随时需要回顾这些内容，连续评估来访者应对困难时可能还需要发展哪些资源。

重塑希望

许多前来求助治疗的来访者往往对改善或康复感到希望渺茫。因此，从治疗开始阶段，治疗师对治疗的结果保持积极乐观的态度将对治疗大有裨益。你的自信以及你如何承受来访者的无助和绝望感，对来访者持续关注、专心治疗以及对话式态度等，都将向来访者传递积极乐观的治疗信念。有时来访者需要治疗师更多的言语保证，你可能需要这样告知来访者：

"格式塔治疗通常对焦虑和创伤具有良好的治疗效果。"

"我相信在我们共同的努力下，一定能够找到解决办法的。"

"我相信我能给你帮助。"（当然，这必须实事求是！）

Melnick和Nevis（2005:11）还描述了鼓励的重要性，"乐观，作为一种过程……是应对未知的良方"，强调帮助来访者发展面对未知的乐观态度。

当然，在重塑希望的过程中，治疗师要避免泛泛谈论诸如"看看事情好的方面"这一类话。我们最好将重塑希望置于心理健康教育的框架内进行。例如：

"当人们承受巨大痛苦的时候往往会忽略自己的力量。因此，我要做的一件事就是帮助你恢复信心，意识到自己已经做得好的地方。这并不代表我忽视你的痛苦——恰恰相反，我非常重视你的问题，但帮你找到力量将有助于你更快地恢复。"

重塑希望的另一种有效方法是重构症状。因为许多来访者并没有意识到，他们的症状通常是未完成事件导致的结果或是对目前困境的一种自然反应，他们通常将症状本身视为一个急待解决的问题，而不是在某种"状态"下的特定反应。因此，治疗师有必要帮助来访者重新诠释症状的意义——这或许代表了自我未整合的部分的呐喊；又或者，这可能是对一系列特定情形的反应。

"我想知道你的焦虑是否反映出你目前的生活方式？"

"有没有这样的可能：当你面对困境不知所措时，你就可能会用抑郁来表达？"

"我想，一旦你遇到困难，你就会对人过度警觉、产生恐惧感，这也许是你童年应对刺激的最佳方式。因此，对危险保持警觉是你一贯的适应方式。"

这种方式不仅有助于激发来访者对症状的好奇和反思，还有助于理解和应对那些看似随机的症状。

由此可见，帮助来访者关注自身固有的资源和特质十分重要，你可以经常询问来访者："在艰难的时期，还有什么因素可以帮助你？"

加强关系支持

许多来访者在求诊之际几乎丧失了基本的人际交往能力，他们不再与朋友见面，与人疏离，无法从交往中获得价值。如果来访者的主要问题与受虐，或是丧亲、失业及丧失社会地位（引发羞愧感）相关，上述情况就会尤其明显。因此，治疗任务就是帮助来访者突破自我的重围，重新建立社会交往。而良好的咨访关系则是重建人际关系的关键一步，可作为重新与他人建立联系并体验人际支持的跳板。因此，为了创建良好的治疗关系，治疗师需要提供稳定的治疗设置，定期与来访者会谈，一起探讨遇到的任何困难，以及难以处理的情绪和信念。

如果你在治疗关系中尝试这种开放与支持的交往方式，你可能会发现你常常体验到各种痛苦情绪，比如、害怕、生气、绝望、烦躁或者想要拯救来访者的强烈冲动。治疗师自身需要承受和处理这些情绪，这一过程也为来访者学习如何应对消极情绪树立了榜样。通过帮助自己，你也帮助来访者调节情感与躯体感受。

发展资源

如果来访者处于极度焦虑或警觉状态，治疗是无法进行的。遇到这种情况，治疗的首要任务是降低来访者的痛苦程度，直到来访者情绪稳定并能建设性地解决问题。治疗的目标并不仅仅停留在躲避症状或"忍受"症状，而是要创建所谓"安全的应激"[Perls等人，1989（1951）]或达到"情感容忍阈限"（Ogden，2009）的上限。在第二十章中我们还会再次讨论到这一主题，这里，我们将概述下列普遍适用的拓展资源的技巧/干预措施。

当来访者在描述事件的过程中出现了极度悲伤或严重的躯体反应时，治疗师需要采取措施让来访者回到此时此地，以便来访者有效地控制其情绪或症状，之后，你便可以运用下列一种或多种稳定资源。

我们将这些稳定资源分为四大类型：躯体资源、想象资源、场资源以及"被遗忘"的资源。

第十八章　发展优势资源

躯体资源

躯体资源的利用，帮助来访者建立与具身觉察（embodied awareness）、躯体感受和身体姿势的连接，继而获得踏实感和稳定感。来访者也能尝试着通过感受躯体的方式，获取能量与支持。

- ◆鼓励来访者以缓慢、均匀、正念的方式呼吸；
- ◆要求来访者有意识地练习看、听、感觉，以提升觉察力；
- ◆发展接地的感觉：让来访者坐在椅子上，体会身体与椅子的接触以及双脚着地的感觉；
- ◆找到一种让自己感觉泰然自若的坐姿或站姿；
- ◆将一只手放在胸口，专心致志地感受自己的情绪（建议来访者将这些感受吸入胸腔，往往能取得惊人的效果）。

放松技术不仅可以在会谈中使用，也适用于来访者居家练习或在压力情境中练习。治疗师需要提醒来访者，放松技术及其他技术一样都需要时间反复练习。

比如，你可以这样指导来访者：

- ◆闭上眼睛，开始注意你的身体及其感受。此刻，将注意力放在你的呼吸上，留意你胸腔的起伏。注意每一次呼和吸……让呼吸顺畅自然……按呼吸自身的节奏……现在尽量让它变得越来越缓慢、越来越平静。
- ◆仅仅只关注呼吸的节奏，不加以评价和干涉。感受呼吸的感觉——不做任何努力——只是纯粹地停留在此时此地。
- ◆呼气的时候，告诉自己："我正在冷静下来。""我正在放松下来。"（让来访者持续练习几分钟）。
- ◆现在把你的注意力转移到你的脚底，试着绷紧脚底的肌肉，保持一会儿，然后慢慢放松。吸气的时候肌肉绷紧，呼气的时候肌肉彻底放松。仔细体会双脚着地的感受。

◆ 现在把你的注意力转移到你的小腿，试着慢慢绷紧小腿的肌肉，然后放松……然后是你的膝盖、臀部。（按照这个顺序依次缓慢进行，直到全身的肌肉都感到了放松，不断重复练习，寻找到适合来访者放松的速度、强度和指导语。观察来访者是否趋于宁静或不安。）

◆ 当察觉自己的注意力转向思考或判断时，把注意力再次带回到呼吸上。不要担心这样反复折回的次数。这正是学习如何与自己相处的练习，停留在此时此刻，对自己不作任何评判。

◆ 现在关注你的身体，以及你对身体的感受。

◆ 现在回到这个房间，回到我们的谈话中，你与自己身体的连接让你产生怎样的感受？

值得注意的是，绝大多数来访者通过对身体和呼吸的关注就能达到放松和镇静。但是，一些焦虑并伴随胸腹部不适的来访者却可能发现深呼吸反而会加剧症状。对于这样的来访者，运用想象技术可能更为有效。偶尔，也有来访者对这样一直静坐着想象觉得焦虑不安。遇到这种情形，治疗师可建议来访者站起来（治疗师可与他们一起站立，但注意别靠得太近），鼓励来访者感受身体的稳定资源，如果需要，可让来访者来回走动或跑步，以感受身体的能量。

这些练习能够使来访者重新开始关注自己的身体，发掘身体内在的支持、宁静、安全与稳定，缓解过度承载的痛苦和羞愧。也应鼓励来访者在日常生活中出现症状时（尤其是当来访者痛苦不堪或预期即将面临压力时）便可以进行放松练习，以帮助自己稳定情绪。如果来访者能够坚持定期练习，其体验或承受消极情绪的能力就会不断提高，情感容忍阈限的范围也会不断扩展。

有大量详细介绍放松技术以及应对压力与焦虑的书籍，我们建议你参阅本章末的推荐书目。

想象资源

想象资源是指借助想象化解难以承受的想法和情绪。

安全岛技术　许多来访者发现通过想象创造一个安全（或特别）的地方很有帮助。通过指导想象，要求来访者想象一个完全安静的、具有支持性的安全场所（最好是自己曾经真实感受或经历过的地方，有时也可以是想象性的创造）。一般来说，来访者会选择海滩、火炉边、山顶，或者记忆中令人心旷神怡的地方。然后让来访者在想象中充分体会在那儿的感受——微风拂面，阳光温度，鸟儿歌唱，花儿盛开，全身心地沐浴在安全与宁静之中。当他们处于这种想象或感觉中时，身体自然而然就放松下来。你可以建议来访者经常尝试这样的练习，直到来访者对此驾轻就熟，体验到宁静的感受。想象放松技术还有多种不同的形式（比如，可参见本章推荐书目 Perry，2008:16）。

光束　让来访者想象有一股彩色（由来访者选择让他们感觉赏心悦目或使其放松的颜色）光束照耀在他们的头顶，然后慢慢地泌入他们的身体中，为他们注入活力、健康与平静，然后光束穿越身体离开，在光束流走的同时，也将所有的压力与紧张一并带走。（指导语详见 Shapiro 2001:244）。

目前的场资源

这包括帮助来访者找到一些实用的方法，以改变其旧有习惯、日常活动的固定流程，以及改变其关爱自我的方式，正是这些旧有定式弱化了他们获得支持的能力，或降低了其应力水平。

◆建议来访者反思生活中不规律的饮食、睡眠习惯和物质滥用经历及其对情绪造成的影响；

◆建议来访者寻找有助放松的活动，比如散步、听音乐等；

- ◆ 帮助来访者找到有效的处理工作或家庭事务的方式，合理安排日常作息，等等；
- ◆ 建议来访者定期参加有氧锻炼，比如快走、跑步、舞蹈或者其他运动。大量的研究证明，运动不仅有助于身体健康，更能增进心理功能的弹性，提高心理免疫力。此外，运动还有助于缓解紧张，并释放让人"感觉良好"的内啡肽。
- ◆ 鼓励来访者与提供支持的朋友保持联系，并积极参加公众活动；
- ◆ 询问来访者："你会向谁倾诉/你可以找谁说说话？"
- ◆ 识别生活中让人感觉压抑的场环境（例如：受人欺凌、歧视或冷落等），这可能也是引发来访者当下问题的主要原因，鼓励来访者采取行动以改变这一境况。（当然，基于社会行为的治疗另有专著论述。）

重拾被遗忘的资源

"被遗忘"的资源是指来访者过去非常热衷但目前已被遗弃的一个爱好或一项活动。重拾曾经的欢乐往往效果惊人！从更深层面来说，"被遗忘"的资源也可以指来访者身上曾经拥有的处理困境的特质和能力。治疗师可通过让来访者回忆他们过去运用这些能力的经历来挖掘这些资源。例如，他们曾如何坚强地面对困难，如何帮助朋友渡过难关。随后，治疗师可采取积极的方式强化这些资源，让来访者充分回味当时的感受、情绪、身体姿势以及伴随的勇气，等等。如果来访者难以回忆是否曾拥有这类时光，你也可以询问来访者：在他需要得到帮助时可以去找谁？或者让他想象一位可以提供帮助的人。当然，在指导来访者演练之前，你最好自己先熟悉和掌握下列练习。

练习： 回忆你生活中特别艰难的时光（现在已安然度过！）。当你开始回忆这段时光时，请留意自己身体和情绪的变化，你会有怎样的感觉和想法？当你完全沉浸在这段艰难的时光中时，试着回想在整个应对困境的过程中，你有哪些积极或消极的行动？

你是否：

◆试图对事情熟视无睹，或者根本不愿意知道它会带来什么影响？
◆过度工作，让自己保持忙碌？
◆使用药物或酗酒？
◆麻木不仁或者隔离自己的感受？

现在回忆你曾经使用过的积极资源。你是否：

◆向朋友或家人寻找帮助？
◆保持积极而镇定的态度？
◆不断告诉自己"这一切终将过去"？
◆冥想，或有意识地增加自我关爱？
◆定期锻炼身体？
◆抱有宽恕和接纳自己的态度？

无论如何，现在应让自己努力去感受和体会这些积极的资源，并以此为荣。通过身体去感受这些积极资源（尽量接触这些具身感受）。切记，你之前使用过的部分积极资源，现在仍能被你体验到，并仍适用于当下的困境。

鼓励正念（mindful）的态度

有意识地关注当下，不作任何评判。（Kabat-Zinn, 2003:13）

20 世纪 50 年代，格式塔治疗师们便开始运用提高觉察力的练习，鼓励来访者觉察此时此刻的体验过程（2500年前佛教思想便开始传授此理念）。但直到最近，这一技术以"正念"为名而变得颇受欢迎。（关于觉察力，我们在第三章中有较多描述。）目前，正念被认为是一种基本的治疗性支持，适用于多种情形，尤其适合于抑郁、焦虑和创伤的治疗（例如，Williams 等，2007）。

正念意味着不加评判地觉察当下正在发生的事情，对当下的任何感受、情绪、想法或者冲动都持开放的态度。在格式塔中，我们称之为自由流动的觉察，这种自由流动的觉察随着当下体验状态的变化而变化。

正念鼓励来访者摆脱思潮涌现的干扰，既不反思过去也不忧虑未来，只是关注此时此刻的现象。

抑郁或焦虑的来访者常常对过去耿耿于怀，或对未来悲观失望，从而不断激发或加剧痛苦情绪。而引入正念性专注，不仅有助于削弱这些强迫性思维的影响，而且还有助于让来访者摆脱思虑。因此，正念可以让来访者获得对症状的掌控感。

下面的指导语可用于来访者的正念练习（你也可以亲自体验一下）。

练习：（以宁静平缓的语气）闭上眼睛，深呼吸。现在开始注意你是如何坐着的，你身体的姿势，是放松还是紧张？试着不加评判地接纳你所注意到的一切。你将如何描述你的身体感觉？

对于你所注意到的身体感觉，仅仅保持察觉即可。现在，请观察你的情绪状态，你是否感觉到某种特别的情绪——焦虑、伤心、生气还是满足？这些特别的情绪是否与你身体的某一部位有关？

现在请关注你的思维，它们是忙碌还是冷静的？是快速运转、心不在焉还是专心致志的？

> 让接受自己所有当下的感受与想法，不做任何评判，只怀着好奇关注着即可。
>
> 现在睁开眼睛，请告诉我你刚才的体验。

正如你所注意到的，这些技术与我们在第三章描述的提升觉察力的技巧十分相似。格式塔治疗中，提升觉察力通常用以帮助来访者形成更为生动而鲜明的主题（figure），以促使来访者行动。但是正念技术则更倾向于对任何浮现的主题都保持一视同仁的好奇或创造性中立的态度（这类似于现象学探索），既不沉溺于任何一闪而过的想法，也不对任何浮现的主题厚此薄彼。

在指导来访者正念练习的过程中，如发现来访者变得焦虑不安或者陷入思考时，应请来访者花点时间来核对一下这些感受，做几个深呼吸，也可以闭上眼睛，然后告诉你他们感受到了什么，那感受是"大"的还是"小"的。在他们向你报告感受的时候，如果此时你也正处于正念状态，那么，你就可以示范如何保持好奇、不评判以及开放的态度为来访者提供有效的支持。

如果来访者发现正念练习对他很有帮助，那么，你可建议他每天练习1～2次，每次几分钟（一般练习几天之后，来访者便自然会延长练习时间）。我们建议你参阅本章推荐书目中关于正念练习的指导用书（Hooker & Fodor，2008）。

我们应能区分*传授*来访者正念技术与鼓励来访者在治疗关系中与你保持正念性觉察之间的差异，在处理特别棘手的症状时，来访者与咨询师同时保持正念性觉察对调整症状特别有帮助，因为，正念有助于治疗师的自我调整，同时双方彼此相同的正念性觉察还有助于双方舒缓情绪、澄清事实。

重要警诫：严重焦虑或惊恐发作的来访者，或者存在躯体创伤、性创伤的来访者，最初可能会难以耐受由正念练习所引发的情绪及身体感受。遇到这种情况，我们建议你以倾听来访者的叙述为主，注重与来访者建立良好的治疗关系（或提高来访者自我关爱或自我宽恕的能力，详见下文）。

发展自我关爱与自我宽恕

"以前，我发现无论我多么努力地帮助来访者，总觉得有些不尽如人意。解决这种不尽如人意的关键就是帮助来访者学会滋养自己。"（Oaklander, 2006:142）

把来访者的自我关爱与自我宽恕作为一种资源是 Oaklander（Oaklander, 2006; Blom, 2006）的治疗模式的核心观点，Staemmler（2012a）则进一步描述了自我关爱与自我宽恕对来访者的裨益。研究表明，自我宽恕能提高来访者的心理复原力，缓解消极情绪对抑郁、焦虑和创伤后应激的影响作用（Neff, 2011）。

有创伤经历的来访者往往很难自我宽恕。尤其是受童年受虐经历的影响，他们通常充满自责或自罪的核心信念或内射。他们还可能羞于"自我照料"。忽略或否认自己的需求，是他们用以应对内心渴求他人关爱与宽容的最佳选择。

学会宽恕

治疗师对自我苛责的来访者表达宽容的态度会对来访者有所帮助："考虑到你目前所承受的压力，你对孩子发脾气就变得更容易理解了。"另外，这种理解和"准许"有助于来访者在今后遇到类似的情形更能原谅自己。

你也可以让来访者进行下面的练习：

> **练习**：回想曾对自己的一些极端苛责的要求。同时想象一个好友或你可爱的孩子伴在自己的身边，体会他／她给你带来的温暖感受。现在，想象一下，如果他们也像你一样苛责自己，你将会对他们说什么？请你持续关注你准备对他们说的温柔体贴的话语以及伴随的温暖爱意（至少10秒钟）。（然后，发声询问来访者，你是否也能接受对自己抱持这样的感受。）
>
> 这是培养包容与接纳的宽容品质的开始。还有许多不同的练习可用来培养自我宽容的品质，但不管哪种形式，来访者都需要反复练习才能形成新的自我接纳。因此，在治疗室完成上述练习后，一定要让来访者在日常生活中反复练习。

回归积极体验

在进化过程中，相对于积极或愉快的情景，人类更倾向于优先关注危险信息。（如果你没注意到路边的鲜美水果，那只是小有遗憾；但如果你没有注意草丛中的狮子，那你就可能命丧黄泉！）因此，我们的大脑发展出一种所谓的"负性偏好"，这就意味着相比积极体验而言，我们更倾向于关注消极体验。

进化论的观点能很好地解释为什么来访者对危险过度警觉，或对既往的痛苦经历念念不忘，反复思虑。负性偏好是人类进化过程中逐渐形成的自我保护机制，只是这一机制在当下不合时宜，需要适当平息。需要帮助来访者意识到他们的过度担忧、焦虑或抑郁绝非个人过错，而是他们的思维被牢牢地禁锢在求生模式中，对过往的危险过度警觉或念念不忘。

下面是由 Hanson 和 Mendius（2009）提出的扭转"负面偏好"的练习。治疗师可指导来访者按下列步骤进行。

> **练习：** 回忆过去或最近生活中的一次愉快体验，可以是你取得的成就，也可以是一些让你感觉开心或自豪的事情，甚至也可以简单到是朋友或陌生人的一句暖心话，抚摸着宠物，在公园散步……
>
> 第一步：有意识地关注这些积极体验；
>
> 第二步：继续关注这些积极体验。让自己沉浸其中……保持 10 秒或 20 秒。现在试着扩展这一积极体验，使这一体验扩散到各处，扩散到你的身体与情绪中——因为通常身体与情绪最容易受到伤害。让自己真实地感受这些积极体验。
>
> 第三步：像是坐在火边取暖一样，逐渐吸收着积极的体验，通过关注和感受这些不断浮现的积极体验，不断更新记忆系统。
>
> 第四步：每天进行若干次这样的练习，每次至少持续 30 秒（你可能需要鼓励来访者坚持练习）。

最新的神经科学研究表明，大脑至少需要 10～20 秒来激活积极体验或建立新的神经通路，从而使积极体验整合进入长时记忆。这意味着为对抗人类本能的负性偏好，治疗师应鼓励来访者（也包括我们自己！）持续关注并真诚欣赏自己的积极体验、情绪和记忆。

你还可以建议来访者主动地回忆曾有的积极体验，或没有抑郁或焦虑的时刻——例如，惊恐并没有按预期发作，或有一段时间好转，痛苦减轻——然后，按上述四个步骤进行练习。这有助于提醒人们，尽管生活中充满痛苦和不幸，但每一天总会有那么一段时间并没有那么糟糕，仍然可以专心致志，甚至还能感觉有所好转。这项练习有助于削弱来访者强化每天遭遇不幸的认知偏差。

"Arik，请带我慢慢地回顾你的一天。两次惊恐发作之间都发生了什么？惊恐没有发作的情况下你在干什么？是怎样感受的？缓慢地呼吸，让自己体会那段相对宁静的时刻，记住你生活中经常出现这样的时刻。"

此外，治疗师也可以让来访者关注、命名并努力吸收在治疗过程中体验到的宁静、取得的进步、支持性的关系接触等。

总结

来访者通常需要资源以应对各种形式的刺激与挑战。尤其需要确保来访者能处于其情感容忍的阈限内，并在来访者感觉不堪忍受时能返回这个阈限。随着治疗的开展，你需要和来访者一起不断回顾和反复练习那些最有助于有效利用资源的练习。（在陪伴来访者的同时，你也需要持续练习）。

推荐书目

Ben-Shahar, T, (2007) *Happier: Learn the Secrets to Daily Joy and Lasting Fulfillment.* New York: McGraw-Hill Professional.

Haidt. J, (2007) *The Happiness Hypothesis. Finding Modem Truth in Ancient Wisdom.* London: Arrow.

Hanson, R. and Mendius, R. (2009) *Buddha's Brain: The Practical Neuroscience of Happiness, Love, and Wisdom.* Oakland, CA: New Harbinger Publications.

Gilbert, P (2010) *The Compassionate Mind: Compassion focused Therapy.* London: Constable.

Hooker, K. E. and Fodor, I. E. (2008) 'Teaching mindfulness to children', *Gestalt Review*, 12 (1) : 75-91.

Melnick, J. and Nevis, S. (2005) 'The willing suspension of disbelief: optimism', *Gestalt Review*, 9 (1) : 10-26.

(Continued)

(Continued)

Parnell, L. (2008) *Tapping In-A Guide to Activating Your Healing Resources.* Boulder, CO: Sounds True.

Perry, A. (2008) *Claustrophobia. Finding Your Way out.* London: Worth Publishing.

Smethurst, P (2008) 'The impact of trauma-primary and secondary: How do we look after ourselves? ', *British Journal of Psychotherapy Integration*, 5 (1) : 39-47.

Staemmler, F-M. (2012) 'Compassion and self. esteem', *British Gestalt Journal.* 21 (2) : 19-28.

www. authentichappiness. com-a website with many links to resources.

第十九章　抑郁与焦虑

如今，越来越多的人被诊断为抑郁症或焦虑症。我们认为，可以将抑郁和焦虑理解成是人们无力应对巨大的生活压力时所产生的反应。不堪忍受压力的反应，可以是退缩、疏离和自我封闭（即抑郁反应）；或者是过度警觉、防卫和易激惹（即焦虑反应）。抑郁和焦虑通常都涉及消极信念或态度，人际退缩或无力控制。受这种情绪影响的人通常会感觉无望，并逐渐丧失基本的社会功能和生活满意度。许多研究表明（Roubal，2007），格式塔治疗是对抑郁和焦虑有效的方法之一，相比于认知行为疗法，格式塔治疗能更有效地提升抑郁症患者的生活满意度（Watson等，2003）。

治疗抑郁与焦虑时的常见问题

抑郁和焦虑情绪伴随的潜在风险很高，往往可导致个体社会功能丧失殆尽，自伤或自杀行为（详见第十七章：风险评估），因此对之进行风险评估非常重要。根据问题的严重程度，你可考虑是否将来访者转介全科医生或者精神卫生机构，或者是否着手采取现实干预以防止事态进一步恶化。伴随抑郁和焦虑情绪的来访者通常具有一系列危机，比如人际关系破裂、失业或丧失社会功能。他们极度痛苦，通常深陷于自己的症状，渴望尽快摆脱。

即使你认为来访者没有太大风险，在进行深入的治疗之前，仍需要给予他们一些现实干预或为解决其当下危机提供支持。在此，我们十分推荐你阅读本书第十七章发展优势资源的策略，其中的许多建议都提及在深入开展治疗之前如何帮助来访者稳定情绪并提高自我支持水平。

药物对重度抑郁、双相障碍和慢性焦虑者往往具有良好的治疗效果，可帮助他们恢复一定程度的社会功能，使之能有效地投入心理治疗。

在分别介绍对抑郁和焦虑情绪的治疗策略之前，我们先介绍两者共同面临的三个问题。

标签问题

精神医学诊断存在很多问题。某些来访者可能会觉得诊断名称言简意赅，不仅使症状现象一目了然，而且对处理给出了明确的方向。他们发现这种标签式的名称还具有正常化的作用（比如，"我患有抑郁症"或"我是个焦虑障碍者"），这使他们感到欣慰：他们的痛苦和困扰不仅仅专属于他们，与他人也是具有共通性的，因而自己能被他人所理解。来访者会说："哦，原来是*那个*让我出了问题，我还以为我要疯了呢！"但其他一些来访者却对这样的标签深恶痛绝，诊断不仅否定了他们的独特性，并且还让他们感到自己被病态化或物体化。我们认为，作为治疗师需要以人为本，全面整体性地去理解"一个带着问题的人"（例如，一个带着抑郁或焦虑症状的人）。

格式塔治疗需要根据个体的基本情况来选择最佳治疗方案，给来访者贴上精神科诊断标签并不利于治疗；与之相反，治疗师需要向来访者解释每个人的个体差异和情况都不尽相同，同样的诊断（由医生作出的诊断）具有不同的意义和治疗方法。因此，治疗师也通常可以这样询问："抑郁症/焦虑症这样的标签对*你*意味着什么？"

继发性获益

抑郁和焦虑情绪的经久不愈，其背后通常存在潜意识的"继发性获益"（例如得到关心和同情，逃避问题解决或工作困难，等等）。换言之，症状是来访者对未满足需求的一种"顽固"的创造性调整，（Yontef 和 Jacobs，2013 :113），正是这种不适宜的创造性调整会妨碍康复进程。

要使来访者识别继发性获益绝非易事，你可以促使来访者关注痛苦状态可能会带来的后果。这样的尝试有助于来访者开始探索自身的其他需要，例如：这些需要也许被认为永远无法实现（比如被满足或被理解）。你也可以强调需要的满足对每个人来说都至关重要，并引导来访者寻找其他可以满足这些需要的途径，在对来访者提问之前，你先试着回答自己的提问，想象可能的答案，这可能对揭示来访者的继发性获益至关重要。

另一种揭示继发性获益的策略是询问抑郁症患者："想象一下，如果你现在没有抑郁，情况会糟糕到什么地步？"从未经历过抑郁的人可能对这样的问题感到茫然困惑。但令人惊讶的是，很多抑郁症患者听到这个问题时，都会心领神会地点头示意：抑郁是应对无法处理的痛苦的有效方式。在继续治疗中，治疗师需给予他们足够的支持以缓解恐惧与担忧，并与他们一起寻找承受和处理痛苦情绪的重要资源。

> **建议：** 列举你最常见的负面情绪或状态。寻找在这些状态中你能获得的继发性获益？（如：为暴饮暴食或酗酒找借口，或借此疏远他人。）回忆你最近的一次生病，你无法工作或不再承担责任。生病带来什么好处？（可以赖在床上休息，或者得到照顾？）最后，思考一下，为什么你不凭借某个"理由"就无法获得那些好处？

排他性主题

格式塔治疗的重要原理是，遵循改变的悖论原则，提高来访者对正在呈现的主题的觉察力，鼓励来访者充分地投入当下，觉察不断展现的自然过程。

抑郁和焦虑者通常难以做到这一点。他们的认知具有一定程度的偏差，这样的偏差即所谓的排他性主题（excluding figure）。这意味着不管对于内心世界，还是生活环境，他们只关注特定的主题——他们的焦虑和抑郁——对其他可能的主题都视而不见。例如，他们对自己的焦虑感到焦虑不安，总担心焦虑加重将会发生什么。这种担忧占据着他们全部的注意力，使得他们无法觉察其他任何情况。

这种绝对优势的高度专注常常起源于个体曾经历过的对危险的高度警觉（焦虑情绪），或是对过去或未来忧患的无能为力（抑郁情绪）。不管是哪一种情况，治疗师都需要关注来访者对症状和问题的排他性注意。高度专注也可以导致来访者陷入自我强化的恶性循环，使来访者深陷无助和无望之中。来访者或许曾尝试自我救助，但是尝试的失败会进一步引发自责和自我贬低；这种自我攻击还会被来访者投射性地视为外界真实的攻击，激活交感神经系统，使整个身心处于高度唤醒状态，不断搜索任何危险的信号，让自己处于焦虑状态，或者重复过去熟悉的抑制唤醒的方式，让自己处于抑郁境地；如此循环往复使原先的问题雪上加霜。最终，不管是抑郁还是焦虑状态，深陷其中的来访者都会尝尽失去了控制的苦果。

打破这种自我强化的怪圈，需要治疗师提高来访者对关注进行选择的能力。格式塔治疗中的导向注意力（directed attention）练习有助于来访者扩展感知领域，突破对焦虑的排他性关注，为其他可能的场开拓视野，以挑战固化的知觉方式。

> **练习：** 请来访者关注除了焦虑和抑郁以外的注意，他还觉察到了什么——看到或听到什么。关注"此时此地"的感受，比如脚踩地面的感觉。在来访者出现预期焦虑的时候，鼓励来访者进行下面的自我对话练习：
>
> "我注意到自己的胃有点痉挛，头有点晕。因此，我正在告诉自己每个人都讨厌我。我意识到我可能回想起自己八岁的时候，被罚站在教室的前面。当我这样联想时，我自然就紧张。我注意到现在同事们都友善地看着我，没有人嘲笑。我应该提醒自己，我已经为这次发言做了精心准备。我不再是八岁的小孩了。让我给自己一个微笑，我的双脚多么用力地踩着地板，挺直腰身。现在，我的胃部还有点痉挛，但没那么难受了。我做了几次深呼吸，用力呼气。此时，我甚至有些兴奋，我一定能行！"

培养活在当下的习惯——以正念的方式去关注此时此刻*正在发生的事情*，即任何*只在此时此地*能看到、听到、情绪上和躯体上能感受到的，以及浮现在脑海中的意象、记忆或思维等——才能帮助来访者跳出谜局，以更精确的方式识别自身固化而消极的循环模式。

治疗师还可鼓励来访者发展新的行为以冲破过度关注的习惯。这可以是一些任务（重要的是，确保这些任务简单易行），比如打扫厨房、帮忙朋友、公园散步，或者仅仅是欣赏花草，发一份拖延已久的电邮——完成这些任务，都可以带来愉悦感和意义感。这种渐进的任务有助于渐渐打破固化的关注与无助之间的恶性循环。

在整个会谈中，治疗师都会不断地鼓励来访者以正念的方式关注自身的体验及"本真"的现象，发展更广泛的觉察力（而不是将所有的注意力都集中在抑郁或焦虑情绪上）。

抑郁的治疗

> 人间万物于我只是乏味，枯燥，平淡，只能令我心灰意懒。——《哈姆雷特》第一幕，第二景，133-4行。

抑郁的来访者往往诉说情绪低落、丧失活力和缺乏动力。他们反复抱怨生活没有任何乐趣或意义、悲观厌世，并伴随慢性疼痛、睡眠和饮食紊乱。这些"症状"可能是由于许多不同的因素或场条件所致，但却被笼统地简化成"抑郁症"这样一个标签。抑郁症的诊断颇具争议，作为"疾病模式"的概括，除了受到生产抗抑郁药的制药公司青睐之外，对理解和帮助来访者则几乎毫无益处（Leader，2008）。

尽管为便于交流，我们时常使用抑郁症这一常用标签，但是我们认为相关术语，"抑郁反应"（depressive response）更有价值（以区别疾病模式）。导致抑郁反应的原因各异，从生物因素到个人因素，而识别这些因素对于治疗抑郁反应的来访者十分重要。抑郁反应大多继发于重大的生活事件之后，比如丧亲、创伤、心理发育调整或危机事件。Roubal（2007）将这种应对压力的调整策略称之为"抑郁性调整"（depressive adjustment）——是来访者在力图保持活力但最终失败的无奈情境中，用以保存其能量的一种方式。比如，经历丧亲或灾难时，接受成为唯一的现实选择。Roubal 认为，我们无须改变这种抑郁状态，而是要将其视为有效的（暂时）适应性反应。如果我们同意这种观点，那么自然就能接受"抑郁"，因为"抑郁"仅仅是来访者对目前不可避免的生活处境的退缩和悲痛反应。

通常，抑郁的来访者，是将一度有效的创造性调整逐渐演变成习惯或固化的格式塔——Francesetti 和 Roubal 称之为"固化的抑郁"。换言之，不再是有效应对特定的困境，而是固定为僵化的防御一切困境的模式。有时抑郁反应也会受到环境的强化（比如，表现为抑郁是家庭中唯一可接受的表达方式）。有时，持续地抑郁反应还可能发展成习得性无助或者发展成对未能识别或未被表达的早年分离或不良依恋关系的哀伤。

来访者体验抑郁的方式大致有两种：一种是来访者感觉极度痛苦，感到巨大的悲伤，容易哭泣，偶尔伴有愤怒，焦躁不安，甚至惊恐发作。这种类型的抑郁可以称之为"伴焦虑的抑郁"。这种抑郁的治疗与焦虑的治疗（见下文）完全相同。而第二种则是典型的"抑郁心境"，来访者无法体会到快乐或感受到事物具有意义，生活乏味而沉重，内心充满了绝望。本章我们将着重阐述第二种抑郁。

格式塔治疗并不受限于任何特定的治疗理论，而旨在识别特定来访者在其独特情境下（和治疗师共同创建的关系中）的具体思维加工模式，比如，内转（retroflection）、缺乏动力、消极信念、退缩，以及生活缺乏意义。这意味着抑郁症这一标签其本身并没有那么重要，在你阅读以下章节时，须关注不同个体的独特处境和实际情形。对于诸多抑郁症状而言，并不存在与之分别对应的专有治疗套路。治疗师要做的是实施格式塔评估，识别出需要特别关注的领域，从而制定出治疗实施方案（评估与诊断可参见第五、六章）。

然而，我们认为从事抑郁症治疗时以下相关领域仍需特别关注：

◆加强自我支持与人际支持；

◆挑战自我限制的信念；

◆识别习得性无助感和未完成事件；

◆处理早年丧失；

◆提升能量；

◆调整关系动力。

加强自我支持与人际支持

抑郁症患者郁郁寡欢的表现常常使周围的人对其敬而远之，因此，你对来访者的共情、关注和支持就显得尤为重要。治疗中最重要的因素是你保持对来访者内心过程的好奇，不受其愤世嫉俗或漠不关心等极端情绪的迷惑，并坚持要求来访者加强对自我的探索。

除了第十八章利用优势资源所提到的建议外，还有许多简单易行的活动被证实能有效改善自我支持和人际支持。你可鼓励来访者尝试以下方法：

◆ 加强身体锻炼（例如，一天至少步行20分钟）；
◆ 加强与他人的联系（比如和邻居或超市员工打个招呼）；
◆ 努力完成力所能及的事情，增加成就感和掌控感；
◆ 养成写日志的习惯，努力表达自己的想法和感受；
◆ 坦然面对正在经历的事情，信任亲朋好友对自己的关心。

挑战自我限制的信念

抑郁症患者往往有强烈而消极的内射观点和核心信念，例如"我事事不如意""一切都完蛋了""我永远不可能成功""都是我的错"，等等。

通常，这些信念最早可能起源于对具体情景的真实评估，比如"我无法……""我犯了个错误……"，但是，这一信念之后逐渐变得过度概括和灾难化。这些思维模式被自我永久保存，以至抑郁症患者只能想到生活毫无希望和意义，任何努力都只是徒劳。于是，来访者放弃任何努力和尝试，回避他人，把自己的生活变得停滞不前，死气沉沉。这也更加剧了来访者的孤独与痛苦，甚至伴有躯体的病痛感。就这样，来访者原本认为"生活就是遭罪，自己简直一无是处"的信念被进一步验证和强化。

第十九章　抑郁与焦虑

针对消极信念开展工作，通常被认为属于认知行为治疗（CBT）的工作领域（非格式塔治疗），而我们却常常发现，格式塔治疗师非常擅长针对认知图式（cognitive schema）或核心信念开展工作。下面，我们将介绍不同的干预策略，你可尝试找出对你的来访者最适合的技术。

◆ 使用现象学方式，提高来访者识别与觉察此时此地的想法及其感受的能力；留意来访者的措辞、隐喻和描述背后所潜藏的核心信念。探索来访者发展这些信念的轨迹，关注来访者是否将此信念应用于现在，识别和澄清这些信念的偏倚和过程概念化。

◆ "以前你是否遇到过类似但最终成功解决的情形？那时和现在有何区别？这对你现在有何启发？"

◆ 邀请来访者以元认知的方式关注自己的认识过程——而不是回避。这些思维过程是否似曾相识？他们是关于过去的、未来的还是现在的？如果把它们想象成云朵，那是一朵小乌云，还是一朵大白云？这些云朵遮住了整个天空还是仅仅占据了天空的一角呢？这些想法是一闪而过的还是一成不变的？是笼统的还是具体的？对认识过程深入细致地探索有助于来访者接纳这些伴随其左右的固化思维，从而削弱固化思维带来的影响。

◆ 帮助来访者识别和建立更为积极乐观的信念。比如："我能挺住""我能找到继续前行的方式。"关注来访者过去的积极体验，欣赏他们坚韧不拔的优秀品质。然后将这些积极体验与品质作为资源形成信念，"我曾经战胜过类似的困难，现在我一定也能战胜这些困难。"

◆ 切记——提醒来访者——已有研究表明，一些简便的技术就能战胜抑郁。感恩练习就位列其中。邀请你的来访者坚持每天识别——并记录——三件让他感恩的事情。即使是一些微不足道的小事，例如，能舒适地喝茶，能自由地行走。感恩练习不仅有助于来访者用心关注生活中积极的一面，而且有助于来访者摆脱"命运残酷"的消极信念。

◆ 观察来访者对待你的态度，探索来访者的预期或投射出的信念。尽可能地开诚布公地向来访者表露你真实的想法（应该是比来访者的投射更为积极的想法），例如，"我感觉你很棒，你竭尽全力地想去理解所发生的一切"。

识别无助感和未完成事件

实际上，抑郁通常是一种周而复始的躯体体验，来访者不断通过消极的"沉思"一遍遍地反复解释自己的处境（"我感觉糟透了，一定是做错了什么事情"）。对生活失去掌控感是引发抑郁的关键因素。最初的无助感可以是来访者采取行动或表达情绪，而最终结果却一无所获，这让来访者感觉自己对所发生的一切根本无能为力。随后，这种无助感变成来访者固化的格式塔（a fixed gestalt）。一旦来访者在现实生活中遇到可能无法掌控的情形，就会激发来访者的这种固化的格式塔。Greenberg 和 Watson（2006）提出了"抑郁质情绪图式"（depressogenic emotional schemas），认为抑郁质情绪图式是先前未解决的创伤体验的遗留产物。在此，来访者已经形成了以抑郁情绪为基调的模板和自我组织，其中包括消极的自我评估和自我感受，以及对自己及环境的消极期待。他们提出治疗师可以通过充分的支持和挑战，把情绪记忆带回意识层面，以改变固化的抑郁质情绪模式，并促使来访者：

体验那些能促进其适应性努力的基本情感，并提升其心理复原力，找回内心的方向感。（同上：7）

因此，你需要识别并帮助来访者觉察其情感创伤中的未完成事件，以发现新的力量，赋予新的意义（参见第十一章和第二十一章）。

处理早年丧失

严重的抑郁症患者往往不仅表现出消极的自我评价与自我批评，而且还表现出强烈的自我憎恨与自我诋毁。这类抑郁［Freud 曾在 1917 年详细加以描述，后来 Green（1986）和 Leader（2008）也都曾提及］常常涉及早年丧失。表现出强烈自我憎恨与诋毁的抑郁症患者往往意味着早年丧失或缺乏母亲的积极关爱与回应，母爱的缺乏将会严重妨碍婴儿情绪的健康发展。一旦幼儿失去母亲——不仅是现实意义上的母亲死亡，还可能是因母亲抑郁、疾病或其他因素导致的心理意义上的缺失——这种重要他人的缺失常常会导致婴幼儿的自责、自贬，这种自责自贬还会逐渐内射成自我的一部分，使来访者一直怨恨自己的不是。Francesetti 和 Roubal（2013:443）描述了来访者如何使这一现象的动力学特征在治疗师身上重现，以至来访者认为治疗师对自己漠不关心、遥不可及。

治疗师的任务就是要帮助来访者修复和表达这种内转的愤怒及愤怒背后对丧失的悲伤情绪。治疗师需要意识到在这种情境下来访者会表现为一个满腔仇恨的"强者"，其愤怒的背后却蕴含着深深的悲伤——而不像遭受迫害的"弱者"。其实，不管是哪种表现都代表着来访者自我的不同部分，两者都需要被表达。治疗中，治疗师可以鼓励来访者表达愤怒。这对来访者来说可以是一种对痛苦的哀伤过程，因为这种愤怒的内部对话是其用以应对丧失的惯常方式。在来访者看来，保持这种内部的愤怒，象征着内心保留有鲜活的母亲，而愤怒的表达才能真正对这种应对丧失的不适和防御加以修正。

作为治疗师，也需要关注自身的丧失与挫败，尤其是在治疗室内经历的挫败，直面来访者出乎意料的强烈愤怒。接纳来访者的情绪，努力提升来访者对潜在的悲伤、被抛弃感以及其抑郁情绪背后的动力学的觉察（见下文来访者"Travis"的例子")。

提升能量

抑郁症患者往往显得精力不足，身体能量被大量内转或耗竭。激活来访者的呼吸和身体感觉对重新唤醒他的情感、冲动和愿望非常有帮助。这样的练习不仅有助于来访者觉察此时此刻经常被忽视的体验，而且有助于激活和凸显任何浮现的主题（figure）。第九章"实验"与第十章"内转"和第十三章"躯体场"都提供了多种用以帮助来访者加强接触与恢复活力的方法。

尤其是当来访者开始觉察身体感受时，鼓励他觉察身体的细微动作——那些"未完成或被遗忘的姿势"（the unaccomplished and forgotten gesture, Francesetti 和 Roubal, 2013:455）可能蕴含着大量关系接触的信息。

关注身体姿势——有意识地坐直或站直身体，让自己感到能量充沛，这能显著地改变其内部感受（此刻，读者可以注意一下自己此刻的身体姿势，尝试有意识地调整到"有能量"的姿势上去，看看会有怎样的变化）。

抑郁症患者的调整接触模式通常徘徊在体验循环的动机阶段的附近。即一个冲动出现，但在转化为任何有意义的感知或行动之前就被偏转（deflected）或内转（retroflected）。这种被阻断的循环过程可以强化来访者的挫败感，而增加内部攻击（请见下图19.1）。治疗师和来访者需要对动机阶段的动力学变化保持警觉，关注来访者决定采取行动前的蛛丝马迹。任何细微的身体姿势的变化，或对治疗干预的强烈愤怒，治疗师需要向来访者指出，并引起来访者对过程变化的好奇："刚才，你真的很有力量……"，以便营造气氛为来访者发现新的可能。此外，在邀请来访者表达体验（包括负性体验）的时候，治疗师需要向来访者示范如何感受自身的存在以及如何获取力量。

第十九章 抑郁与焦虑

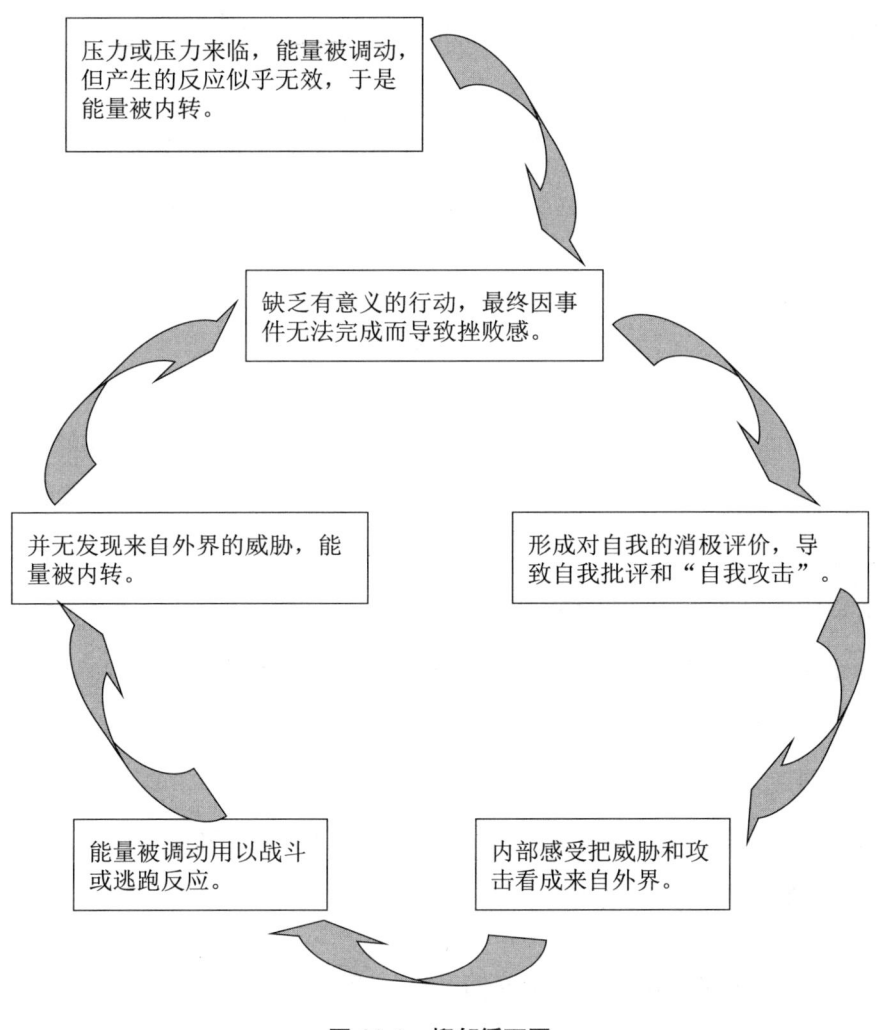

图 19.1 抑郁循环图

调整关系动力

正如我们一直强调的，来访者用以适应生活环境的方式同样也会在治疗关系中上演。抑郁表现往往是其生活经历、内部信念以及与你共建的治疗关系的混合产物，并在治疗关系中跌宕起伏，很容易诱使治疗双方莫名地陷入"抑郁"状态。Roubal（2007:42）提出，治疗师需调动来访者对治疗关系中出现的"抑郁"现象充满好奇。治疗师自身的行为与反应，包括各种反移情（比如焦虑、易怒无助或拯救冲动）都应成为探索共同创建的治疗关系的重要信息，以帮助来访者探索自己是如何与人共同创建关系的。

> **案例**
>
> Carmine 的预约治疗时间在每周二下午的 2 点。然而，治疗师却有点担忧治疗会谈，因为 Carmine 在整个讲述过程中总是对自己的孤独怨声连连，时而默默流泪。而治疗师则时不时感到心不在焉或精疲力尽，需努力克制才能勉强不昏昏欲睡。一开始，治疗师把自己的昏昏欲睡归咎于午餐后的疲倦。但是，当 Carmine 把治疗时间调到上午 9 点钟后，令人沮丧的是，治疗开始 5 分钟后，治疗师就故态复萌。这时，治疗师意识到是来访者让自己陷入"抑郁"：即双方共同复制了来访者早年生活中毫无生气的人际关系。治疗师意识到需要重新理解这一现象，并设法让来访者也能觉察到这一动力关系。

治疗师需要保持创造性中立的态度，关注此时此地与来访者的互动，避免因反移情而与来访者一起陷入抑郁或者一厢情愿地努力想让来访者尽快康复。来访者往往具有将过往经历灾难化的特定认知模式，因此在描述中不可避免地出现过度泛化与以偏概全。遇到这种情况，治疗师可引导来访者关注事件中具体的时间和背景，例如："所以你今天感觉……""那段时间……"或者"什么时候你感觉最明显/最不明显？""当我们俩坐在一起的时候，请注意你的感觉会有怎样的变化？"，等等。用这种方式持续地关注即时的体验，消除来访者对自己症状的"引咎自责"——抑郁症状的典型特征之一。

通常，正如下面的案例所示，许多因素通常会交织呈现：

> **案例**
>
> 因为母亲患有抑郁症，Travis早年的生活孤独而凄惨。他来寻求咨询的主要原因是感到抑郁和空虚，希望生活能够更充实。在评估阶段，治疗师Deanna就感觉到Travis虚弱无力的状态对自己有影响，每当Travis以其单调呆板的声调讲话时，治疗师就发现自己很难专心倾听。Deanna还注意到Travis总是呈现没精打采的姿态，思想也很容易陷入悲观。Deanna鼓励Travis关注此时此刻与治疗师的关系，以及在治疗关系中的体验。Travis开始注意到，他对治疗师存在多重消极预期。几个月之后，Travis的兴致有所增加，但消极思维和低动力状态依然存在。
>
> 有一天，Deanna告知来访者，自己因需手术治疗而不得不休假三个月。她已和督导师就何时告知来访者，有可能引发来访者哪些问题以及哪些来访者需要转介（不管是临时还是永久的）等问题进行了讨论。但让她始料未及的是，Travis对此反应很大。可之前他看上去似乎并不特别依恋治疗师。因此，当Deanna宣布自己要休假时，Travis只是说"好的"，这一反应并没有让治疗师感觉意外。他依旧以惯有的颓废姿态坐着，沉默不语。Deanna正打算继续解释治疗中断的详细事宜，她突然注意到Travis异乎寻常地安静，他面无表情，呼吸急促。Deanna温和地询问道，"Travis，发生了什么？"Travis久久地凝视着Deanna，然后，对治疗师大声怒吼："你怎么可以……你怎么可以……你到底想干什么？"他紧握拳头，整个身体因愤怒而颤抖不停。虽然Deanna对Travis的反应感到震惊，但是她依然保持平静，并与他的目光保持接触，静静

地坐着，全神贯注地聆听，简单回应："嗯"。之后，Travis 停止咆哮，开始哽咽，身体抽搐，"我知道我疯了，但是我真的想对你说，请不要离开我。"

这件事情为 Travis 的治疗打开了新的篇章。Deanna 借此鼓励他慢慢去理解自己的重要的丧失感，并以共情而镇定的态度帮助他与其早年的被抛弃经历建立联系。Travis 逐渐允许自己对治疗师的离开表达哀伤，并修通内心深处困扰已久的恐惧感和孤独感。Deanna 还鼓励 Travis 在这一周做一些自我宽恕（self-compassion）的练习，识别自己被抛弃的那部分自我，并把这部分的自我整合进目前的自我中。在治疗师休假期间，Deanna 安排了"临时代理"来会见 Travis。Travis 见过"临时代理"几次，大部分时候他都能有效互动，并开始参与社交活动，结识新朋友，建立新关系。最后，当 Deanna 与 Travis 恢复治疗工作的时候，他们都感到彼此之间有了更深的联结。

焦虑的治疗

焦虑症来访者常常感到身体紧张、心悸、腹胀、恶心、心跳加速、呼吸急促，在没有任何现实威胁的情况下，仍能体验到一种难以名状的害怕和不安。这种焦虑常常缺乏现实危险，而是源于恐惧的想法或信念。初始的焦虑是对威胁的正常反应：身心积聚能量应对威胁，但在威胁解除之后，身心能量却没有消退，因而造成了一系列焦虑症状，这是焦虑形成的基本原理。

治疗师首先需要辨别来访者的焦虑是一种长期体验，还是对特定事件的特定反应。如果焦虑由来已久，那么治疗就不一定需要对焦虑做紧急干预（急性焦虑发作则需进行危机处理）。

本书中的常规评估和治疗方式都适用于长期焦虑。另外，在治疗开始之前排除来访者的器质性疾病也很重要，很多焦虑的发作与器质性疾病或者药物的使用有关（比如甲状腺功能亢进、药物过量）或者因饮食和物质滥用导致（比如摄入过多的咖啡因或吸食毒品）。

区分焦虑的不同形式可帮助治疗师更好地思考来访者焦虑体验的意义以及治疗的方向。有时，焦虑是体验循环中的一个环节，例如，焦虑可能是来自抑制强迫和对抗恐惧的结果；有些与过去或现在的压力或创伤有关（详见第二十章和二十一章）；有些是由某些冲动的内转引起；还有些原因不清，很可能是长期负面思维强化的结果。

尽管来访者的焦虑通常与某个具体的情境有关（例如，害怕出门、开车或者社交），但是这些外显的诱因并不是根本原因，在治疗过程中应寻找到更深层的原因。下面我们将简述理解焦虑的几种思路，但首先会概述焦虑的治疗要点，这些治疗要点能适用于大部分焦虑的来访者。

◆处理症状；

◆应对回避行为；

◆识别焦虑信念；

◆关注躯体感受；

◆觉察治疗关系的动态发展。

处理症状

当来访者处于惊恐发作或高度焦虑状态时，很难采取有效的行为进行自我支持。如果此时来访者对自身的焦虑感到无能为力，那么治疗的首要任务便是缓解焦虑，提升可控感，加强自我支持，提高来访者有效解决问题的能力和信心。这样做的目的不是为了消除症状，而是为了促进扩展

"情感容忍阈限",以便他能对问题作出反应或保持连接,而不是"逃离"症状而已。

我们在第十八章中也提及了多种"创建个人资源"的建议。其中,调整呼吸对处理焦虑和惊恐特别有效,来访者可以在治疗室里跟随治疗师练习,进而学会在日常生活中运用。

呼吸是调整身体能量和情绪的有效武器。事实上,仅仅是关注着自己的呼吸,这本身就能够使一个焦虑的来访者产生改变。学会控制或调整呼吸,能有效地阻止焦虑升级为全面的惊恐发作。人感到恐惧或受到惊吓时,呼吸会变得急促而短浅。比如,在治疗过程中,来访者开始讲述其痛苦体验或开始变得焦虑时,治疗师会发现来访者的呼吸也会随之有变化。在这种情况下,治疗师或许就需要采取有效的干预了。

如果你发现来访者在害怕时呼吸急促,你可以鼓励他大口呼气。这样可以部分消除紧张,并逐渐恢复常态呼吸。

焦虑时候的呼吸变浅,可能会导致缺氧;大口吸气可能导致过度换气。无论哪一种情况,都可能导致头晕目眩,甚至晕倒。来访者常常将这种心理反应误读成真实的威胁。如果在治疗过程中发生类似情况,治疗师可以带领来访者练习呼吸调整,通过平缓温和的指导语帮助调整呼吸节奏。在练习之前,请先消除来访者对此的顾虑,让来访者感受不同呼吸方式的不同效果。

> **练习:** 用鼻腔吸气慢慢数到4,吸到腹部鼓起,想象将空气注入腹腔,胸部保持不动,然后屏住呼吸数到3,慢慢呼气数到7,想象自己在轻轻地吹灭蜡烛。将所有的空气呼出后,重新开始上面步骤。
>
> 要求来访者反复练习,并注意观察焦虑情绪的变化。

鼓励来访者在治疗之外的时间进行练习。呼吸调整练习对于大部分人都有效，但也有部分来访者并不适合，对呼吸的关注会加重他们的焦虑。对于此类来访者，建议使用本章提到的其他方式来帮助来访者寻找资源。

应对回避

个体常常作茧自缚式地用回避来应对"未完成事件"，因而也丧失可能有助于成长的机会。对这些回避行为进行干预并非易事，有时可能会加剧来访者的痛苦。来访者往往有充足的理由选择回避，因此，治疗的首要任务是让来访者更好地觉察回避行为存在的缘由。（Perls、Hefferline 和 Goodman, 1989［1951］:231）

当来访者意识到某一情景或事件可能"引发"焦虑，第一反应便是回避。这样做可以暂时减弱不适感，但是并没有真正地解决问题，甚至可能引发新的问题（比如，丧失良好的机会）。也就是说，暂时缓解焦虑的回避行为会带来更大的功能失调（类似于物质滥用的作用）。而且，今后一旦焦虑信号再现，来访者就可能会习惯性地回避，最终无法正确面对所害怕的事物，如此恶性循环。当然，人们面临危险时，逃避常常是正常的反应，如果威胁持续存在，人们会开始感到焦虑；而焦虑患者的不同之处在于：焦虑的起源并非真实存在的威胁，而是激起了与过去经历有关的体验，焦虑的促发因素可以是孤独感、公开演讲、置身于陌生人群，或是开始新的亲密关系。

对回避行为的澄清是非常必要的。治疗师需要让来访者意识到，回避行为实质上在滋养其困境，来访者和治疗师需要共同寻找方法以直面所回避的事物。

一旦与来访者达成一致，尝试不再回避，愿意面对随之而来的各种情感，那么就应进入富有挑战性的治疗阶段（即僵局处理，详见第十一章）。该阶段的治疗包括：当来访者开始想象或者回忆痛苦情景时，寻找降低焦虑程度的方法（可参考下文中的放松练习）；鼓励来访者熟悉自己的感受，逐渐"去敏化"（desensitization），帮助来访者以不同的方式处理这种感受。经过僵局处理，来访者才能够与他所逃避的事物（或情景）建立起全新的联系。

对于恐惧症的来访者，有效的做法是重新诠释他所害怕的事物，将恐惧对象与来访者的投射分离开来，因为在潜意识层面恐惧对象承载了来访者被否认的那部分自我。你可以使用双椅技术帮助来访者挖掘潜意识层面被压抑的情感（详见 Philippson, 2009:31-4）。具体的做法是，鼓励来访者"成为"自己所恐惧的对象，与之对话。类似的，以同样的方式发掘强迫行为的潜在意义：强迫的用意是什么？来访者用这样的强迫行为是为了应对怎样的恐惧？

通常，在难以面对的焦虑背后潜藏着大量的内转。治疗师需要成为安全的容器，容纳并促成来访者逐步识别、拥有、表达自己的情感，包括愤怒等负面情绪。

案例

Delenn 是一个大型慈善机构的管理者，最近，由于焦虑越来越严重，全科医生不得不将她转介给心理治疗师。Delenn 目前过度工作，睡眠严重不足，总是担忧自己做得不够完美。在第一次咨询中，Delenn 表示她很感激大家对她的关心，但是她现在有太多的事情需要去完成，并没有富裕的时间接受咨询。她说，很多人都非常需要她，如果她不在，工作就会变得一团糟。治疗师讲述了焦虑的起因和影响，并温和地对 Delenn 进行挑战，希望她能够意识到如果继续这样下去她可能会耗竭。尽管有些不情愿，但最终 Delenn 不得不同意治疗师的意见；她感受到了治疗师的真诚和中肯。她逐渐能够承认自己不够完美，也意识到自己的孤立无援。经首次咨询后，她同意继续咨询。

治疗师开始倡导一些放松技巧，有效地缓解了她的焦虑情绪。治疗师也鼓励她重拾从前的兴趣爱好（例如摄影），鼓励她参加这些社交活动。Delenn 也开始重新规划她的日常工作，减轻一些工作负累，确保规律饮食。治疗取得了一些进展，治疗师和 Delenn 开始能够共同探讨焦虑本身，了解到 Delenn 是如何习得"我必须为每个人负责"的信念的。慢慢地，她能够将现在的焦虑与过去的经历相连结：她是家中的长女，需要照顾四个弟弟妹妹；9 岁的时候，她的妈妈开始出现老年痴呆症的症状，因此她从 9 岁开始就需要料理家中的大小事务。

识别焦虑信念

与抑郁症患者一样，来访者在焦虑的情况下也通常伴随着大量的负面内射、核心信念和反复思虑："我要失控了""我做不到的""真的太焦虑了""我要晕倒了，我要死了！"来访者的焦虑内容通常指向未来——可能是即将发生，也可能是更遥远的将来。

典型的焦虑信念包括：过度概括、夸大和灾难化。焦虑信念的形成是一个自我验证的过程：对未来的焦虑预期导致了症状表现，而症状又反过来验证了预期。例如，一个正在购物的来访者突然开始担心自己会惊恐发作，会在公共场合昏倒。这种想法唤起了躯体的焦虑反应。躯体焦虑症状使来访者更加相信自己会晕倒，从而进一步加重焦虑，如此恶性循环，直到真的晕倒（自然验证了自己一定会在公共场合晕倒的焦虑信念）。于是，她决定闭门不出，这能暂时缓解焦虑感（但也意味着她再也不能外出购物）。

在治疗中，来访者会提到引起焦虑的事由、问题和情景，治疗师就应和来访者共同挖掘这些事态背后的信念。询问来访者如何获得并开始坚信这样的信念，并对与此相关的经历和事情结果保持好奇。如果来访者能够逐渐识别这些信念的由来，那么治疗师就可以把它们带到意识层面，使来访者的体验发生显著的改变。

> **案例**
>
> Leeta 意识到她对生活中权威人物的焦虑可能源于她的一位小学老师，这位老师对她非常苛求。Leeta 在治疗中回忆了这段经历，并且表达了当时的感受。之后，治疗师邀请 Leeta 站起来，深呼吸，并且带领她通过语言对这段经历做一个总结："小学发生的事情已经过去了，我不会让这样的事情再次发生。"Leeta 试着用自己的话去表达，并且练习了几次，最后她深深地吸了一口气；身体明显放松了，她说，"我似乎卸下了多年的重担。"

你也可以进一步识别焦虑所蕴含的信息。有时候，焦虑的背后是来自对父母的内射（introjects），如"要淑女一点"，也可能是自己的非理性追求，如"必须做到完美""永远不能失败"，是这样的信念带来了挫败和焦虑。

当来访者在描述焦虑情景时，或当她对你感到焦虑时，请她觉察此时她的内部对话是什么。她内心持有怎样的想法或幻想？假设最糟糕的情况发生将会怎样？越明确地回答越好。试着让她找出那些自我验证的核心信念，然后用练习将来访者带回此时此地。请来访者思考这些想法和信念的真实程度。请来访者设计一些自我支持的正向表述——可以是乐观的信念或成功的经历，以便在焦虑时进行自我对话。如"我可以应对这些焦虑的感受，我是有能力的""我可以获得别人的支持""我可以渡过这段困难的时期"（也可以称之为积极自我对话）。与抑郁的来访者一样，焦虑的来访者也需要重构过去的经历，例如，"你终于挺过来了""你现在能够成功处理，那么以后你也能够做到"。

建议来访者记录焦虑日志，日志能够帮助增强对焦虑过程的觉察，这种记录和觉察本身就能带来改变。焦虑日志也会反映出焦虑与哪些特定的情景、地点、人物和时间有关。来访者可以定期对焦虑日志进行检视和回顾，看看本段时间内焦虑出现的场景，频率和严重程度（按 10 级评分进行）。

焦虑日志有两方面的作用：一方面，它能够帮助来访者明确引发焦虑的线索，有助于进一步识别负性思维、内射和核心信念。增加识别焦虑的现实因素（而不是想象性预期），提供更多翔实的内容有利于评估引发焦虑的影响因素和情景。另一方面，书写日志能够让来访者临在当下，利于积聚能量，更好地解决问题——不至受制于想象性惊恐情景。最后，对来访者而言，在治疗期间坚持记录日志，然后在下一次的治疗中进行讨论，可以在两次治疗间隔期间使自己感知到治疗师的象征性存在——为治疗关系建立稳定的基础。

关注躯体变化过程

格式塔治疗师一直非常关注提升来访者的觉察力，包括对思维、情感、想象、感觉、身体姿势等体验的觉察。焦虑者通常容易迷失在情绪之中，非常固着于可能会发生的事情。因此，如果能把注意力集中于身体、动作和感知觉上就能有效缓解来访者的焦虑情绪。第十三章关于躯体导向的方法也同样有效，Perls 等认为焦虑和不适当的呼吸方式密切相关，因此可以"通过深呼吸把焦虑转化为兴奋状态"［Perls 等，1989（1951）：

167]。

你可以鼓励来访者做之前提到的呼吸练习来驾驭能量。通过身体表达（手势、身体姿势等）来延续被阻断的思维过程，增强并发展对躯体动作的体验。通常，这样的鼓励下焦虑的来访者会变得犹豫，变得焦躁不安，或是退缩（能量消退或被内转）。此时，引导来访者感受思维的变化，留意焦虑时自己身体的相应改变，并关注随后出现内心体验。

> **建议：** 回忆你童年时是如何表达情感的，是受到鼓励还是被抑制这样的能量释放？回忆最近你经历过的一个焦虑情境。注意观察在焦虑状态下，你的身体反应、呼吸、想法以及你的内部自我对话。

觉察治疗关系的动态发展

当然，任何技术的使用都需以具体的现实情形为依据。治疗师需在共同创建的治疗关系中提升来访者的觉察力。而焦虑情绪也一定存在于治疗关系之中，或者从某种角度而言，治疗情景也可以是令人紧张的。尽管从现象来看，治疗关系是现实的此时此刻，但它又是历史的重演。通常可以追溯到双方的童年经历，例如，内射了家庭教养方式的焦虑成分（格式塔的理论角度，详见 Delise 的"内射的微领域"，2013:74），或者是焦躁易怒的父母营造了一个让孩子感觉紧张焦虑的家庭氛围。不管是哪种情况，在治疗中治疗师都需要为来访者重塑稳定的自我，治疗师也需在此过程中呈现出容纳和承受焦虑及紧张的能力。

聚焦于此时此刻的焦虑，聚焦于你们共同创建的"焦虑"关系，通过治疗关系破解"焦虑"之谜。

焦虑性来访者通常会在觉察循环的识别阶段（recognition stage）出现阻断。例如，来访者回避愤怒冲动或者回避与人接触（通过内转），那是因为将之误识为威胁或者其他危害的信息。于是来访者撤回能量，阻断了流畅的表达，逐渐变得焦虑不安。有时，焦虑的产生始于治疗师对焦虑的解释，激起来访者将你视为回避的对象。治疗师需要注意观察来访者焦虑唤起（或消退）时的细微身体信号，同时也应注意你自己的疏离反应。鼓励来访者去更真切地感受现实，弄清楚哪些原始的冲动被压抑，以及它们在治疗关系中是如何体现和发展的。

与上述疏离相反，有时治疗关系可能发展成融入（confluence）状态。如果融入也是过去关系模式的重现，那么融入本身就会引发焦虑：要么害怕完全被另一方吞没，要么害怕分离，体验到难以驾驭的"无可言状的焦虑"（unthinkable anxiety, Winnicott、Devis 和 Wallbridge，1981）。此时，治疗任务应是扭转过度的融入（见第十章），进而发掘、容纳和探索那些"被压制"的情感。Robine（2013）鼓励治疗师对融入的两个阶段都加以关注：一是对接触的放弃阶段，另一是当初始接触时的兴奋转向焦虑（因主题的浮现而焦虑融入被破坏）时。

与焦虑性来访者工作时，治疗师始终关注自己的反应——你对焦虑的反移情或者想要控制焦虑的冲动——是非常有用的，应觉察你和来访者是如何共同创建问题的，而且推论他也是这样与他人建立关系的。你可以为来访者示范如何保持对躯体的本真觉察，如何调整呼吸，如何觉察自己的情绪和反应。总而言之，帮助来访者对处于焦虑关系中的自我有更多的觉察。

如果来访者自我隔离的习惯难以改变，致使他们无法通过人际关系获得需求的满足，来访者常常会出现惊恐发作。对于这类来访者，安全、可依附和有归属感的治疗关系显得尤为重要。

直面存在意识和生活事件

我们以抑郁和焦虑患者所共同面临的议题来结束本章的内容，事实上，这也是人类体验的根本问题：人类的存在境遇（the human condition）。抑郁或焦虑情绪是来访者对这一共同议题的反应（但我们也通常会回避反应），例如：每个人都必须面对生死、生命的不确定性，渴望与人接触但却不得不承受孤独。或者我们不断面临生命的挑战，例如：丧亲，失业或者遭遇严重事故，等等。治疗任务就是鼓励来访者用更开放的视角再次审视这些议题。

治疗师可以让来访者从最近的抑郁或焦虑事件开始，绘制一条近期的生命线（详见第十章），上面标注生命中的重要改变、变故、丧失、打击等，引导来访者讨论这些重要事件和影响。

探究来访者的精神/宗教信仰体系。在这种信仰体系中，这样的危机意味着什么？他寻找过怎样的精神或宗教支持，是否能起到作用？在这些思想体系内，他还可以做些什么（详见第二十四章）？

支持来访者尝试"停留"在困境或危机中。通常，改变或调整会发生于来访者面临困难和毫无退路之时，治疗就是寻找方式去接纳焦虑或绝望，允许重新适应或修通，而不是试图逃避痛苦。有时候保持策略的灵活性，不回避痛苦是为上策。

帮助来访者认识存在议题的普遍性。每个人都面临存在的挑战——生命是有极限的，死亡随时降临；个人的存在是如此渺小；我们都会经历分离和丧失。但重要的是，我们能意识到人的局限性，确保面对局限时能获得足够的自我支持。这样才使我们能面对生命的各种挑战。

> **建议：** 花点时间反思什么是生活的意义和目的。是家人？朋友？工作？与人接触？与自然接触？精神或宗教的信仰？此刻的活力还是对未来的憧憬？金钱？名望？对世界的掌控？当你发现生命毫无意义，或者人生迷惘时，你会从何处获得支持？

总结

抑郁和焦虑已成为西方社会的热点，针对抑郁和焦虑症状的药物也日新月异。作为格式塔治疗师，我们试图逆"药物"的潮流而上，我们认为心理困境、社会隔离、人际疏远和未被识别的创伤才是症状背后的真正元凶，这也是我们所需要面对的。我们重申，每个生命境遇都是不尽相同的，识别各自的独特性才是帮助人们处理痛苦的良方。

推荐书目

Fosha, D., Siegel, D. J. and Solomon, M. (2009) *The Healing Power of Emotion: Affective Neuroscience, Development, and Clinical Practice* New York: W. W. Norton & Co.

Gilbert, P (2007) *Psychotherapy and Counselling for Depression.* London: Sage.

Greenberg, L. S. (2002) 'Working with emotion', *International Gestalt Journal*, 25 (2) : 31-57.

Greenberg, L. S. and Watson, J. (2006) *Emotion-Focused Therapl, for Depression.* Washington, DC: American Psychiatric Association.

Hooker, K. E. and Fodor, I. E. (2008) 'Teaching mindfulness to children', *Gestalt Review*, 12 (1) : 75-91.

Leader, D. (2008) *The New Black.* Harmondsworth: Penguin.

(Continued)

(Continued)

Melnick, J. and Nevis, S. (2005) 'The willing suspension of disbelief: Optimism', *Gestalt Review*, 9 (1) : 10-26.

NICE (National Institute for Clinical Excellence) (2009) *Guidelines on Depression*. Available at: www. nice. org. uk/CG90[For position of national UK government-funded body].

Roos, S. (2001) 'Theory development. Chronic sorrow and the Gestalt construct of closure', *Gestalt Review*, 5 (4) : 289-310.

Roubal, J. (2007) 'Depression-a Gestalt theoretical perspective', *Britlsh Gestalt Journal*, 16 (1) : 35-43.

Francesetti, G. and Roubal, J. (2013) 'Gestalt therapy approach to depressive experiences', in G. Francesetti, M. Gecele, and J. Roubal (eds) *Gestalt Therapy in Clinical Practice: From Psychopathology to the Aesthetics of Contact*. Milan: FrancoAngeli Books.

Shub, N. (2002) 'Revising the treatment of anxiety', *Gestalt Review*, 6 (2) : 135-47.

Baker, R. (2003) *Understanding Panic Attacks and Overcoming Fear*. Oxford: Lion Hudson.

Bourne, E. (2007) *The Anxiety and Phobia Workbook*, 4th edn. Oakland, CA: New Harbinger Press.

Rowe, D. (2003) *Depression: The Way Out of Your Prison*, 3rd edn. East Sussex: Routledge.

Williams, M., Teasdale, J., Segal, Z. and Kabat-Zinn, J. (2007) *The Mindful way Through Depression*. New York: Guilford Press.

第二十章 创伤（上）：评估与稳定

引言

关于如何对创伤症状做最佳处置，并确保安全有效的治疗反应，本章节将介绍相关的最新研究进展。在治疗中，来访者最初呈现的问题也许看似简单，但我们常常发现来访者的求诊原因与过去的创伤事件有着密切的联系。因此，对于治疗师而言，充分了解创伤的相关理论和处理方式是特别重要的。否则，一旦治疗过程中出现与创伤有关的问题往往会让治疗师措手不及。

目前，创伤疗法可谓种类繁多，如脱敏和再加工治疗（EMDR）、认知行为疗法（CBT）、知觉运动治疗（Sensorimotor Psychotherapy）、体感疗愈（Somatic Experiencing）、躯体创伤治疗（Somatic Trauma Therapy）等。上述每一种疗法都各有侧重，分别利用认知、情感、躯体反应和人际关系等因素来达到治疗目的。查阅格式塔治疗的文献资料，除 Kepner（1995）的"治愈任务"（Healing tasks，也是我们特别推荐的）和少量格式塔治疗师的著作之外［如 Bowman（2002），Cohen（2002），Fodor（2002）和 Melnick 与 Nevis（1997,2005）等人的著作］，关于创伤治疗方面的文献寥寥无几。目前较为常见的是将格式塔原理与其他治疗模式相结合：例如 Tobin

（2004）整合了 EMDR；Elliott、Greenberg 和 Lietaer（2004）、Paivio、Pascual-Leone（2010）借助空椅技术处理未完成事件，还将空椅技术也整合进入情绪焦点治疗（EFT, Emotion-focused Therapy）；Butollo 和 Karl（2012）、Butollo 等（2014）创建了对话式的暴露疗法（DET, Dialogical Exposure Therapy）——一种以格式塔理论为基础的整合疗法。

然而最近，Vidakovic（2013）创造了格式塔创伤疗法的基本要点；Taylor（2014，出版中）则发展出全面详尽的格式塔创伤治疗模式。

我们期望能在本章中将过去在创伤治疗中出现的最有效的治疗理论和方法加以整合。此外，与本书其他章节不同，本章主要阐述各种相关理论。注重理解创伤症状发生发展的基本理论，指导治疗师选择干预方法。另外，这也有助于向来访者解释各种症状的神经学基础，这些症状往往容易被来访者误解为自己已病入膏肓，濒临发疯或无法康复。

创伤是如何发生的？

即使是遭遇一些小小的创伤（例如考试挂科或轻微的交通事故），我们也通常会有身体反应，并感觉焦虑不安，躯体能量被高度唤起。同时，我们还经常自责，追悔莫及。此时，如果能够及时向他人倾诉，平复情绪，放下思虑，或许能吃一堑长一智，这段经历就渐渐成为记忆。通过这种方式，创伤得以整合与解决。

然而，当遇到严重而持久的刺激时（例如，持续的身体虐待），个体的康复能力通常会逐渐丧失殆尽。即使创伤事件已过去很久，但躯体反应、创伤画面仍挥之不去，或者很容易因外界刺激而一触即发。那是因为来访者的部分大脑神经被牢牢锁定在过去，始终感觉自己*仍处于危险中*，随时准备做出相应的反应。来访者可能出现记忆的闪回、强烈的焦虑或紧张。通常，还伴有大量过度泛化的消极思维，比如"从此以后，我的生活再不可能是安全的……""我不可救药……"（常见于成年期创伤），"我是一个坏孩子，我一无是处……"（更常见于童年期创伤中），尽管理性告诉他们这些想法未必正确，但在感性层面他们坚信不疑。

另外他们可能会封闭自己，回避社交，或者回避创伤情景和压抑创伤记忆。他们生活的重心总是围绕着如何回避与创伤相关的人和事（比如，从此拒绝坐车旅行，不与任何人亲近以避免受伤等）。

当创伤或虐待发生在年幼的时候，施虐者又正是父母中的一方或者某位亲属时，儿童为了维持依赖关系，通常倾向于责备自己（认为自己是个坏孩子，要好过承认自己有一个危险的父亲或母亲）。然而，这种反应会一直影响这个儿童，导致学业挫败、攻击或退缩行为，甚或自伤行为。成年之后，他们往往难以形成安全的信任关系和保持安全的人际边界，也难以调节自己的情绪状态。

创伤反应为何如此顽固？

许多人能在没有任何治疗性干预的情况下从重大创伤中走出来。研究表明（如 Agaibi 和 Wilson, 2005），安全的依恋关系、社会支持、心理复原力以及有效的应对策略是应对创伤的重要保护因素。如果缺乏上述保护因素，那么遭遇创伤时通常会出现以下五种常见的妨碍康复的反应。

第一，设法回避创伤记忆，惯用压抑和否认，将创伤排斥在意识之外。特别在遭遇重大创伤的近期常常出现这种反应，这也意味着他们不会去寻求或接受必要的支持，也不再努力整合创伤经历。

第二，发展出一套消极的自我认同或解释事件的信念系统，并不断自我强化。例如，认为这完全就是自己的错，因此罪有应得，或者认为事件毁了自己的一切，从此一蹶不振。这些过分泛化或非理性的观念逐渐转变成固化的格式塔，使来访者丧失康复的基本信心。

第三，在重大创伤期间，与事件经过、顺序以及时间的记忆将会受到阻碍或陷入紊乱。这意味着创伤后，人们对事件的记忆只剩下支离破碎的片段，并且无法从现实层面或有意义的层面去理解事情的经过与原因。这也意味着，关于创伤事件的时间概念会不翼而飞，以至来访者经久不衰地沉溺于各种与创伤有关的情绪和躯体知觉中。这种混乱状态阻碍了大脑对创伤事件的再加工和整合（特别是在童年时期）。

第四，许多创伤的严重程度往往超出了人们的承载能力，致使当事人很难从压力中康复恢复平衡与宁静。人类在数百万年间，大脑和身体在应对威胁的过程中不断进化，最初的威胁通常来自于对身体的威胁，并且是短暂的（例如看到远处有一头狮子），因而，针对威胁，我们的神经系统发展出一系列的自动反应（详见 Porges,2011）。第一个反应是寻求社会支持，例如向家人或族群发出求救信号（这种反应在迷路的儿童身上最为明显）。如果求助不能解决问题（狮子正步步逼近），那么，个体就会积极动员身体机能保护自己，或奋起而战，或逃之夭夭。如果上述反应仍不管用，消极的防御机制就会被激活，个体就会对威胁置若罔闻，丧失动力。上述方法一旦奏效，危机消除（或危险过去），那么机体就能重新获得平衡，返回到宁静的状态。

然而，如今我们所面临的危险，更多的是心理而非躯体层面的，大多不是暂时的，情况也更错综复杂以致很难找到正确的解决之道。结果大脑和神经系统常常因不堪重负而出现功能失调，徒劳无功地不断重复各种尝试。而身心仍难以获得宁静和康复，机体始终处于高度唤醒的状态——神经系统的自动反应依然非常活跃，不断尝试各种有效的反应，就仿佛创伤事件依然还在持续发生。这给个体带来持续的身心压力，最终导致慢性应激症状或躯体疾病。正是这种对创伤刺激的持续反应造成了创伤后经久不愈的应激症状。

第五，如果创伤一直未得到有效处理，之后，轻微的刺激都可能引发个体重复类似的创伤反应。甚至这些轻微刺激可能与创伤事件毫不相关（例如关门声、声音语调等），来访者通常不能觉察到自己的反应是过去创伤体验的唤醒，她只是体验到眼下的紧张不安。随后，她感觉到自己身处危险，并试图努力寻找危险来源。久而久之，她变得十分警觉，这种警觉逐渐固化成习惯性应对模式。

"经历创伤事件很久之后，很多来访者发现自己仍然强迫性地预期与警惕任何类似（直接或间接地）最初创伤体验的情景，并对之作出相应反应。他们不可抗拒地将注意力集中于创伤刺激，因而无法感知任何安全的信号，这种不经意的过程强化了内在的危机感。"（Ogden、Minton & Pain, 2006:65）

上述五种状况可以导致个体出现持久的症状，在创伤事件结束之后很长时间仍给来访者带来痛苦和伤害。这种情况，可被诊断为急性应激障碍（acute stress disorder, ASD）、创伤后应激（post-traumatic stress, PTS）或创伤后应激障碍（post-traumatic stress disorder, PTSD）等。此外，越来越多的证据表明，未被识别的创伤通常是造成抑郁、焦虑、边缘人格、依恋缺陷和物质滥用的核心因素。

导致创伤的刺激多种多样，有的显而易见，有的则不易觉察。严格意义上来说，创伤是指来访者经历或体验任何无助、痛苦失控或伤害的事件（如担心危险或真实伤害的发生）。这些事件可以是身体伤害、性虐待或自然灾害；也可以是整天担惊受怕的处境，例如战乱，暴力家庭；也可能是急救人员、执行任务的战士、创伤治疗师或目睹同胞遭受虐待等的替代性创伤状况；此外，也可以是因丧亲或被抛弃而导致的重要他人的丧失。

更隐晦的创伤刺激（但持续很久）可能是微不足道但却对来访者造成持续影响的问题。比如在学校里长期被老师羞辱。记住：不管刺激的性质和严重程度如何，来访者的主观痛苦程度是最重要的衡量指标。

治疗顺序

当与来访者就治疗创伤达成一致时，治疗需要经历以下四个阶段，这四个阶段被称之为"格式塔创伤治疗"（The Gestalt of Trauma Therapy）。

阶段1：评估；

阶段2：寻找资源；

阶段3：加工创伤记忆；

阶段4：整合。

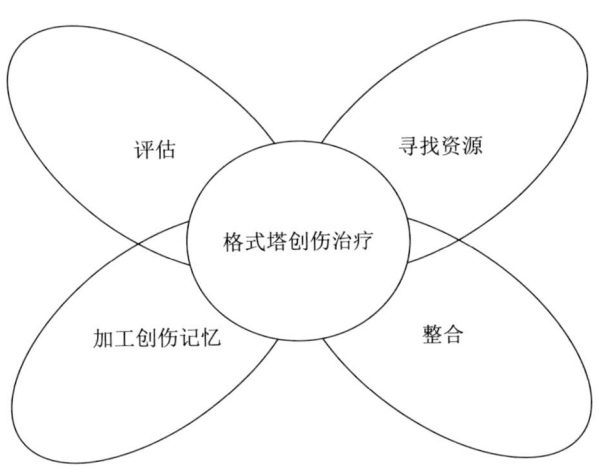

图20.1　创伤的完形治疗

第二十章　创伤（上）：评估与稳定

阶段 1：评估

与其他心理治疗一样，初始访谈的首要任务是建立工作联盟，了解来访者的既往史，理解目前问题，决定优先处理的顺序。本书的前几章（特别是第十七章"风险评估与应对"）已经全面阐述了评估方面的内容，在此，我们将讨论创伤治疗中的评估特点。

首先，需要注意的是，经历严重创伤的来访者常常在自我调节以及人际安全方面有一定的困难，来访者可能在第一次会谈中（或是在评估阶段的早期）就把自己的故事合盘托出。但紧随其后会出现疲惫状态，或感到再次体验创伤（治疗师也可能会感觉疲惫不堪）。来访者在此次治疗结束时往往会后悔向一个陌生人畅所欲言——并最终选择放弃治疗。因此，我们建议，在治疗开始你可以明确地告诉来访者：在还没有充分互相了解之前，完整地叙述创伤事件，对来访者而言意义不大，帮助也很有限。

你可以这样说：

"你只要告诉我事情的大概就可以了，在第一次会谈中，我不希望你感到压力太大。"

"我只需要了解创伤的大概，更多细节我们之后再一起讨论。"

另一种极端的情况是，许多经历早年创伤的来访者往往会保护性地防御或应对，他们对人极不信任，缺乏基本的安全感，总担心再次受到伤害，他们即使仅仅是谈论与创伤回忆有关的话题也会恐惧不已。这意味着你需要耐心地建立信任关系，发展工作联盟，等待创伤细节慢慢地呈现。

既往史采集

除了一般的既往史之外（详见第五章），针对创伤治疗的来访者，我们还需要了解来访者的下列情况。

1. 来访者最近一周的状况。例如，焦虑、恐慌、噩梦、闪回或回避行为，以及在什么情况下容易诱发上述现象。

2. 来访者通常如何应对上述现象——包括积极和消极的，例如，酗酒、吸毒，或相反，努力克制或寻求帮助。

3. 描绘日常生活功能，如自我照料、睡眠、锻炼、饮食和社会支持状况。

4. 生命中曾经的创伤事件（也包括目前的创伤事件）。一种方式是让来访者列出经历过的十件最糟糕的事情（无须太多细节），这通常有助于来访者回顾往事，并觉察这些事件之间的联系。另一种方式是请来访者列出五次感觉最积极的体验，可以是成功的经历，也可以是感觉力量、爱意、信心与安全的时刻。这些信息随后都可作为资源评估的依据（我们曾在第十八章中讨论过）。

还需注意的特殊问题

◆ 在开展治疗工作之前，还需要考虑来访者是否伴有其他问题，比如是否患有抑郁、焦虑障碍、物质滥用或者进食障碍——这些问题需要优先处理。

◆ 需要立即引起重视的危机因素，如迫在眉睫的危机或自伤行为。

◆ 小心接近创伤题材，避免来访者不堪承受。当创伤反应被激活时，适时引导来访者回到此时此地。

◆ 解离症状的迹象：来访者的思维可能变得疏离或情感遥不可及，缄默不语，或突然呈现另一个完全不同的自我状态。这些信号都显示应停止创伤治疗，应寻找继续工作的支持资源，我们建议此时应与督导师进行讨论。同时可参阅第二十二章结尾部分推荐目录中的解离等级评定量表，更好地识别解离症状。

第二十章 创伤（上）：评估与稳定

对具有创伤经历的来访者进行深入细致的评估，其目的在于最大程度地降低来访者再次体验创伤的风险。在评估阶段（约 2~4 次会谈），你除了作出大致判断，并对此时此地的治疗关系动力有所觉察之外，你还应该对来访者的创伤经历有一个初步的了解。然后，你应根据需要决定优先处理哪类问题，调整治疗节奏，以及确定各个治疗阶段（阶段 1-4）所需要花费的时间。

同时，评估阶段还能有助于治疗师回顾评估访谈至今的大致效果，观察移情与反移情的发展变化。所有这些都有助于你与来访者共同形成"联合诊断"（co-diagnosis），并进一步与来访者协商治疗目标，确定治疗的具体内容与疗程时间。

案例

Jim 向治疗师 Ezri 寻求帮助，因为他最近刚开始一份新工作，内心非常焦虑，同时伴有睡眠问题。他挺喜欢这份新工作的，但不明白自己焦虑难受的具体原因。他讲述自己既往经历时含糊其辞，只是提到自己是被收养的，但马上否认这是问题所在。

他描述他在大部分时间里感觉惶惶不安，有时噩梦连连，他看上去烦躁紧张，双手微颤。治疗师询问个人成长史时，Jim 回答提问时小心翼翼，敏感多疑，并开始怀疑治疗师是否以为他是无病呻吟，因为他也认为确实没有确凿的事实可以让自己那么焦虑不安。Ezri 向 Jim 解释，根据她的经验，突然出现严重症状通常是有原因的，这很可能是过去未处理的创伤无意中被激活了。治疗师的解释似乎让 Jim 消除了顾虑，开始变得放松。然后 Eris 继续询问 Jim，新工作环境中有没有什么让他觉得特别不舒服的地方。他思考了一会儿，说他的新上司留着浓浓的胡子，长着满口的黄斑牙。此时，他神情凝重，久久地盯着地板。"他很像我的继父。"他说。在治疗师温和的鼓励下，他开始讲述他的童年经历，当时母亲酗酒，母亲的第二任丈夫性情粗暴，经常虐待自己。"每当妈妈喝得酩酊大醉的时候，继父就会来到我的房间，"他说，"他要求我保证不能告诉任何人……一旦我泄密，他一定不会放过我……他伤害了我。"

Jim 在述说时，Ezri 开始感觉到自己的心跳加速，胃部痉挛。她意识到自己对 Jim 的故事气愤填膺，她需要宁静和平复。她思考是否应该说点什么，但又不忍心打断 Jim，似乎俩人都决定暂停片刻。她尝试着说，"Jim，这件事情令人非常痛心。为了更好地理解这一切，我们需要暂停片刻。"Jim 抬头好奇地注视着治疗师，满眼泪水，"从来没有人知道这段经历有多么恐怖。你是第一个真正关心我的人。连我妈妈都从来没有这么做过。"

他浑身颤抖，放声大哭，Ezri 推迟了对个人史的采集，只关注当下 Jim 的感受。她决定将治疗重心转移到关注 Jim 的人际关系与资源方向，帮助 Jim 掌握自我放松和调整的策略，在要求 Jim 重新返回创伤经历之前，他们至少还需要数周的准备工作。

阶段 2　寻找资源

寻找可利用的资源是处理创伤的基础与必要条件。在这个阶段中，来访者逐渐形成对症状的完整理解，并获得有效应对症状的能力。同时，这也是治疗师开始寻找来访者缺失或需要加强哪些资源的契机。第二阶段的主要任务是确立安全联系，并建立足够的自我支持（无论是心理层面的还是人际关系的），以促进与改善来访者的社会功能。此外，第二阶段的工作还可以调整第三阶段的工作节奏，为确保第三阶段工作的顺利开展奠定基础。

有时，来访者的状态会跌宕起伏（特别是当前正面临危机），或存在严重的风险因素，此时你需要优先提供安全和稳定，避免来访者过度负担或二次创伤。有时，你在短程治疗的框架下工作，缺乏足够的时间来按部就班地完成所有阶段。这时完成第一、第二阶段就构成了整个治疗，这两个阶段的完成对显著缓解来访者的症状大有裨益。

在第一阶段的采集资料和风险评估过程中，你可能已经对来访者的生活环境、睡眠与饮食、休闲安排、自我照料和风险因素有所了解。

此时，你也可以从下列方面探询是否有足够的支持资源：

◆反复出现惊恐发作和严重的焦虑；
◆谈及创伤记忆时，极易引起崩溃或解离。
◆在治疗中，无法与你建立关系；
◆沉溺于消极信念（例如"都是我的错，我活该受罪"）；
◆噩梦或闪回；
◆悲观无望；
◆躯体感受的去敏化（Desensitization of bodily sensation）。

上述问题迫切需要治疗师的主动干预，在治疗深入之前，治疗师必须帮助来访者稳定情绪，与你建立良好的工作联盟。

确保来访者的安全，避免二次创伤是所有创伤治疗的重中之重。随着工作的深入，你需要不断确认来访者的"情感容忍阈限"。我们在第十八章曾详细阐述过如何发展优势资源，因此，如果有需要，请返回第十八章寻找解决方法。

现在，我们将转向讨论创伤工作中特殊的支持形式（区别于一般的优势资源）。

心理教育

经历创伤的来访者经常被一些毫无规律的症状折磨得焦头烂额。他们会这样形容自己的状态："我知道我是安全的，但我却感觉心惊胆战，惶惶不可终日。"

对大脑和神经系统的创伤反应机制做详细讲解，通常有助于来访者理解其症状的机理，更容易合理地控制和应对这些症状。治疗师可以参阅更多创伤理论的文献，例如，Schore（2012）或Porges（2013）等的著作。不过，我们将在下文中提供一些简便的解释，你可以根据来访者的实际情况酌情修改和运用。通过心理健康教育，很多来访者发现原来那些痛苦不堪的症状是有章可循的（正常化）。

记忆的作用

我们有两类记忆或回忆的方式：显性和隐性记忆，两者的作用机理依赖于完全不同的大脑神经通路。显性记忆是指有意识地思考和回忆。它涉及对事件的描述——回忆事件的来龙去脉，并记得事件发生的时间与地点。隐性记忆是无意识的，往往以非言语形式作为载体，属于情绪记忆或身体-情感记忆，通常难以言表，也缺乏时间和逻辑框架，是当事人对事件的一种自然而然的感受。

> **练习：**试着回忆一段非常愉快的经历。回忆事件的具体细节。现在，请注意观察你的身体感受。

大部分人发现，我们在回忆具体事例时会体验到一些特定感受，例如：愉悦的感觉油然而生，自然地感到轻松或兴奋。这些都是隐性记忆的作用。你可能发现自己并没有刻意回忆某种感受，但它会自然而然地浮现。如果我们回想一段痛苦经历，感受可能就会完全不一样，如果回忆该经历的逐一细节，如：事件发生的时间，就可能会伴随出现躯体不适和紧张感。上述两种印象都会随着时间的流逝逐渐淡忘，我们逐渐恢复原状，保留我们对那一段经历所赋予的意义，并整合进入记忆（包括显性和隐性记忆）。

如果个体遭受难以承受的严重创伤刺激，那么显性记忆系统可能破坏或"下线"（人类进化过程中发展出的生存保护机制）。而我们相对只保留痛苦的感受和躯体反应，却无法理解事件的意义。因此，事后我们只对事件存有大致印象，但却发现很难理解事件本身的意义（"我知道事情的一些片段，并且这部分对我影响很大，但是我却想不出这件事情的具体意义"）。

之后一些轻微的，甚至与最初的创伤刺激毫不关联的情境都可能成为扳机事件，引发来访者的痛苦感受和躯体反应。比如剃须霜的气味，脚步声，语音语调等，使当事人仿佛又面临了创伤事件的**发生**。这就是为什么未解决的创伤常常会以侵入性的方式突然呈现，比如闪回、身体感受或焦虑与恐惧情绪，等等。这些症状常常与现实情形极不相符，并且与任何有意义的显性记忆都毫无关联。

将症状重构为生存资源

无论是面对一些记忆碎片，还是存留着某些无意识记忆，来访者通常都不容易理解其症状是由过去未解决的创伤所致。因此，帮助来访者深入理解目前症状与最初生存危机之间的关系是十分重要的。向来访者解释目前体验的由来，理解这些体验的形成机理，可以削弱来访者不必要的担忧与恐惧。

Kathy：但是，为什么我总是那么紧张呢？我有些神经质，易怒，常常对他人大发雷霆。只有将自己锁在房间内，我才感觉轻松自如。

治疗师：我想，在你年幼的时候（与反复无常的醉酒的父亲住在一起），为了生存你不得不保持高度警觉。你的反应最初只是为了让自己规避危险，保证自身安全。即使现在你已经不需要这样做了，但是由于这些反应最初作为一种创造性的资源成为你当时的最佳选择；因此，你的一部分自我依然会念念不忘这样的反应方式。

或者，

Jim：你能不能解释一下，当我在讲述痛苦经历的时候，为什么你总是要求我关注身体的感受是否紧张，或能量停留在身体的哪个部位？难道故事情节不是最重要的信息么？

治疗师：我认为，当你还是一个小孩的时候，你没有能力保护自己，但是，你想要逃离或推开施害者。这种躯体冲动可能一直被冻结在身体里，并急切地寻求解脱（这就是你可能听说过的"未完成事件"）。因此，我们需要理解此刻你的身体试图表达什么。

每当回首往事，大部分来访者会自我贬低、自责，甚至痛不欲生。他们不能理解，以往这些行为能最大程度地减少伤害。

Dax：我知道我当时只是个孩子，但是我依然感觉糟透了——我知道这确实不是我的错，但是我的另一部分自己却觉得我罪该万死。

治疗师：我想，相信自己是导致受害的原因，这对你具有保护作用，可以让自己觉得并不是父母不值得信任或父母是坏的。对于一个小孩来说，信任父母是至关重要的生存问题。更重要的是，责怪自己的错相对更容易，面对困境，谴责自己还有助于避免更大的伤害。

或者，

Tasha：我对自己感到很恼火。我本该有所觉察。我也本该能做些什么。现在，每当我想起此事，我就情不自禁地全身紧张，感觉快崩溃了。

治疗师：当我们因往事而批评或指责自己的时候，我们一边展开真切

的自我攻击，同时另一部分自我也积极动员起来以抵御紧张——这种积极响应有时几乎是持续的。你的躯体做出积极的响应，但却指向了错误的目标。我们需要寻找一种不一样的表达方式来安抚你油然而生的紧张情绪。另外想象一下：当时八岁的你又能够在多大程度上制止侵害的发生呢？

在第一阶段，实施评估，形成初步治疗方案。在第二阶段，提供充分的治疗关系和结构性资源或心理教育，使来访者能够感受到安全并面对和理解创伤形成的机理。创伤治疗可以就此告一段落，也可以开启更为艰难的旅程，即第三阶段的治疗，详见下一章的讨论。

第二十一章　创伤（下）：加工与整合

阶段3：加工创伤记忆

来访者前来求助往往意味着尚未成功处理自己的创伤经历。当来访者讲述他们的故事时，你应帮助他们与你建立关系，帮助他们寻找创伤加工的过程，并保持继续前行所需要的资源。有的来访者，良好的治疗关系及治疗师的支持就足以作为探索自我的资源；有的来访者，则需要深入理解创伤事件的意义，更新自己的某些信念；而另一些来访者，则可能需要平息、释放身体能量，采取行动表达当初未曾表达的情感。对于很多来访者而言，可能需要上述所有干预措施。

在创伤治疗的过程中，小心谨慎地对创伤分级，并循序渐进地实施干预尤为关键。为确保足够安全，你需要策略性地掌握治疗进程，切忌按部就班地照本宣科（按常规格式塔治疗程序）。在第三阶段，治疗师需对解离症状和伤害行为保持持续的敏感性，尤其是对于那些伴有持续性刺激的来访者（来访者在场环境中正面临严重的应激）。解离症状往往显而易见，来访者的自我常常变幻无常，有时，突然变得毫无反应或脱离现实。有时更为微妙，来访者貌似镇定自若，但却出现身体僵硬，情感淡漠，总之，这样的言谈举止十分不合时宜。你可以试着提醒来访者：她是否仍和你共处一室？当来访者恢复现实自我后，治疗才能继续（见第十七章，关于"如何将来访者带回此时此地"的技术）。治疗师应要求来访者一旦意识到自己脱离现实必须及时告知治疗师。

在第三阶段，你和来访者要*共同面对创伤经历*，你需要调节来访者的唤醒或紊乱程度，确认来访者处在情感容忍阈限内，确保来访者处于面对创伤经历的最佳功能状态，你需要不时地回顾第二阶段所用的内容和技术。也建议你再次阅读第六章，对治疗的总体干预过程了然于心。

会谈结构化

每次治疗会谈开始，应常规评估上次会谈的效应，包括上次会谈之后来访者的情绪和行为方面的变化。这种回顾有助于治疗师确定本次会谈进行挑战的适宜程度：是继续处理创伤经历，还是发展更多的资源？或是聚焦于自上次治疗后特别困扰来访者的某个症状或某段记忆。在治疗过程中，理想的情况是治疗师和来访者共同商定下一步的治疗步骤。不管怎样，来访者总是对治疗内容和进程拥有最终的决定权。

你也需要关注治疗的节奏。如果你们已确定继续处理创伤经历，那么你可以将会谈的前四分之三的时间用于这一工作，但必须预留四分之一的时间用以反思和领会会谈意义。尤其是治疗的最后五分钟，必须用于调整和稳定来访者的情绪，确保她能回到现实生活，安全返回。

我们相信：来访者在恰当的支持下能成功整合创伤经历，恢复健康，继续前行，并从创伤经历中获得感悟与成长。因此，我们处理未解决的创伤的总体策略是：寻找妨碍来访者康复进程的不利因素，促进来访者自我调节的支持因素。其中，你与来访者之间的治疗关系可能是达到这一目标的最佳途径。因此，作为治疗师，不但要帮助来访者找到具体的解决之道，而且要为来访者提供支持、鼓励和帮助，以便让他们自力更生，以自己独特的方式加工和整合创伤经历。

关于治疗顺序，我们建议按下列步骤开展工作，而每次会谈的内容可根据实际情况在不同的内容之间切换。

◆ 支持来访者面对创伤记忆；

◆ 提供协调的人际关系反应；

◆ 处理症状，使来访者处于情感容忍阈限之内；

◆ 帮助来访者表达被内转的情绪；

◆ 识别过度泛化或不适切的信念系统；

◆ 重新训练注意焦点；

◆ 关注积极因素；

◆ 处理未完成事件；

◆ 强化安全的人际界限。

支持来访者面对创伤记忆

通常我们会认为，如果来访者不仅能回忆起创伤事件的细节，能连贯一致地加以描述，而且还能被富有同理心的治疗师耐心聆听和"理解"，那么创伤问题必然能迎刃而解。但实际情况并非如此（事实上，仅仅完整地讲述创伤经历，其本身反而会造成二次创伤）。来访者会在讲述过程中不断地被非言语的内隐记忆、汹涌的情绪、闯入性画面或一些非言语的感知碎片所干扰，甚至激活或诱发痛苦体验。

这一阶段主要是找出需要解决的现实问题，并在确保良好支持的情况下，循序渐进地处理各种不同的信息，包括情感和躯体上的未完成事件。处理这些内容可能需要多次会谈，甚至长达几个月。一开始，你可能需要让来访者返回到创伤发生的某个时间点，讲述事实。在这一过程中，你需要注意叙述的进度，不时要求暂停片刻，以核实讲述过程中来访者的躯体感受和情绪变化，澄清当时出现的具体信念与具体反应。这也有助于来访者在讲述过程中始终与你在此时此刻保持联系。大部分来访者始终都在试图回避这段创伤记忆，因此在创伤治疗的第二阶段中治疗师能有效地利用资源，这对来访者的帮助尤为重要。

每次会谈结束之前，治疗师都需确认来访者目前是安全和稳定的。不管来访者的回忆内容是什么，都需确认他们已返回到当下，回忆过去的内容暂告段落。

提供协调的关系反应

随着回忆内容的展开，你需要与来访者形成协调而稳定的对话式关系，对来访者保持充分的共情和抱持。正如之前所提到的，这种协调是人际情感调节的关键因素［Schore（2003）称之为"交互式身心调节"（interactive psycho biological regulation）］。

协调的关系更多涉及的是感受和体验，而不是言语的沟通。来访者会不断地从你的语音语调、举手投足、目光交流以及你的情绪变化中获取信息，形成印象。十分在意你在听取她的讲述时能否镇定自若地承受她的痛苦情绪。与来访者保持恒定、同理和共鸣的态度能让来访者不自觉地感到被理解和被满足，同时，也让来访者确信自己的经历是"可忍受的"。这也为调整来访者的唤醒状态奠定了基础。更重要的是，来访者还会内化你的态度，你在关系上对来访者的支持，将转变成她的内部体验和前行的资源。

当你共情性地体验到自己的躯体反应时，你可以向来访者反馈他们下意识的自发性行为，治疗师的这种镜映（mirroring）可以反映出他们在讲述过程中身体的变化，包括细微的身体姿势或肌肉张力的变化。

"我注意到当你在讲述你很害怕的时候,你的右侧身体变得像这样紧张(示范姿势——最好像镜子——即用你的左侧身体示范),似乎你的身体随时准备迎接战斗。"

或者

"当听你讲到陷入困境却又无处可逃时,我的身体真切感受到想要挣脱枷锁,呼吸更多空气的愿望。"

这不仅能向来访者表达具化的躯体式共情(embodied somatic empathy),而且还可能促成来访者形成新的更有助于问题解决的身体反应。在这种工作状态中,你需要不断鼓励来访者采用正念的态度对任何体验保持好奇。

在提供这种关系上的回应时,你需要有意识地让自己处于此时此地,以更主动、更灵活的方式处理自己的共鸣式唤醒(也可参阅第十二章反移情的处理)。

在创伤治疗过程中,来访者极有可能激发出对治疗师强烈的消极/积极的关系期待,这是创伤幸存者的通常感受。此时治疗师有必要关注自己的反移情,提醒自己时刻警惕咨访之间的关系动力变化,敏感地观察来访者是否将过去的人物(如施虐者或拯救者)做了投射而对你产生移情。一旦负性移情出现,在继续创伤治疗之前你必须先着手处理这类负性移情。我们认为在整个第三阶段中,来访者都需要感受到治疗师是"站在自己这边的",能设身处地地体会自己的感受,治疗师应对"在当下的过去"(the past in the present)保持觉察与接纳。换言之,此时任由负性移情泛滥发展将会贻误治疗时机。你可以另找时间,循序渐进地修通这类问题。

处理症状,使来访者处于情感容忍阈限之内

在许多情况下,对创伤记忆的处理可以采用格式塔心理治疗中通用

第二十一章 创伤（下）：加工与整合

的技术、技巧和机理。然而有些创伤幸存者在治疗过程中会出现许多特殊的，甚至是始料未及的创伤情节，此时他们常常高度警觉（过度唤醒）或表现抑制（低唤醒）或者在两者间变幻无常，使原本就复杂的治疗更是举步维艰，治疗常常陷入僵局，来访者变得呆板、迟滞或缄默不语。

为了有效地进行创伤治疗，需要使来访者所处的唤醒水平保持在既能面对创伤情绪的唤起又不致不堪负重的状态（格式塔理论中称之为"*安全的应激*"）。如果来访者能在充分支持的情况下、在情感容忍阈限的范围内面对创伤体验，那么，机体的自我调节功能往往会自然引导个体进行创伤的整合。换言之，来访者的调节机能本身就具有问题解决的能力。

下列示意图描绘了有机体的不同唤醒状态。借助示意图向来访者解释机体的唤醒水平将大有裨益，这有助于更好地理解积极调整自身唤醒水平的重要意义。

你可以这样向来访者解释：

"如果我们过度唤醒或抑制唤醒，我们的情绪反应可能会变得杂乱无章或麻木不仁。因此，要想面对和处理创伤反应，必须学会调整自己的唤醒水平——学会既感受创伤的经历，同时又保持清晰的思维状态。这也是我们之所以要学习放松练习、接地练习（grounding exercises）、宁静意象（calming imagery）和其他技巧的原因。"

或者

"我们能有效管理情绪，而不致被情绪淹没或索性感受不到任何情绪，这样的能力最早源自年幼时父母亲如何对待我们的沮丧、愤怒、焦虑或悲伤。父母亲容忍和调节我们情绪表达的有效程度，影响到我们将来管理情绪的能力。治疗的任务之一就是帮助你扩展情感的限度，以便你能更有效地处理你正面对的，或者将要面对的强烈情绪和感受。"

（注意：你无须滔滔不绝地高谈阔论，你可根据特定治疗进度和具体的来访者酌情调整。）

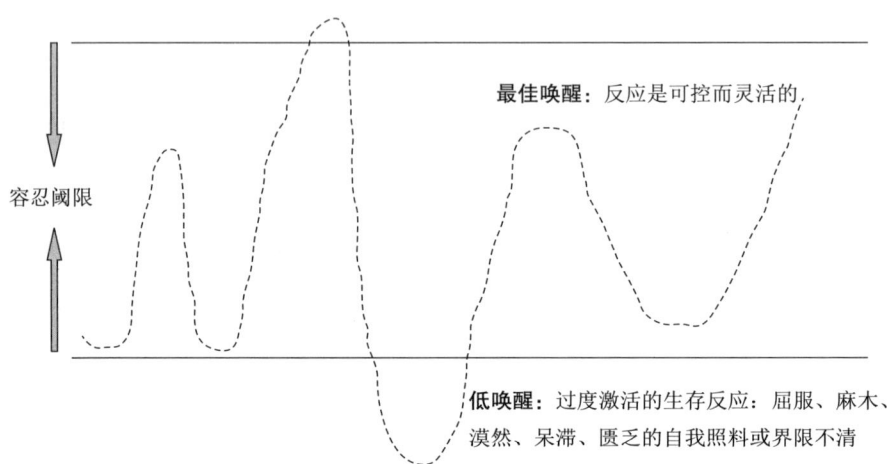

图 21.1　情感容忍阈限

你需要持续监测来访者处在"情感容忍阈限"的范围内，通过降低（或提升）挑战难度，确保来访者处在最佳的风险和安全水平。格式塔治疗师尤其擅长在复杂多变的唤醒素材与安全可控的接地感之间来回调整（他们习惯使用分级实验）。这也是我们力求在第二阶段最大限度发展当下资源的原因所在。

第二十一章 创伤（下）：加工与整合

案例

Alexander 在回忆其创伤经历时，显然处于低唤醒状态，显得死气沉沉，呆滞木讷。于是，在他讲述创伤事件的过程里，治疗师给他以密切的指导。治疗师要求他对自己"此时此地"的情绪、情感、联想都保持深切的关注，尤其是身体的细微感受。治疗师会要求他站起来走动走动，或者找个什么物件用力去推一推，以此重新激活其生存性防御反应。

Keira 则相反，她是一个极度活跃的来访者，常常会体验到渐次加重的惊慌不安。治疗师鼓励她"放下那些想法，深呼吸，彻底地把它们呼出去——现在，做两个深深的缓慢的呼吸。呼气时，请数到4。环顾房间的四周——注意观察这个房间中的颜色——注意你最喜欢哪一种颜色。记住，你现在在这个房间里是非常安全的"（重复几次）。

这种对躯体感受的重新聚焦能使来访者产生稳定的接地感（a grounded sense）。此外，这也有助削弱过度唤醒的反复循环，即痛苦想法不断激活情绪，激活的情绪加深痛苦的想法这种强化循环路径。

不管是 Alexander 还是 Keira，他们都应重新将注意力聚焦在此时此地，可以要求他们关注双脚踩地或身体坐在椅子上的感觉，或感受周围的所见所闻；或者请他们做深呼吸；调整坐姿，伸展、挺直后背；站起身来，走动走动；要求他们觉察在这么做的时候对自我的感受发生了哪些变化。

治疗师通过这些方法调整唤醒水平和挑战的程度，以确保来访者处于"容忍阈限"的最佳水平。

帮助来访者表达被内转的情绪

健康的情绪是对特定情境的适应性反应和恰当表达；它们通常会有灵活变化的发展过程，并且在该情绪消退后个体能体验到情绪的终结。这些情绪可能是适度的生气，可能是遭遇丧失后的悲伤，也可能是面对威胁时的害怕，或者是幸福时刻的愉悦感。然而，在创伤经历过程中，这样的情绪却常常被压制或歪曲。于是，来访者更多表现为自动的、重复的或不适切的情绪，比如，不利健康的羞愧感或不必要的内疚感，或不合时宜的防御性反应。他们常常出现非理性的冲动、攻击、自伤或屈从等行为，这些行为方式常常让来访者深受其害，并且对自己的行为也困惑不解。

治疗的任务是要识别和加强那些来访者需要表达但却被忽视或压抑的情绪：例如，表达对虐待的愤怒或渴求援助。情绪不仅仅是对情境作出的反应，也是组织并激活行为的起源。情绪表达一旦受阻，通常会孜孜不倦地寻求表达的机会。例如，恐惧促使你选择逃跑；愤怒促使你捍卫自己；悲伤促使你寻求抚慰，等等。

表达被抑制的情绪不仅可以处理创伤，更能让来访者感到如释重负，促进来访者发掘积极资源，或对回避的内容有新的洞察。同时，情绪的表达还有助于打破来访者对创伤症状的认同，而正是这种认同导致来访者沉溺于受害者的角色。

通常，识别出来访者正在体验的情绪是羞愧感（或是屈从、过度警觉或恐惧等），就对创伤幸存者具有显著的干预功效，因为这是他们一直体验但却从未被识别的情绪……它向来访者传递这样的信息："这是你的一种情绪体验，而并非你就是这样的人。"（Kepner, 1995:41）

想象、视觉化、心理剧、双椅技术、分级实验、角色扮演、创造性地夸大身体语言等有效的格式塔治疗技术都可用来探索、表达和整合来访者的情绪。这些技术在本书各章节中（参见第九、十一、十三章）都有介绍，可根据不同治疗时段选择使用。创伤工作中尤具价值的方式就是实验，包括循序渐进的身体动作或练习新的表达，结合随时评估实验的意义和收获。这也包括鼓励来访者放慢步伐，对每一次的情绪呈现都保持持续的觉察。例如，当来访者告诉你（以非常绝望的语调）他们当时是多么想反抗施虐者，但实在无能为力，你可以试着这样回应：

"刚才你说的事情真的非常重要。注意在你的叙述中，当时发生的场景（当来访者被迫屈从时）……关注你当时身体和情感上的感受。"

缓慢而有条不紊的工作方式不仅有助于来访者从容地表达情绪，而且有助于你和来访者一起平稳前行并整合资源。此外，这样的工作方式还可避免来访者突然出现高唤醒或低唤醒的极端状态。

识别过度泛化或不适切的信念系统

经历创伤之后，许多来访者对自己或环境的判断产生过分泛化或自贬自责的错误信念。在评估阶段，你可能已识别出来访者的一些核心信念和内射信念，再继续下去，你还会不断发现新的核心信念呈现。这些信念或态度通常被来访者用于解释创伤事件的意义，这种解释将会成为来访者康复的一大障碍。因此，创伤治疗中需要帮助来访者通过此时此地的视角、借助成人的眼光与理解力，识别儿童期歪曲的认知和不切实际的信念（特别是创伤发生在来访者幼年时），以帮助来访者修通对创伤的理解、认识创伤对自己而言的重要意义。

了解更多关于修正歪曲认知的格式塔治疗，请参见本书第十一章。对错误认知的治疗干预，使来访者获得更切实际的信念（例如，"假如这件事发生在我成年时，我一定能保护好我自己"或"我当时才5岁——这不是我的错")。

重新训练注意焦点

伴随创伤症状（例如焦虑或惊恐）的来访者常常固守于某种自我保护的方式，例如"我必须时刻保持警惕，这样才能远离危险"。他们将所有的注意力都聚焦在"排他性主题"上，而忽略其他任何的可能性。治疗师应帮助来访者重新训练注意力的选择性：首先要求来访者识别自己的核心信念和想法，然后再要求他们有意识地去寻找一些其他客观事实——例如，目前是安全的（哪怕只是在治疗室内的安全）；回想一些曾经感受过焦虑而最终都安然渡过的事件；寻找诸如"今天的阳光就很明媚"之类的感受。治疗师可以要求来访者关注躯体的哪一部位感受到了"排他性主题"，随后再仔细探索躯体感受，寻找其他的不同感受，例如脚踩地板时会有接地感，背靠椅子时就感觉很坚实、很放松（更多练习请参见前文）。

当然，也可采用扩大"排他性主题"的方式让来访者刻意关注令人困扰的思维或感受，然后将注意力向主题四周扩散，发现可能被忽略的事物，并且给予这些事物以同等的兴趣和重视。这种正念练习遵循现象学的"同等化"（*horizontalism*）原理，包括引导来访者将想法和记忆看成依次进站的列车，或是一幕幕电影场景情节不断延伸和扩展，这样，使来访者有能力注意各个细节，选择是否"上车"或"静观其变"（更多内容请参阅第三章与第十八章）。

关注积极因素

排他性主题的另一种表现形式是，创伤幸存者经常过于关注自身的困难和症状，却对自己的症状消失或是完好状态视而不见。随着治疗的不断深入，来访者会逐渐出现细微变化、渐渐获得洞察力或体验到身体能量的增强。因此，治疗师及时发现来访者康复历程中的点滴进步就显得很重要，这些改变虽然细微但意义深远。此外，在访谈过程中治疗师也要时刻关注被来访者忽视的支持性资源或积极因素。

> **案例**
>
> 起初，Alicia只记得车祸发生时可怕的撞击声和冲击力。经过几次会谈，她自然而然地回忆起当时救护人员对她的悉心照料以及亲朋好友的嘘寒问暖，这使她倍感温暖与安全。

如果出现这样的积极时刻，应暂停片刻，进一步扩展这种积极体验，鼓励来访者用心感受和体会这些微细但令人宽慰的重要时刻。

寻找未完成行为或动作

通常，创伤经历如果得不到处理，创伤幸存者会遗留未完成的感知运动性冲动（sensorimotor impulses）——想要抵抗或撤退（战斗或逃跑）。这是因为个体在遭遇攻击或刺激的情况下，都会试图积极采取行动。但如果这种冲动被阻隔或以因无能为力而终止，那么被阻断的冲动可能依然蠢蠢欲动，试图寻找表达的机会。

> 当遭遇刺激时抵抗或逃跑都显得于事无补时，个体的自我防御便会变得杂乱无章或毫无作为。面对危险时本该有的正常反应将丧失效能，即使在危险解除后依然会持续地处于草木皆兵的警觉状态（Herman, 1992:35）。

因此，处理来访者的这类未完成事件，治疗师需要教导来访者以缓慢而正念的方式关注自己在讲述经历时所呈现的感觉、能量和细微动作。治疗师也可以用一些小实验来增强这一过程，例如，注意到来访者有细微的手势，治疗师可以引导他夸大这一动作，体会这个动作所伴随的感受以及这个动作所引发的新感受。再比如，来访者讲述自己被侵犯的经历时，某些你原本预期他会做的动作或呈现出的姿势却没有出现（治疗师的反移情在此刻再次发挥了作用）；你就可以建议他去尝试这些动作，可以是用力推开，可以是调整姿势显得更有力量，还可以是舒展肢体，或者是体会背靠椅子获得支持感。

案例

当 Hoshi 谈到自己被强奸的那一幕时，身体变得僵硬不动，手臂开始颤抖。治疗师鼓励她停留在当下的感觉，继续保持这一状态。此时，Hoshi 的整个身体开始发抖，双手不由自主地举到胸前，手掌朝外。治疗师鼓励她关注当下产生的感觉，让所有的感受或动作顺其自然。然后，Hoshi 的手臂猛烈向外一推，并且怒吼道"走开！离我远点！"过了一会儿，她的手臂开始放松，深深地叹了一口气，"我需要这么做。"她告诉治疗师，她现在感到平静多了，似乎卸下了一个背负已久的重担。

来访者讲述其创伤经历或关注其躯体感受时，常常会体验到指向性不明的感受，比如失控地剧烈抖动、战栗、紧张或者痛苦。Fisher（2013）描述了对感觉运动的聚焦：对正在浮现的事物仅限于保持关注，鼓励来访者对躯体感受保持关注。例如，指导来访者"此刻，请放下任何念头和情绪，仅仅关注自己的身体感受。""只注意你身体的感受，告诉我你觉察到什么。"通过这种支持和聚焦，痛苦的感觉自然而然地就会缓解，来访者通常能体验到如释重负后的平和心情。

治疗师对这种机体自我调节（及感受伴随体验）过程的信任，镇定自若的态度、平缓宁静的语调是支持来访者正念关注躯体感受的重要因素。有时，在这一过程中，如果来访者过度激活或无法承受时，你应该转而采用某些稳定化策略，这在之前的第二阶段曾练习过。

感知运动性心理治疗（Sensorimotor psychotherapy, Ogden, Minton 和 Paine，2006）是格式塔治疗师丰富的学习宝藏，它可被借鉴用于提升格式塔治疗师对创伤治疗的理解和适任能力。该疗法阐述了如何追踪来访者的身体能量，如何做"接触性叙述"（contact statement）——聚焦于关注、确认体验，然后"重排序列"——引出来访者被阻断的进程，支持那些被阻断而隐没的部分逐一呈现。

强化安全的人际界限

对许多来访者来说，创伤经历严重地损害了自身维护安全性人际关系的能力，对他人的反应往往呈现出两极分化。来访者要么形成僵化、排斥的人际模式，导致亲密关系、人际互动或挫折容忍等多个方面出现问题。要么决断能力低下，与人相处时唯唯诺诺或与他人边界不清（有时可能会出现两极摆荡）。

在恰切的情境中，在维系恰当的人际边界时，有能力表达"接受"或"拒绝"，这是一种重要的、健康的、富有弹性的社会功能。这不仅需要借助语言表达，更重要是利用躯体感受这一资源。

许多实验可帮助来访者确立和保持边界意识，恢复来访者对确立安全边界的自信。具体方法如下：

◆ 识别那些需要用语言和情绪来表达的感受与需求；
◆ 象征性地设立人际界限（例如，以垫子围挡），让来访者体会被围限的感觉。
◆ 用手臂、背部，或者身体的一侧推压墙壁，体验坚实的界限感；

- ◆ 尝试调整你的座椅位置，靠近来访者或挪远，询问来访者觉得什么位置是他感觉的最佳距离；
- ◆ 你拿起一个靠垫托在手上，让来访者按住另一面，感受你逐渐加大的力量。（这不同于宣泄练习，也不是为了求得某种特定结论，而是借由柔缓地、轻重有选择地施力，让来访者觉察由此激发的感受、情绪和意象，这样可以让来访者切实感受到自己的肢体力量。）
- ◆ 放弃对抗——来访者瘫坐在椅子上，全身放松，完全由椅子来承受自己的身体。

完成第三阶段各项必需的治疗步骤后，你将进入第三阶段的尾声，此时，来访者的症状已经显著缓解，能够较真切地体验到创伤属于过去，并为下一步的康复做好了准备。

阶段4：整合

整合与重建

这个阶段的主要任务是帮助来访者从丧失或丧亲之痛中获得康复，以及与新的场环境重新建立联系。那些承受创伤症状长达数十年之久的来访者，如今正逐渐蜕变，因此他们还需要理解这个"新我"，建立与"新我"的关系，需要认识当下的这一重挑战。

尽管创伤症状已经消退，但他们应意识到生活永远不会再回到从前。他们不得不面对的事实是：过去的影响将永远存在。如果来访者是事件的受害者（尤其是在童年时期），那么，他们将意识到命运的多舛永远得不到补偿。此外，他们还不得不接受这样的事实：他们对这个世界的基本安全感和公平感将永远心存疑虑。他们只能靠自己去理解在他们身上所发生的一切的意义所在，重新与这个世界建立完整的联系。这个阶段中，治疗师和来访者应共同努力、寻找还有哪些遗留的问题，还存在哪些遗憾、自责或愤怒，总结创伤经历给自己留下了怎样的珍贵遗产。

来访者此刻应经历哀伤处理，对自己因症状而"虚度光阴"或失去快乐童年进行哀悼。他们会为丧失原本应该拥有的或希望拥有的（比如，在悲伤时应该受到悉心照料）而感到深深的遗憾，为创伤事件的发生和生活的糟糕而痛心疾首。他们多么企盼自己当时能有所作为，多么希望自己不再自我责备。此时，治疗师应帮助来访者学习自我和解、自我宽恕和自我妥协。这是一个缓慢的过程，离不开治疗师的爱的滋养，也离不开有效的专业干预。

除了帮助来访者调整生活、学习独立、自我防卫与自我保护外，治疗师还需要帮助来访者重建人际关系，鼓励来访者参加有益的社交活动以建立信任的人际关系。一些与来访者的经历相契合的练习项目和交往活动，将有助于这项工作的开展。例如，由相似经历的成员组成支持性团体；参加预防项目的行动小组；为他人宣教或提高公众对专题的意识。

寻找解脱、转变和"康复"的感觉

你可能已经注意到了，相比起负性情感能使人长久耽于意志消沉而言，积极正向的情绪则能使人在前进的道路上奋起直行。所以治疗最后阶段的重要任务之一就是鼓励、促进和强化来访者在治疗中取得的积极正向的改变（这一任务对治疗师而言也很重要，我们常常发现有些治疗师本身似乎就不太容易发现自己治疗工作的有效性）。

治疗师可以邀请来访者一起回顾治疗历程，回顾来访者治疗之初所面对的诸多困难，治疗期间所展现出的弹性，以及为获得改变所做的种种努力与尝试。这些回顾可作为持续改变的强大动力，能有效促进来访者的

"创伤后成长"（post-traumatic growth）。

鼓励来访者关注创伤康复后的成就感、愉悦与满足等积极情绪，尽情地享受和巩固这种康复后的感受。这可能包括主动（用若干次会谈的时间）关注并保留这些令人满足和宁静安详的情感和身体感受。

治疗师的自我照料

治疗师的自我照料在各种心理治疗中始终不容忽视，但在创伤治疗中显得尤为重要。作为治疗师，你需要觉察自身的创伤体验以及工作超负荷的信号。对来访者包容并与之保持协调是重要的治疗态度之一，但这也可成为最大的危险。治疗师与来访者的沟通常常处于双方的意识之外，治疗师努力保持开放和关爱的态度，常常使你容易受到伤害。你可能会不知不觉地承接了来访者情感和躯体上的某些负面感受，以致在治疗结束时感到疲惫不堪。这种现象在你接诊复杂的创伤来访者或工作超负荷时更加突出。

你是否曾经有过下列体验？

◆ 感到疲惫不堪、筋疲力尽或身心耗竭；
◆ 容易因来访者的情形而暴怒、焦虑或心事重重；
◆ 不希望某个来访者的到来；
◆ 回家后依然感觉难以放松或投入家庭关系；
◆ 饮酒过度或过量运动；
◆ 在两次会谈的间隔期，难以在时间、金钱或沟通等方面与来访者保持专业界限。

尤其是当来访者描述他们的悲惨经历时，往往会唤起你的冲动，也很容易相信凭一己之力能救人于苦难，力挽狂澜。你必须意识到自身能量、专业水准和个体能力的局限性，治疗师对自己在多大程度上能帮助来访者，在有限时间内帮助多少来访者应该有一个现实的评估。

> **建议**：回忆最近一段时间，一天结束时，你会感觉治疗工作特别有压力和挑战吗？会谈结束之后，你有怎样的感觉？你是否会感到筋疲力尽或身心耗竭，或感觉劳累但心满意足？或即使你感觉每次治疗都已圆满完成，但是到了周末依然有如释重负的感觉。你是否注意到任何躯体迹象（诸如头疼、无力、嗜睡或敏感警觉等）？你是怎样处理这些感觉的？……现在，请你在督导或治疗时反思这些现象，然后决定需要做出怎样的调整。

会谈的开始和结束

每一次治疗会谈的开始，简短地检查自身状态，注意自己的身体是紧张还是放松的，对即将开始的工作是满怀热情地还是不情不愿。治疗结束时，再次检查自身的感受，描述自己的状态（好像正在与你的督导师交流一样）。

对照本书第七章中的指导原则，核查自我照料的情况。

在两次咨询的间隔休息期，可以做一些有益的躯体活动，例如简单的放松练习、深呼吸、起立行走，或想象心旷神怡的场景。

总结

再次提醒，重要的是要实事求是地预设来访者的最终治疗结果，须谨记：每一位来访者的人生经历都是独一无二的，而你的参与只是其中的一部分而已。对很多来访者而言，你有能力在来访者痛苦和悲伤的时候耐心陪伴，让他们第一次感受到"被听见"与"被看见"，是你所能做的最重要的事情。他们可能还需要继续哀悼，在治疗结束之后还有漫长的疗愈历程要走。

最后，*请欣赏自己的工作*。创伤治疗不仅需要治疗师具有精湛的业务水平，而且还会给治疗师带来不小的压力。然而，见证备受煎熬的来访者最终摆脱痛苦，自信而乐观地开始新的生活，这一定会让你感到莫大的喜悦与满足。

推荐书目

Badenoch, B. (2008) *Being a Brain-Wise Therapist. A Practical Guide to Neurobiology*. New York: Norton.

Bauer, A. and Toman, S. (2003) 'A Gestalt perspective of crisis debriefing', *Gestalt Review*, 7 (1) : 56-71.

Briere, J. and Scott, C. (2006) *Principles of Trauma Therapy. A Guide to Symptoms, Evaluation and Treatment*. London: Sage.

Cohen, A. (2003) 'Gestalt therapy and Post. Traumatic Stress Disorder: The irony and the challenge', *Gestalt Review*, 7 (1) : 42-55.

Gold, E. and Zahm, S. (2011) 'Gestalt therapy training integrating Buddhist psy. chology and mindfulness methods' in D. Bloom and P. Brownell (eds). *Continuity and Change: Gestalt Therapy Now*. Newcastle: Cambridge Scholars Press.

Harris, E. S. (2007) 'Working with forgiveness in Gestalt therapy', *Gestalt Review*, 11 (2) : 108-19.

Herman, J. (2001) *Trauma and Recovery*. London: Pandora.

International Society for the Treatment of Trauma and Dissociation www. isst- d. org

Kepner, J. (1996) *Healing Tasks: Psychotherapy with Adult Survivors of Childhood Abuse*. London: Routledge.

(Continued)

(Continued)

Levine, P (2010) *In an Unspoken Voice: How the Body Releases Trauma and Restores Goodness*. Berkeley, CA: North Atlantic Books.

MacKay, B. (2011) *Two-You Work. How to work with the serf in conflict*. Canada: The Write Room Press.

Ogden, P., Minton, K. and Pain, C. (2006) *Trauma and the Body: A Sensorimotor Approach to Psychotherapy*. New York: Norton.

Perera-Diltz, D. M., Laux, J. M. and Toman S. M. (2012) 'A cross-cultural explora- tion of PTSD: Assesment, diagnosis, recommended Gestalt treatment', *Gestalt Review*, 16 (1) : 69-87.

Rothschild, B. (2000) *The Body Remembers*. London: Norton.

Rothschild, B (2006) . 'Help for the helper, self-care strategies for managing burnout and stress', London: Norton.

Rothschild, B. (2010) *Eight Keys to Safe Trauma Recovery*. London: Norton.

Shapiro, F (2001) *Eye Movement Desensitizing and Reprocessing*. New York: Guilford Press.

Shapiro, F (2012) *Getting Past Your Past*. New York: Rodale.

Schore, A. (2012) *The Science and Art of Psychotherapy* London: W.W.Norton & Co.

Siegel, D. (1999) *The Developing Mind*. New York: Guilford Press.

Siegel, D. (2007) *The Mindful Brain*. New York: Norton.

Taylor, M. (2014) *Trauma Therapy and Clinical Practice: Neuroscience, Gestalt and the Body*. Maidenhead: Open University Press.

解离评定量表 (DES)

See serene.me.uk/tests/des.pdf for a sample test, but please do not use without further training.

第三部分
格式塔治疗技术在特定背景下的运用

PART THREE

GESTALT
PRACTICE
IN
CONTEXT

第二十二章　短程治疗
第二十三章　反思：格式塔治疗的研究
第二十四章　文化差异与伦理
第二十五章　灵性咨询

第二十二章　短程治疗

　　格式塔咨询师目前所面临的处境是：不仅治疗会谈次数越来越受到限制，而且治疗结果还要求达到可观察的疗效（通常是行为结果）。许多医疗保险机构还要求治疗师出具治疗过程报告，并对是否成功达到最初预期进行等级评定。这些要求尤其可见于全科医生的手术治疗、精神卫生服务的成本效益分析、医疗保险背景下的员工援助计划等项目。

　　在这样的大背景下，常会促使来访者带着治疗后"感觉会更好"的模糊希望而来；或者因他人想当然地认为"咨询会给你帮助"而被转介来；或者只是为寻找工作绩效下降或旷工的借口而来。也有来访者前来时会预设某种特定目标，例如，"自己今后不要整天这么焦虑/与伴侣的关系能够更好"。在短程治疗中，我们不仅需要保持创造性中立的态度，还要确保格式塔治疗符合工作时限的要求，总之，要尽可能保持这两者之间的平衡。对于上述第一类来访者，治疗策略应尽可能具有针对性，帮助来访者澄清与理解治疗的主题，识别所需要解决的问题。而针对第二类来访者，可能需要与他们一起讨论，双方共同商定在多大程度上聚焦于某一具体的预期结果。不管是第一类，还是第二类来访者，我们都必须制订计划，争取在短时间内切实有效地解决问题。

　　短程治疗这一形式对于格式塔治疗中如何确定治疗目标和聚焦治疗主

题，是一种挑战。我们在第三章中也讨论过类似的问题。毫无疑问，这一矛盾在短程治疗形式中显得尤为突出。然而无论如何，我们坚信，在遵循创造性中立、现象学探索与关注真实体验的基础上，格式塔治疗师完全能够实施焦点清晰、针对性强的治疗工作。

事实上，格式塔治疗*确有*其治疗目标（goal），只不过通常会表现为对治疗目标的*处理过程*而已。例如，提升觉察力、健全社会功能、提高灵活的选择能力、建立真诚的人际关系以及处理未完成事件等。

如果来访者提出具体要求，例如"不再感到抑郁"，咨询师应尽可能清晰地将其作为治疗的焦点，并支持来访者按自己的意愿作出行为上的改变。但是我们通常不建议来访者将某个特定行为设为治疗目标（例如，"不再感到抑郁"），因为这种局限的目标将成为治疗的障碍，并不符合来访者的真正需要。同样，如果来访者带着不切实际的幻想，希望自己能彻底改头换面（比如"想变得开心"或"想从压力中解脱出来"），这种预设反而会抑制个人的自然成长和改变。[Perls（1969）称之为"自我意象的实现"（self-image actualization），而不是"自我实现"（self-actualization）]。

重要的并不在于提前制定治疗方向或目标，而在于能否接受治疗中出现意料之外的结果。来访者常常在治疗数周后才能找到自己真正想要的目标，而这一目标往往会与最初的想象不尽相同。我们认为关键在于（与来访者个人议题相关的）某些主题（figure）在治疗进程中变得逐渐清晰起来。由此，短程治疗成为一次令人鼓舞的、有力的干预。理想的情况是，不在治疗时长上做限制（time-limited），而是聚焦于治疗议题（issue focused），由此咨访双方聚焦于共同约定的目标问题上，根据情况协商制定治疗时程为1次、4次或12次，而只在必要的情况下才做延长。

来访者通常会坚持完成事先约定的治疗次数，甚至不管治疗时程是否真的合适。例如原本6次治疗就足以解决问题，但因为有12次的约定，来访者通常会坚持完成全过程。以"聚焦于治疗议题"的角度处置，而不是依照限定完成会谈次数，才能真正体现治疗是以来访者的需求为中心，而不是以治疗设置为中心。这样，治疗师达成治疗协议时，所考量的是适宜的治疗时程（比如，治疗师热忱地告诉来访者："我能为你提供6次咨询"）；而不是堕入误区，误以为短程治疗就是长程治疗的"缩量次优版"（告诉来访者："我能为你提供的咨询只有6次"）。

我们须正确看待短程治疗的优势与劣势。短程治疗有助于减少来访者的病耻感，减少依赖，花费更少，聚焦问题，疗效更为直观（或相反！）。一部分来访者在相对短的时间内便能取得相当显著的变化。当然，有时候来访者的重要信息要在建立信任关系数月乃至数年后，才逐渐浮出水面（尤其涉及性虐待或其他敏感问题时）。因此，这样的来访者无法在短期内对问题的整体有深刻领悟或产生重大转变，尤其是诸如酗酒、物质滥用等根深蒂固的行为（除非来访者正在做出转变，只是需要通过咨询得到一些支持）。你可以转介此类来访者去更适合的治疗项目，向他们介绍"更擅长处理这类问题的专家"。

> **建议**：回忆你在培训过程和治疗经验中曾经有的重要收获。思考如果是4次或12次的治疗时间，可以多大程度上实现这样的转变？为什么在短程治疗中，有些目标能够实现，有些则不能？

选择适合短程治疗的来访者

以下指标可用来帮助选择适合短程治疗的来访者。我们建议你在初次访谈时进行筛选：

◆ 初次访谈时能积极投入，比较容易进行沟通；

- ◆ 愿意认识和承担自身的责任；
- ◆ 没有需要特别处理的风险因素；
- ◆ 愿意接受自己需要在改变过程中更加积极主动；
- ◆ 不存在继发性获益（例如，生病就可以不工作）；
- ◆ 有能力在限定次数的咨询期间聚焦问题，即使只是深入其问题的一部分亦可；
- ◆ 理解并认可和你一同工作的方式。

要求来访者符合上述所有要求并不现实，如果来访者认为短程治疗中自己无法充分地表达，那么他就不太适合短程治疗。然而短程治疗也可作为转向长程治疗的基础。对于此类来访者，短程治疗能为他们提供积极的治疗体验，激发探索自己的兴趣，强化改变的动机，最终他们会做出选择——转向长程治疗。这类来访者通常是：进食障碍患者、物质或酒精成瘾患者、共病患者以及慢性心理问题的来访者。

投入工作

任何心理治疗都是具有2个方面：建立工作联盟和解决实际问题，在此基础上双方共同评估问题和讨论改变的可能。治疗是要在治疗的各环节上，把握这两个方面的平衡，这一点在短程咨询中极为重要。在初次会谈的最后（最晚也要在第二次咨询结束之前）就要确定需要解决的主要问题，并判断来访者（以及他的问题）是否适合短程治疗。即使你们将"澄清问题"本身作为短程咨询的目标，也是如此。

除此之外，你要让来访者有充足的时间去讲述他的故事，表达他的感受，并让他体验到你的倾听与你的对话式态度。（艰巨的任务！）

相对于长程治疗，咨询师在短程治疗中更需要果断的风格和主导性的

第二十二章 短程治疗

态度。为了更有效地利用时间,可让来访者在会谈之前先填写个人成长史和治疗原因的表格,并且附有供阅读的描述治疗过程的说明。在初始访谈时也可就这些问题进行讨论,通常的开场白是:"这次访谈的目的是来看看治疗将对你有什么帮助。"这样在初始访谈结束时,你就比较容易判断短程治疗能否帮助他,或是需要增加评估会谈才能决定,或决定转诊。

接下来,你需要澄清问题,就短程内能解决的可能性与来访者达成一致。如果来访者感到不解或失望,那他可能需要更进一步的解释。下列问题可能会对你的解释有所帮助(不仅限于短程治疗,在其他类型的治疗中也可使用):

"当你决定寻找咨询的时候,你抱有怎样的希望\期待\想法?"

"是什么问题促使你前来求助的?"

"你认为咨询将如何帮助你?"

"你认为怎样的治疗结果才算是成功的?"

另外还可以了解来访者在多大程度上相信改变会发生,为什么选择此刻来咨询,在过去遇到此类危机是如何处理的,等等。

个人史采集通常比较简短,但是在评估风险因素方面需要仔细询问(例如,先前是否有过自伤史、精神病史等——参见第十七章)。

一些所谓的"环境问题"(issues of circumstance)也不适合短程治疗。此类来访者通常只会抱怨他人和环境("丈夫对我太差了""老板对我不公平"),从不寻找自己的责任,因此他们认为只有环境的改变或者其他人做出改变才能解决问题。重构问题的因果关系可能是比较有效的方法,你可以这样询问:"有没有一点可能性,他们这样对待你,与你自身也有一些关系?"或者"即便都是他们的问题,那你是否愿意寻找更有效的解决办法呢?"

有些来访者是被医生、伴侣或老板转介而来的,转介者期待你"能让他们有所改变"。这些来访者一开始并不适合咨询治疗，他们可能对提供现实答案或支持性咨询感兴趣（你可能不愿意提供这样的咨询）。这种情况下，询问上述四个问题通常有助于澄清求助动机，或至少有助于寻找适合咨询的问题，包括决定哪些问题需要优先解决。有时在诸多问题中，集中精力只解决 1～2 个问题也是合理的（尽管这样做更具诱导性，比较缺乏对话式的态度）。因此通常需要在评估结束时向来访者核实：

"对这样的访谈形式你感觉如何？"

"这次谈话对你有帮助吗？"

这些提问有助于了解初始访谈的具体影响，在哪些方面可能需要做出怎样的调整。

"完成工作"

如果治疗双方已顺利达成协议，那么这一阶段就需要按协议进一步完成工作。即使治疗结束前来访者仍未彻底解决未完成事件，但是他获得了某种成功的体验，这些体验不仅有助于改善目前的生活现状，并且也能为后续治疗奠定基础。Houston（2003）将这一阶段简称为"中间阶段"，因为，这是一个既要遵循初衷（短程治疗协议）又要尽量考虑未来发展的承前启后的时段。

与所有的格式塔咨询一样，短程治疗也始于对话式的态度和现象学探索，以此提升来访者对自身的觉察。即使在短程工作中，也可以充分发挥现象学方法和改变的悖论的优势。除此之外，下列方法也很实用：

◆ 识别意义构建是如何影响行为的（即核心信念是如何影响生活的，如认为"我一事无成"），参阅 Whines（1999:10）对这一领域的阐述也会对治疗师有所启迪。

第二十二章 短程治疗

◆ 仅收集下一个阶段所需的必要信息。谨防迷失在过分详细的故事中,失去治疗的重心。

◆ 为治疗找到具体可操作的主题(figure)(例如,将"想变得更有决断力"落实到某个缺乏决断的具体情景),并且关注相关的背景信息("当时你有什么感受?其他人对此如何反应?你什么时候开始为此生气的?"等等)。

◆ 将初始目标牢记于心,密切关注治疗中呈现的素材与初始目标之间的联系。通过素材的收集使治疗目标变得更加清晰。(提问:你认为这与你前来咨询的目标有怎样的联系?)

◆ 借助实验来澄清或扩展正在呈现的主题(而不是急于寻找解决方案),例如,"在你想起那个情景时,充分体验当时出现的感受。"即提升觉察力。

◆ 通过对情绪的识别、面质或自我反省以减少移情现象(详见第十二章,移情的处理方式)。

◆ 调节治疗节奏(Polster, 1999:208):这是紧缩或拓宽治疗焦点的有效技巧。在紧缩环节,治疗师不是在探索过往经历本身,而是致力于焦点议题在当下的发展,密切关注浮现出的议题及其动力学特征(例如"当你此刻想起工作中受到凌辱的情形时,我注意到你的肩膀绷得很紧。")。而在拓宽环节,则放缓节奏关注并探究其叙述中所缺失的重要信息。(例如,提问:"当时,你的妈妈在哪儿呢?")

◆ 在两次咨询之间给来访者布置需要完成的任务:可以是练习新的行为方式或记录焦虑反应。类似的"家庭作业"对治疗大有裨益。

◆ 用"倒计时"的方式提醒来访者治疗期限,例如"这是我们的第五次咨询,我们还剩下三次咨询",也可以补充问道,"对此,你有何感受?"

在治疗过程中，来访者可能会遭遇突发的危机事件（例如失业或丧亲等），此时你需要暂停当前的治疗议题，而将重点转向帮助来访者理解、修通危机。但是，在会谈临近结束时，将危机事件与治疗的整体议题加以联系也很重要。如果危机事件伴随出现的新主题非常突出，可能会取代原先的治疗目标，此时双方需要开诚布公地讨论是否中止先前的协议，确立新的目标。这样治疗协议才能起到确保治疗顺利进行的作用，并为治疗工作确立界限。

为了更好地掌握治疗过程中聚焦方式，应尽可能选择督导。充分有效地利用督导，抓住一切练习的机会——和督导师签订协议（与来访者之间的协议一样），确保在督导中集中处理最重要的问题。

机构的考虑事宜

私人执业的治疗师通常可以比较自由地选择是否提供短程治疗。其他治疗机构的治疗师则相对不那么灵活，不管是治疗师，还是来访者，都会不同程度地受制于"行政指令"。这样的治疗师需要在治疗一开始就注意下列现象。

例如，当来访者是由家庭医生或雇主转介而来时，你首先需要了解转介理由以及对治疗的期待。可以通过下列提问来了解：

"你的老板让你来咨询，希望达到什么样的目标？"

"他们说过为什么要送你来这里咨询吗？"

"医生有没有向你解释过咨询可以达到什么目标？"

"你自己期待通过咨询得到什么收获？"

如果咨询是在医疗机构中进行，那么来访者常常会寄予得到"治愈"的厚望。

在咨询信息共享的问题上，你要事先了解机构的有关规定，了解需要向机构或其他专业人士提供多大程度上的信息内容（如果必要），在什么情况下你可以或需要打破保密原则（例如，在来访者有自杀风险的情况下）。在初始访谈的时候，你就应该将保密原则的相关内容告知来访者。

考虑到机构中关系的复杂性，需要签订多份协议（与所在机构、来访者、督导师、培训部门，以及督导师与机构之间，等等）。这对你非常有帮助，因为如果可能出现分歧与冲突，你可以按协议要求谨慎地处理这些关系。

Proctor 和 Sills（2005）扩展了 English（1975）的工作框架（见图 22.1），对短程治疗中的管理范围和拓宽治疗目标提供了非常实用的框架，尤其适用于咨询机构的管理。

双方可以沿着每根轴线达成清晰而具体的协议。这有利于三方了解其各自的职责，如：保密的局限性，来访者需要提供哪些信息，机构对咨询师和来访者有哪些限制和规定。

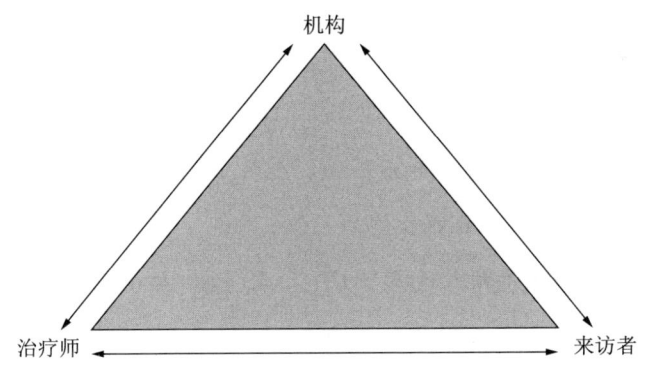

图 22.1　与机构的协议

基层医疗

在基层医疗机构中，"团队的合作是关键"（Mandic-Bozic，人际沟通，2009）。在医疗团队中，咨询工作相对独立，咨询师的角色通常比较独特。但是定期与团队其他同事保持沟通，不管是私人的联络还是参与团队活动，都有助于咨询工作更加顺畅。医生和健康顾问掌握了病人的大量信息，当出现危机事件时大家可以共同出谋划策。这对于团队中每个人来说都是强有力的支持。你也可以借此机会向团队其他成员"传授"如何开展有效的转介。你可以准备宣传单来介绍咨询服务，如果可以，普及性的宣讲将更有助于良好合作关系的建立。

就像为来访者提供支持一样，你也需要为医生提供必要的支持。在英国，全科医生对每位病人的平均就诊时间是7～8分钟。在这短短的时间内，医生不仅需要做诊断、开处方、完成电脑记录，还要处理心理问题的转介。因此，医护人员联络咨询师转介时，往往也带来了与病人议题"平行"的某些情绪，需要咨询师加以关注。咨询师需要为他们提供支持，就病人的问题与他们保持联络，并协助处理难题，制订诊疗计划。

为了使医疗团队中的其他专业人士能够充分理解，你需要用通俗易懂的语言清晰地阐述你对来访者的判断、治疗计划以及预期的结果。同时，对他们的不同观点持开放接纳的态度。

在英国，对临床治疗小分队（Clinical Commissioning Group）的结构组成（这种社区医疗小组服务形式自2013年开始取代了之前的基础医疗保险形式）有一定的熟悉度是非常重要的，例如定期参加小分队聚会，关注他们在管理方面所面临的问题。此外，你也可以联系社区医疗咨询师协会，寻求支持和建议，或参加他们的工作坊。

第二十二章 短程治疗

结束

本书的第十六章用了整章来阐述如何结束治疗。然而，短程治疗的结束更具特殊的意义。在机构工作中，治疗结束的设定往往先于治疗评估，即治疗师并不能自由选择。这样的设置带来了一些问题，比如你可能会感到力不从心，来访者可能有被抛弃感，或者你们都感到被所谓"冷酷无情"的外部规定所控制。因此，允许来访者出现和表达这些情绪是必要的，与此同时，作为治疗师，你也应尽量避免这一过程被你自身的未完成事件或个人观点所"污染"。

从另一角度看，来访者也能够从这样的结束方式中获益，因为它重现了现实生活——生活中的结束通常就是这样"不期而至"的，并非都能自由选择。人生，不管是出生，还是死亡，或者重要的转变，都超乎我们的掌控。在成长过程中都将面临无数的丧失和终结——有些是人们热切期待的，有些则与之相反。因此，这为来访者提供机会，在这样的结束过程中充分觉察自身的反应，以及对治疗师和治疗的感受。他们也许会这样询问治疗师，"只剩下三次治疗了，继续这样做还有什么意义呢？"或者会这样说，"我需要充分利用现在的一分一秒。"也可能回避治疗师，感到愤怒或害怕："我还没准备好！"或"这永远都不够！"不管来访者出现哪一种反应，重要的是要将来访者的感受和反应与最初的治疗目标或生活中的人际模式相联系。在这一过程中，允许来访者谈论丧失感，并得到治疗师的充分理解，这些都将有助于来访者的修复。

有效地利用时间，也接受时间限制带来的遗憾，后者对于咨询师也具有挑战性。咨询师必须学会看到自己的工作成效，接受自己在来访者的生活中仅仅是一位暂时的陪伴者，而不应渴望治疗时间多点儿、再多点儿（有时来访者会有这样的渴求）。你与来访者都会为在有限的时间内无法完成的内容而感到惋惜，应接受随之而来的挫败感、愤怒或悲伤。然而，也不应忘记另一重要事情：认可和庆祝*已经*取得的成就，并为未来可能的挑战做好准备。

总结

除非治疗师所服务的机构有限制，否则选择短程治疗还是长程治疗，很大程度上是取决于咨询师个人偏好的。短程咨询的缺点是，它无法适用于那些需要长期治疗才能解决的议题，尤其是需要建立深入的信任关系才能处理的议题。而其优势则在于灵活、便捷、经济地解决焦点问题。此外，短程咨询也能让来访者体验咨询的过程，为将来进一步的治疗奠定基础。许多来访者接受短程咨询的成效之一就是能使自己形成开放的格式塔，这样的格式塔能使其保持前行和接受改变，治疗师也应避免误入"完成"的陷阱（an open gestalt）。

推荐书目

British Gestalt Journal (1999), 8 (1): 4-34.

Denham-Vaughan, S. (2005) 'Brief gestalt therapy for clients with bulimia', *British Gestalt Journal*, 14 (2): 128-34.

Elton wilson, J. (2006) 'Choosing a time-limited counselling or psychotherapy contract', in C. Sills (ed.), *Contaracts in Counselling and Psychotherapy*. London: Sage.

Harman, B. (1995) 'Gestalt therapy as brief therapy', *Gestalt Journal*, 18 (2): 77-86.

Houston, . G. (2003) *Brief Gestalt Therapy*. London: Sage.

(Continued)

(Continued)

Polster, E. (1991) 'Tight therapeutic sequences', *British Gestalt Jorrnal*, 1 (2): 63-8.

Williams, B. (2001) 'The practice of Gestalt therapy within a brief therapy con-text', *Gestalt Journal*, 24 (1) : 7-62.

第二十三章　反思：格式塔治疗的研究

在本章结尾的推荐书目里，罗列了许多对格式塔治疗研究的优秀综述，这些研究将有助你提高治疗实践能力。本章我们主要提供一些思路以激发读者对探索的兴趣，本章也概述如何扩展格式塔治疗，最重要的是，鼓励格式塔治疗师们对实践工作持一种*探索*的态度。

何为研究？

创新生活本身就是一种持续的研究的过程，例如，选择最适合聚会的饭店、最合适孩子的学校，或确定未来最需要的培训类型，等等。换言之，研究即是为我们认为重要的事情寻找新的有用的信息。

研究是对特定主题的系统学习，以期获得更多的知识和更深刻的理解。在心理治疗领域，研究对于临床实践十分有益。一项好的探索或研究包括收集可靠的资料、分析和解读数据，并且得出有意义的或有助于实践的结论。

如同良好的格式塔治疗那样，在良好的研究过程中，研究者本人也将经历重大的变化。研究的过程将孕育新观念和新方向。研究过程还可以促进治疗的整体性（holistic）、现象学（phenomenological）、场敏感（fieldsensitive）和对话式（dialogic）进程。

为什么研究如此重要？

研究如此重要的理由有很多——有些是基于理论的，而有些则是基于实践的。

- ◆ 许多政府机构、医疗保险单位和雇主都需参考公布的研究结果来选择最有利的治疗方式，以及确定为市民或员工提供多长时间的服务。研究还有助于政府部门的长期规划与决策，确定医疗资源的合理配置。
- ◆ 从伦理和专业的角度出发，根据研究结果可帮助确定哪种来访者最适合哪种治疗类型，以及哪种类型的干预可能对哪种来访者有益或有害。
- ◆ 从职业角度出发，你也需要（或被要求）向来访者出示可靠的依据，说服来访者对正在实施的治疗保持信心，更确切地说，使来访者确信他的特定问题需要特定的治疗。
- ◆ 研究是很多新思想的源泉，有助于心理治疗领域的拓展（例如，神经科学和婴幼儿研究方面的结果）。研究证据还有助于我们不断更新观念，确保治疗实践和知识不断更新。
- ◆ "研究态度"有助于培养治疗师的反思精神，进而提升实践效能（例如 Van Rijin 等，2008）。

两种不同的认知方式：研究的哲学

对格式塔研究普遍缺乏兴趣，以及公开发行的格式塔研究成果相对匮乏,很大程度上是由于公众对定量研究的科学偏好所导致的。传统的科学观点（或"实证研究"）首先假设人类是能够被客观公正地研究的,这种研究模式实际上很难应用于对人的内心做细微地观察。这类研究追求量化,经常将观察演化为数字和图标,因此被称之为"定量"研究。其目的是为了揭示"客观存在"的事实和真理,通常需要通过收集大样本资料,比较、归纳得出证据。

近年来,另一种研究视角——"后实证"(post-positive)或"后现代"(Post-modern)的思想正越来越被广为接受,并且必定会成为格式塔理论研究的主要范式。该研究范式的基本假设认为：真实是多样性的,每个人眼中的真相可以是有差异的,并且,实验过程本身也不可避免地影响研究结果。这就提示：每一位研究者都不可避免地会成为研究背景（或场条件）的一部分。研究者提出的问题、提问的方式以及对意义的探究都带有个人的色彩。这种研究模式的特点不仅强调参与和合作,而且还带有一定的主观性。这种方法称为"定性研究",它非常重视体验的质量,而相对忽视体验的可测性。

> **建议**：假如你计划购买一辆新车,你可能会翻阅一些汽车杂志上有关各类车型性能、体验、性价比的介绍。请问你会在多大程度上受这些调查和数据的影响［定量证据(quantitative evidence)］？还是只有在亲自试驾后才会做出决定［定性证据(qualitative evidence)］,而并不太在意那些书面数据？

定量和定性研究分别适用于不同的调查目的：定量调查可以获得治疗客观效果的差异性比较,为治疗的有效性提供数据的依据；而定性研究则能够呈现研究背景,并可深入地理解研究对象。格式塔研究者通常倾向于使用定性研究,我们建议如果将两者结合使用,可以找到更具价值的材料，相信这两种研究范式能够整体涵盖事物的不同方面。两者的结合可提供对研究样本更丰富、更有意义的全景信息。根据不同的研究目的（纯理论研究和应用型研究）使用不同的研究方式，能更为有效地运用定性研究和定量研究。

纯理论研究有利于对理论的探索和学习，它能够（但也仅限于）提供更丰富的思路、加深对事物之间联系的理解，发现新领域。如同格式塔治疗注重现象学调查和创造性中立——不预设假设和结果，只将对未知的兴趣作为研究动机。另一方面，应用型研究（applied research）则是为实践应用的改进提供依据。在格式塔治疗实践中，表现为改进实践操作、完善干预方式，促进更好地认识哪些治疗方式能更有效、更切实地帮助来访者。

具备研究态度的格式塔治疗师可以同时涉猎不同的研究范式。通过纯理论研究模式，治疗师可以形成创造性中立的研究态度，既依照自身的兴趣，也重视来访者问题的核心，既追求主观探索又允许自然呈现。通过应用型研究，治疗师可以客观评估干预的效果。应用型研究在短程治疗中十分常见，有时治疗师也需要向来访者或保险公司出示疗效证据，这样的评估方式也是非常实用的。

关于格式塔治疗疗效的争议

近半个世纪以来，心理治疗疗效的研究结果已经反复证明目前大部分的治疗方法都是有效的（Luborsky et al., 1975；Elliot, 2002；Cooper, 2008b）。

针对疗效研究的荟萃分析揭示：治疗的有效并不在于如何优化理论或方法，而在于治疗师与来访者之间的某种"公因子"，有时我们称之为

"疗愈关系"（healing relationship），疗愈关系的特征是：治疗师和来访者之间彼此尊重，治疗师对来访者的共情与理解，使来访者能够充分表露脆弱的一面，即使在暴露弱点的时候，仍感觉到被接纳和认可（Asay 和 Lambert，1999；Wampold，2001）。包括咨访的互动方式，彼此分享对治疗目标和过程的理解。

Miller 等人（2008）提出了关于治疗过程中对治疗师的研究态度的重视，治疗师的研究态度指治疗师十分注重哪些是来访者认为的有帮助的治疗因素，然后根据这些反馈针对性地开展工作。这表明，相互尊重的治疗关系应该成为治疗目标的一部分。尽管目前对此仍存在一些争议，但总体而言，任何系统的治疗方法，只要治疗师运用得当，能对来访者的反应有所回应，都能取得良好的治疗效果。

主要的争议之处在于：研究结果更支持结构化的、以缓解症状为主要目标的短程焦点治疗（例如认知行为治疗），还是更支持注重治疗的关系、不以行为改变为根本目标、而是最终促进来访者产生整体改变的长程治疗，例如格式塔治疗、动力学治疗和人本主义治疗。

以缓解症状为目的的短程治疗已得到大量随机／对照实验结果的支持。实验检测了不同的干预方法对具有相似症状的同质性样本的不同影响。这种"基于实证"的治疗方式颇受青睐，研究通过比较针对相同问题的不同治疗方式，用数据显示何种方式产生最大的数据改变。但结构化的治疗方法的缺憾是忽视了"人"的主观变量。因此这些研究证据更像是一种"固着的格式塔"，无法灵活反映实际情况。正如 Yontef 和 Jacobs 所说，此类研究并没有提供对于价值观和意义感的对话式研究态度（2013:328）。这类研究本身就是一个悖论：越实际、越量化、对变量控制越严格，就越不能代表非实验情境下的临床真实。换言之，越严格限定的研究，越容易忽视来访者的"实际处境"，仅片面反映部分的真实！

关系取向的治疗具有多个有效因子已经得到研究证实，并且被证明具有更广泛的治疗效果，能显著提高来访者的整体生活质量。但是相关的研究文献较少，并且治疗研究所展现的结果，通常由来访者与治疗师共同创造，因此很难与标准化的治疗方法相比较。在格式塔研究领域，最深入细致的研究要属Greenberg（例如Greenberg和Watson，2006）以及Strumpfel（2004）的研究，他们回顾了60项心理治疗研究文献，涵盖了超过3000个不同诊断的来访者。研究结果显示，格式塔治疗强调此时此地、真诚的关系连结（authentic relational contact），以及通过实验获得学习机会，这些是格式塔治疗有效的治疗"公因子"。很多情况下，格式塔治疗的疗效等同或优于其他治疗。此外亦可参考Brownell（2008）的相关综述。事实上，大部分格式塔治疗研究都是基于过程的定性研究，其研究结果常常不被保险公司所采纳。理由是格式塔治疗不像以症状缓解为目标的短程治疗那样"科学"。但是，近年来，世界各地的格式塔治疗师都开始致力于解决格式塔治疗在"传统研究"中所面临的挑战（格式塔国际研究中心2013年的会议主题），我们期待这项运动能带来预期的成果，能切实有效地促进该领域研究的发展，最终将学术研究与格式塔的哲学、原理和实践相融合。

我们相信，格式塔治疗必将能凭借其独特的方式做出重要的贡献。格式塔强调反思、觉察、对体验的回应，格式塔治疗师应收集"基于实践"的研究证据，通过对治疗工作的反思性研究来了解哪些是有效的干预方式。比较理想的情形是，格式塔治疗师在注重治疗细节的同时，也致力于探索哪些因素更为有效以及如何起效。

在此我们重点关注两种研究方法：行动研究（action research）和案例研究（case study research），因为我们发现这两种研究方式特别适用于格式塔治疗。

每一位优秀的格式塔治疗师身体力行的研究工作

第一种研究是*行动研究*。我们认为，一位优秀的格式塔治疗师在与来访者一起工作时，就应是探索并发现新的信息、新的理解和新的意义，这个过程本身就是研究。而督导带来的反思也应是研究的一部分。治疗师也应是一名研究实践者，应将自己的新的理解和觉察应用于治疗实践，提高治疗的效果（有时也带来治疗师自身的改变）。

在与来访者的每次晤谈中，治疗师都会努力理解来访者问题的来龙去脉，他如何应对生活困境，如何共同创造治疗关系。你会通过询查、现象学探索、提问、监测自身反应等方式，逐渐形成最初的理解。在此基础上，运用临床干预，观察干预效果，及时总结与反思，并不断完善或调整形成新的理解。基于这样的理解，然后采取进一步的干预。同时，也应根据来访者对干预的反应，不断调整的治疗假设，等等。

在治疗会谈结束时，应回想整个治疗过程，寻找互动过程中呈现的模式、议题或治疗的转折点，反思自己的言行。此时，你可能会觉察自己的忽略之处或盲点，根据这一新发现，在脑海中再次回放会谈过程，获得新的理解。在随后的督导中与督导师就此展开讨论，重新评估治疗中的干预策略，或在下一次治疗中询问来访者对上次会谈的感受和看法，以此核实你的新理解。

案例

一位患有抑郁的来访者离开之后，治疗师 Naomi 回顾整个咨询过程，回忆起治疗将近结束时双方的互动变得尤其沉闷。她逐渐意识到可能是当她询问来访者的失业状况时无意中激起了来访者的羞愧反应。在

第二十三章 反思：格式塔治疗的研究

> 督导中，她询问自己如何在下一次治疗中进行补救，以及来访者是否对治疗师产生了移情反应。她决定在下一次治疗时向来访者核实：失业问题是否让他感觉难堪，是否感觉受到批评。

总的来说，每一次的格式塔治疗都是一次建设性的研究探索。格式塔治疗的反思特性会形成循环的研究过程：寻找问题、收集资料、比较和归类、形成主线，产生初步想法，然后根据初步想法重新审视来访者的问题，尝试治疗干预或探索。尽管格式塔治疗的首要任务是理解来访者，然而互动的治疗关系也意味着治疗师需要将自身因素和反应考虑在内。对治疗师来说，研究过程也是认识自己的过程，治疗师和来访者都能从中获得改变。这也是行动研究的基础。

行动研究是一种实践性的咨访协同研究，是对理解人性和价值的追求，这种研究是行动与反思、理论与实践的结合，是咨访合作、关注实际问题得到切实解决的过程，这种过程是个体和社会的福音（Reason 和 Bradbury, 2001:1）。

计划 - 行动 - 观察 - 反思（planning-action-observing-reflecting）*的循环过程是行动研究的基本方法*。它扎根于实践，为格式塔治疗的反思特性提供框架。例如：

一位来访者被男友抛弃，但她无法忘记男友，为此她责备自己。

> → 你观察来访者谈话时的身体反应，觉察出来访者对男友愤怒的内转，你试图让来访者意识到这一点（**计划**）。
> → 于是你建议来访者关注自己想起被抛弃时的愤怒感受（**措施**）。
> → 你注意到来访者这样做的时候，她即开始责备自己不够自信；同时，你还注意到自己也体验到挫败感（**观察**）。

→ 你细细回味来访者的反应和自身的感受，试图寻找缘由（**反思**）。

→ 于是你决定放弃对愤怒的干预，把焦点转向来访者的自责（**新的计划**）。

→ 当来访者自责时，你耐心倾听，共情她的感受（**措施**）。

→ 现在她开始回忆起小时候被父亲拒绝时的感受（**观察**）。

→ 你意识到将她的童年感受与现在的问题进行连接是目前治疗的首要任务（**反思**）。

→ 如此等等……

→ 依次类推……

其他探索的方式还包括将个人反思性探究（*person reflective inquiry*）运用于实践。例如，你意识到自己不太愿意接诊某类来访者，例如：不同于习惯自责的来访者，某类来访者会总觉得别人都应该为她的不幸负责，你感到无能为力，陷入僵局。

→ 你决定观察自己在治疗过程中的内心体验（**计划**）。

→ 你注意到，当来访者喋喋不休地抱怨时，你对她感到恼火，但要表露你的这些情绪，你感到十分焦虑。在下决心向她开口时，焦虑又变成了害怕，最后你只能以简单的共情草草结束（**观察**）。

→ 咨询结束后，你开始思考"面质"对自己意味着什么。你开始意识到自己的非理性信念"如果我不共情来访者，她就会不喜欢我。我担心她可能会责怪我。"你继续反思自己是否还会不愿意面质其他人（**反思**）。

→ 你决定着重观察自己在面质其他来访者时的表现（**计划**）。

→ 在观察了自己一周的工作之后，你发现能够面质的对象全是自己比较喜欢的来访者（**观察**）。

第二十三章　反思：格式塔治疗的研究

> → 你再次思考面质与喜欢之间的关系。你明白了，上次面质来访者的初始动机其实是想要责备来访者（**反思**）。
>
> → 你打算征得来访者的同意，给她一些反馈，并简要评述你所观察到的情况。同时你也决定了，在这么做的时候，关注自己的呼吸，以调节自己的焦虑（**计划**）。

在第一个案例中，治疗师通过反思来领悟出如何根据来访者的特殊反应开展针对性的干预。在第二个案例中，治疗师通过反思展开对自我的探索。上述两种治疗都包括反思、行动、实验，以及从结果总结经验。

以下是行动研究的简单模式，可用于自我探索和实践发展：

1. 计划

回顾整个治疗工作，确定你想探索的领域——例如，"我的自我暴露会对来访者产生什么影响？""为什么我难以忍受咨询期间长时间的沉默？"或者"当来访者情绪低落时，我想要帮她减轻苦恼的愿望是如何妨碍了我进行有效面质的？"注意你所借助的观点和理论是什么。

考虑你将如何开展探究，并制订一个行动计划——例如，下一次遇到长时间的沉默时，你将观察自己可能出现的内射观念和身体的紧张反应，并且询问来访者，沉默对她意味着什么。

2. 行动

把思考变成行动。

3. 观察

收集数据或信息。

4. 反思

（在咨询结束后或在督导中）回顾探索过程，从中学习到了什么，注意有没有新的问题出现。然后继续新一轮的循环实验。

受训学生一般应具有三种途径进行探索：过程报告，即对真实个案的治疗片段进行分析；案例研究（我们将在下文中谈论）；坚持写个人心得（来自训练课程的要求）。另外，对咨询录音进行分析也是提升临床技巧的重要手段。个人心得中的临床反思既是治疗的一部分，也是研究的一部分。

案例研究

第二种适用于格式塔治疗的探究方法就是案例研究。开展案例研究一般有两个主要原因：第一，许多培训课程的需求，比如演示如何形成有效的治疗关系，如何实施恰当的治疗干预，如何开展符合咨询伦理和专业要求的措施，如何对咨询过程进行批判性反思；第二，提供充分、严格的研究证据，目的是让其他人理解治疗的具体过程，提高治疗效率，或影响决策者。

如果你正参与一项案例研究，需要谨慎考虑的是：治疗效果是否可以完全归因于治疗过程，治疗师或治疗中的哪些因素发挥了作用？哪些因素影响了治疗结果？有没有可能治疗结果来自于来访者生活中的其他变化因素？即来访者是不是在治疗期间实现了某种目标？如果没有治疗，来访者改变的可能性有多大？

任何证明治疗有效的案例研究都需要完整描述下列因素：治疗前问题的界定、治疗过程中对问题的评估方式、治疗结束时对前后改变的评估方式。可以选用自评式的"改变评定问卷"，它从来访者的视角来评估改变，或选用"客观指标"来评估产生改变的"原因"（两者都可参考 Elliott et al. 2001）。

案例研究的类型

McLeod（2010）回顾并归纳了五种类型的案例研究：单一被试设计（single subject designs）、理论创建型案例研究（theory building case studies）、实际案例研究（pragmatic case studies）、诠释性个案疗效研究（hermeneutic single case efficacy）和叙事型案例研究（narrative case studies）。这五种类型的疗效研究的目的各不相同。有的是为了评估疗效，确定哪些干预对来访者最为有效；有的是为了完善理论；有的是呈现治疗师对治疗历程的心得体会；有的则是为了探索治疗的创新，等等。当你想开展案例研究时，你需要考虑选择哪种类型的疗效研究，哪种研究可能会引起你感兴趣的议题或假设。什么动机引发你去评估和探索治疗效果？你是否想通过实践去检测理论，通过探究某种治疗方式，来建立新的假设或验证现有的假设。Parlette所确立的理论，其中有些部分已经被从事格式塔治疗的医生实践验证为有效（Parlett, 2009: 331-9），而你可能也想研究一下其理论的其他方面。

研究目标不同，案例研究的方法也不同，不同的方法也具有不同的研究敏感性和特异性。例如叙事型案例研究就主要致力于深入反思和探索来访者和治疗师之间的互动过程，对其他治疗指标并没有严格的控制。而案例研究实验设计（Case Study Experimental Design, CSED）就注重严格控制条件，需要更客观的评估，包括系统的数据收集和分析、特定的指标评定和评定的信效度检验。目前的案例研究的方法通常都位于敏感性与特异性两极之间的某个点。

实践研究网

团体合作研究的优势在于，多个单独的研究可以整合形成更大规模的研究。例如，McLeod（2010,p.211）设计了团队的实践研究模式——案例研究调查团队。该团队由实习生和已经获得执业资格的治疗师组成，共同设计案例研究项目，获得职业伦理许可，收集与分析数据，相互核查标准的效度（validity of codes），向外部评估机构提交研究结论，并且撰写案例报告，然后以论文、章节或书籍等形式公开发表。实践研究网（practitioner research networks, PRN）使治疗师能够以团体合作的形式一起工作，开展比单个的案例研究规模更大的研究。因此，其研究成果极富说服力，能够为决策者提供更具影响力的证据。

团体合作研究的另外一个优势在于：典型的案例研究虽然能够为读者提供大量丰富的细节描述，但毕竟是个别治疗师观点的展现，治疗师不可能面面俱到地描述和反思治疗中发生的每一件事情，而且案例研究不可避免地会受到作者的偏好和选择性记忆的影响——Spence（1989,2001）称之为"叙述式过滤"（narrative smoothing），即叙述者会优先描述自己在治疗中的偏好，而隐去自己的忽视或消极的方面（特别是用于考试或评估时）。案例研究调查小组里的成员可通过相互制约将此类影响降到最低。

实践研究网可以成为研究项目的模式之一，它将推动 Brownell（2008）所提倡的"格式塔治疗研究联盟"（Gestalt therapy research communities）在培训机构和大学教学中的发展。

鉴于篇幅，不再赘述，可参阅本章节最后的推荐书目中，关于不同类型的案例研究以及如何具体开展此类研究的优秀书籍和论文。

研究态度和偏好

无论是单独研究，还是联合大规模研究，研究态度都是最重要的。完成一项好的研究需要研究者具有好的品质，最基本的品质即是开放、接纳、好奇和参与的科学精神，同时，对研究结果保持创造性中立的态度，并乐意探索与学习。

第二个研究态度是善于反思，即觉察自身的情感和反应，在观察干预方式对结果影响的同时，评判性地反思自己对治疗过程的实际影响。反思的态度包括：意识到最初的探究设想的倾向性（所谓的"研究者偏好"）、研究者与被试之间的人际互动场、探究的议题以及多个研究因素对研究结果的影响。从这个意义上来说，良好的治疗关系本质就是一个不断反思的过程。

反思的态度还意味着我们要对自身、与他人的关系、研究设想、所处的文化场以及自己的理解方式都有所觉察。也就是说，探究一开始就意味着研究者并不存在完全"中立"的态度，我们总是存在偏好，总是以自己独特的方式创造意义。因此，当我们向读者呈现研究结果时，有必要以开放和诚实的态度表明这些偏好，使读者（或来访者）对我们的立场和结论有更完整的理解。承认研究者的信念和价值观必然影响研究结果，这种坦诚的态度也被 Etherington（2004）称之为"研究者的反思"（researcher reflexivity）或"批判性反思"（critical reflexivity），它将有效降低因研究者偏好所造成的研究结果的偏倚（Luborsky 等，2003）。

整体治疗研究

你应思考如何回答来访者在初始访谈时可能提出的问题：

"在治疗我的这类问题上你有多少把握？"

"这些治疗是否存在风险？"

"我需要多久的疗程？"

"你是最合适我的治疗师吗？"

"你在处理此类问题上的成功率和失败率分别是多少？"

"有什么研究证据支持你的治疗方式吗？"

面对这些问题时，格式塔治疗师可能会出现犹豫，这也是格式塔治疗或此类注重有机体自我组织（organismic self-organization）、强调觉察和关系接触的治疗方法都要面临的挑战。对于这些问题的理解也可能诱导来访者认为长程治疗性价比不高，继而转向效果更为直接的短程治疗。

> **建议**：如果你向好友推荐一位治疗师，你会如何为你的朋友选择最佳的治疗师和治疗方法？你会通过比较咨询师的资历、资质和名声作出决定，还是根据自己的喜好来作出决定？你是否会查阅相关的研究文献来了解不同的治疗方式？

现在请试着回顾你的治疗实践中失败案例的比例？或者从成功的案例中学习到了什么？"如何判断我是否是个胜任的治疗师？"

疗效研究

作为治疗师你需要对自己的治疗效果心里有数，这一点非常重要。我们认为对格式塔治疗最重要的研究应该是过程研究，当然我们也支持对结果的评估。因此，尽管我们提倡不应过分关注结果，但反思型的实证研究方法，对结果进行评估不仅是可行的，也是必不可少的。结果评估不仅有助于提高实际工作效率，也有助于消除治疗师的妄自菲薄（或不切实际的沾沾自喜）。

下列的进度检查有助于对个案疗效的反思，应着眼于长远而整体的治疗规划，而不是局限于治疗的某个片段，治疗通常不会一帆风顺，尤其在处理挑战性议题的过程中，不管是治疗师还是来访者都会不可避免地经历困难阶段。

第二十三章　反思：格式塔治疗的研究

进度检查表

◆ 来访者对于治疗的进度满意吗？

◆ 对于来访者的回答你同意吗！？（你的督导师同意吗？）

◆ 你们是否继续遵循上一次会谈时所达成的一致意见？

◆ 治疗联盟是否稳固，来访者是否尽力参与治疗？

◆ 你对来访者的态度或反移情是否恰当？

◆ 来访者从朋友、家人和同事中得到的反馈与他的自我评价一致吗？（附注：有些来访者的社交网络及家人可能并不喜欢来访者的改变。）

◆ 来访者的总体功能是否有所改善？他的复原力和自我意识是否有所提高？

◆ 来访者的改变能否得到她周围大多数人的尊重和关切？

你也可以使用标准化工具或过程测量方式（详见推荐书目中的例子），这种方法特别适用于大型的研究项目。例如，常规的临床效果评估（Clinical Outcomes in Routine Evaluation, CORE）能够根据国家标准（national benchmarks）对各类治疗师和治疗模式进行比较（参考 Scheinberg et al., 2008:314-17）。你也可以选择加入格式塔治疗研究网（*Gestalt Practitioner Research Network*），它是以英国为总部的研究组织机构，利用大量的常规临床数据来评估格式塔治疗的疗效（详见*英国格式塔期刊*网站——研究板块）。

关于研究文献

尽管我们竭力推崇研究的好处，但是对研究论文持批判的态度也是非常难能可贵的，你需要持批判的眼光对研究结果和意义做出明智的判断。许多公开发表的研究文献可能存在严重的缺陷，比如方法学缺陷或研究样本缺乏代表性，更为糟糕的是甚至为证明某一观点而刻意歪曲事实，或为得到基金（或声誉）而捏造事实。

因此，当我们在查阅文献时，要特别注意研究结论是否经得起检验。通常，我们需要考虑下列重要因素：

- ◆ 研究基金来源？（例如，跨国制药公司提供研究基金，用以证明抗抑郁剂比心理治疗更有效；或政府部门为证明某一项政策改变是合理的。）
- ◆ 考虑"研究者偏倚"问题。研究是用于挑战，还是用于探索。（例如，研究者是否只是想证明自己的治疗方式优于竞争对手？）
- ◆ 对于研究结果，有没有其他因素的影响，或者说研究的样本是否具有代表性（例如研究对象都是大学在校生）？

总结

因此，尽管我们坚信有效的治疗总具有个体差异、是动态发展的、与咨访互动相关，并且大多自然呈现，但是依然有必要去探索什么是最佳的治疗方法：即采用定性研究与定量研究的完美结合。不管是团队还是个人，研究都有助于我们更好地评估和提升疗效，另一方面，研究提供的有力证据将对政府决策者、基金持有人和医疗消费者产生重要影响。

为了上述目标，我们不仅需要具备理解和评论研究的能力，还需要培养自身的研究态度，通过研究拓展和提升格式塔治疗师的业务素养。

推荐书目

Barber, P (2006) *Becoming a Practitioner Researcher, a Gestalt Approach to Holistic Enquiry*. London: Middlesex University Press.

Brownell, P (ed.) (2008) *Handbook for Theory, Research and Practice in Gestalt Therapy*. Newcastle: Cambridge Scholars Publishing.

Cooper, M. (2008) *Essential Research Findings in Counselling and Psychotherapy: The Facts are Friendly*. London. Sage.

Etherington, K. (2004) *Becoming a Reflexive Researcher-Using Our Selves in Research*. London: Jessica Kingsley.

Finlay, L. and Evans, K. (2009) *Relational Centred Research for Psychotherapists*. West Sussex: Wiley-Blackwell.

Goldacre, B. (2008) *Bad Science*. London: Fourth Estate Ltd. (See aiso: www. badscience. net.)

McLeod, J. (2010) *Case Sady Research*. London: Sage.

Miller, S., Hubble, M. and Duncan, B. (2008) 'Supershrinks', *Therapy, Today*, 19 (3) : 4-9.

Parlett, M. (ed.) (2002) *British Gestalt Journal Special Edition on Research*, 11 (2) : 78-119.

Parlett, M. (2009) in D. Uiiman, G. Wheeler (eds) *Co-creating the field-Intention and Practice in the Age of Complexity*. NY: Routledge, Taylor and Francis.

Spinelli, E. (2005) *The Interpreted World: An Introduction to Phenomenological Psycology*. London: Sage.

Strumpfel, U. (2004) 'Research on Gestalt theraphy', *InTernational Gestalt Journal*, 12 (1) : 9-54.

> **关于研究方法的一些例子**
>
> CORE (Clinical Outcomes for Routine Evaluation) (Barkham, et al., 2006) www. corelms. co. uk
>
> PSYCHLOPS www. psychlops. org. uk
>
> Change Interview and PQ (Personal Questionnaire) (Eliott et al., 1999, 2001) www.experiential-researchers. org/instruments. html
>
> Helping Alliance Questionnaire (HAq-II) (Luborsky et al., 1996) www. med. upenn. edi/cpr/instruments. html

第二十四章　文化和伦理的差异

文化和伦理的差异是所有心理咨询都难以避免的问题。除了观点或性格上的差异外，种族、文化、国籍、性格、年龄、能力、性别、阶层和语言的差异也都在所难免。这些差异大致分为两类——一类是显性差异，如种族、体能、性别（往往还有国籍或阶层），另一类则是隐形差异，如性取向、态度、教育等。

在这一章中，我们将聚焦于种族和文化的差异。然而，本章提出的大部分观点也适用于其他领域，在提供的练习中，建议你在反思的时候能考虑这些差异。

在文化日趋多元的社会中，治疗师与来访者之间的种族差异和文化差异越来越普遍。即使接受过多年的自我成长训练，识别自己的思维和感知仍在很大程度上受制于自己的文化背景（尤其来自社会主流文化的影响），识别这一过程不仅有利于自我修正，更是对自身的挑战。

种族认同

种族认同与人格形成密不可分，种族认同可以成为人格的重要组成部分。来访者关于自己和他人的核心信念，关于创造性调整和固定的格式塔，都会受其自身背景中固有的种族、文化和语言规范的影响。为了能够清楚地认识到这一部分所带来的影响，治疗师和来访者都有必要探索和识别自身的种族认同以及这种认同对治疗的影响。

目前心理咨询师和治疗师大多为白人中产阶层。在他们的治疗理论和实践中会伴随有相应的价值观和习惯思维。同样接受理论学习和实践训练的准治疗师们也很难意识到这些差异和偏见。甚至可以说这些偏见已成为我们治疗实践中的背景。Jacobs（2006）指出，如果心理治疗的文化背景是以白人社会和文化为基础的，那么在实践过程中有色人种往往感觉难以充分地参与。无论治疗师是白人还是黑人（这里用黑人指代所有有色人种）或是来自非主流文化的其他文化背景，治疗师都会在很多方面受到不同的场的影响，受到目前所生活的社会文化背景的影响。

来访者和治疗师的场中都涉及各自独特的种族、国籍和文化历史背景。这些都可能对治疗造成影响，影响还包括治疗所在社会的主要人种和文化。治疗师与来访者所在"人群"之间的历史渊源以及社会各阶层之间的冲突或缓和也会潜移默化地成为咨访关系场的一部分。

> **建议**：从你的文化、种族、国籍等因素考虑，你将如何形容自己？例如，你可能将自己描述成女性、白人、工薪阶层、爱尔兰人。现在，花几分钟的时间想一想所有其他影响你并造就你的亚文化因素。例如，你如何描述你的父母和祖父母？孩提时候你是否搬过家——搬迁到一个文化价值观不同的地方？想一想这些文化给你所造成的影响，你至今还保留着哪种价值观或习俗？然后想想你的每一位来访者，在你们双方的文化背景之间存在怎样的联系（包含对性别、教育、生活方式、文化和伦理看法）？这些看法如何影响着你们的关系？

第二十四章 文化和伦理的差异

风俗习惯和价值观的差异

治疗师和来访者在风俗习惯、价值观、信仰、日常生活方式方面也会不尽相同。正如我们在第五章所提到的,价值观与态度上的差异会造成对于心理健康标准的认识分歧。而这些会导致治疗师(在关系中拥有更多影响力的一方)有意或无意地将自己的价值观强加于来访者身上。尽管格式塔治疗师相对具有优势,因为现象学探索方法本身有助于治疗师避免把价值观强加给来访者。但重要的是,我们应意识到潜在的危险,即治疗师可能会忽略态度和信仰的差异在治疗中的重要性。

治疗师需要保持警觉,因为价值观常常深植于我们的无意识中。安全而礼貌的做法是邀请来访者与你分享她认为重要的价值观。此外,了解来访者的文化背景或民族习俗也会对治疗有所帮助,尽管深入了解这方面内容存在一定难度,询问来访者的文化背景和习俗很可能会被来访者泛化地认为对他们不够尊重。着重了解你与来访者之间的差异,让来访者决定她愿意告诉你的事情。这样,可以减少来访者的疑惑,减少他们被忽视和否认的感觉,避免为得到你的尊重而不得不唯命是从。

"我是波兰女性,你是印度女性,因此,我对你们的文化知之甚少,但我很愿意去了解它。因为这一点对治疗工作相当重要,而且我衷心地建议,在互相了解的基础上你能够告诉我你对这些差异的看法和感受。我想或许我们还可以分享一些相似的感受。"

> **建议**:回想你对其持负面看法的某种文化、民族、社会团体。将你的嫌恶态度转成语言。这些负面情绪是否基于可靠的证据?如果是,那么这些负面情绪是否源自某个风俗或习惯?如果是,你为什么不喜欢它(更确切地说,它是否与你的某个重要价值观背道而驰,或让你感到不

> 可思议,或者仅仅是感到不舒服而已)?你所处于的团体、社会、民族同样拥有这种负面情绪和信念吗?是否有历史渊源?

治疗室内的差异

所有这些影响——历史的、社会的和"当下文化的"——都会被带入到治疗室。也就是说,这些影响因素都将体现于我们的一言一行、价值取向和观点成见,以及咨访之间的移情和反移情关系中。

如果你从小在英国长大,那么你可能内化了某些种族主义的观念。这些观念可能根深蒂固,以至个体根本无法意识到。如果你成长于这种具有漫长殖民历史且仍希望称雄世界的文化背景中,无论你是何种肤色都不可避免地会内化英国白种人的优越感。不同程度地内化此种种族观念。当然,肤色差异也会使得主流文化对你所造成的影响不尽相同。如果你是白人,这种白人"优越感"就会深植于你的自我意象中;认为"其他"人种具有劣等性。如果你是黑人,你可能会内化被压迫感或无能感;感觉"其他"人种更强大或更有特权。在治疗室这一非常重要的场条件中,尤其当治疗师是白人而来访者是黑人时,这种场的作用会显得更为突出。治疗关系在治疗开始之前就可能存在意识上的不均衡,并且这种不均衡还将受到治疗中习以为常的种族观念的不断强化。

案例

Jadzir的治疗师感觉很沮丧,因为Jadzir经常认为治疗师说话时一派屈尊俯就的腔调。Jadzir来自一个严苛的穆斯林家庭,她内心冲突剧烈。因为她纠结是否要遵循家庭的要求放弃男友(一位年轻的白人男子）。治疗师表示理解她的家庭文化背景，并对她表示同情和支持。但 Jadzir 始终不满于治疗师的态度，这使得治疗师变得焦虑不安。在督导中，治疗师意识到这是 Jadzir 的移情反应（这种移情源于专横的父亲以及其对白人男性的刻板印象）。在督导师的帮助下，治疗师尝试发现自己是如何参与导致现在这种状态的。督导要求他探索自己对来访者两难境地的感受和想法。治疗师才意识到自己忽视了帮助来访者保持自己的文化价值观，而是不知不觉地淡化问题，并期待她作出非此即彼的选择。在随后的会谈中，治疗师询问 Jadzir 是否愿意一起回顾治疗双方的关系，以帮助治疗师了解自己是如何表现得高人一等。Jadzir 变得如释重负，他们讨论了在治疗关系中治疗师的颐指气使和缺乏支持。

即使治疗师和来访者的肤色相同，社会地位和种族阶层仍然会是影响治疗的重点。

在第三版的修订过程中，我们意识到英国的种族歧视也正发生变化。年轻的读者们能体验到更加多元的文化，因为他们的成长环境是具有大量第三代和第四代英籍非洲裔移民群体的国家。他们对英式傲慢的优越感也内化得更少。种族主义者的矛头最近指向了东欧和中东地区；政治动荡让人们对不同文化、宗教和传统产生了新的担忧和偏见。Jacobs（2004）所提出的文化伦理差异的观点，对我们这些提供关心、包容开放态度的从业人员所提出的挑战，如今显得尤为迫切。

治疗室内的其他差异

任何两个独立个体会面，都注定存在文化伦理观的差异。同样，这样的差异也会在治疗过程中，以相似的动力学特征的形式呈现出来。而在团体中，这样的差异则表现为其中某一成员会成为或一直是被（蓄意或不经意）压迫、反对、批评的目标。此类差异包括性别、体能、性取向、年龄、宗教信仰、社会阶层、受教育程度或智力等各方面。

治疗师需要像对待文化差异一样，警惕治疗室中出现的差异。双方［包括"被攻击群体"中的个体（Batts，2000）］都需要思考这种差异对于他们的意义，体察自己如果处于攻击或被攻击群体中会是怎样的感觉——优势和劣势。如果治疗师无法克服偏见，例如，对女性、同性恋或残疾人士的偏见，那么他就不应该为这类群体的来访者提供心理治疗，因为他可能会否定他们的认同，或强化来访者对自身的消极信念。

> **建议：**（来自 Batts，2000）：设想当你成为"被攻击群体"中一员的场景，并体验被当作"劣等人"对待的感觉。（如果你是白人、男性、异性恋、母语为英语、中产阶级、身体健康并受过良好教育，你可能很难体验这种感觉，那么我们建议你选一段儿时经历，儿童往往会有被"攻击"的不幸经历。）体验这样的感觉，这时你对自己、他人和世界的看法是什么？这种"被攻击的"经历如何限制你的言行？现在，设想这一处境下有哪些优势。看看你是否能从处于此种经历中获得有益的思想。

总概

为了更有效地处理种族、文化以及其他差异对治疗造成的影响，治疗师必须首先检查自己的文化背景、偏见、喜好、种族倾向性、性别认同、年龄歧视等因素对治疗互动场的影响。识别这些偏见可能会让你感觉不适，但这对治疗十分重要，治疗师不应畏惧自身的偏见。例如，适当的羞耻感和习俗上的尴尬，与引以为傲的价值观和成就感同样都引人入胜。治疗师不应低声下气地为此道歉以乞求来访者的宽恕，这只会让来访者徒增烦恼。相反，白人治疗师有时应敢于充当社会压迫的代表，接受来访者对于被压迫的愤怒与谴责。如果治疗师能够尊重和关注来访者，并且认识到来访者之所以出现这些移情反应（这类人具有的相同的移情反应）的真正原因，那么，治疗师用这样的态度与来访者一起面对文化、伦理的差异，这样的做法本身就具有治疗功效。这个过程也能够帮助来访者识别她的体验哪些产生于当下，哪些来自未完成事件——即使是代际创伤，在这样的治疗关系中也可以被处理。

同样地，来自弱势群体的治疗师在接受来访者的投射时特别需要非常坚强（无论来访者来自哪个文化或民族），并在来访者修通偏见或理想化的过程中提供对话式的咨访关系，因为来访者的偏见或理想化都可能使治疗师的真实存在变得难以辨认。需要说明的是了解童年时期植根于心底的所有偏见和假设是不切实际的。即使我们能够清楚地意识到其中的部分，但仍会有很大一的部分不可避免地存在于无意识背景之中，使得人们对它们一无所知却又深受影响。而作为治疗师，我们则必须始终对它们保持着敏感，并怀着善意地加以觉察、检验与挑战。

伦理困境

> 人不是奋力完善自我的；完善自我是其本能。[Perls et al., 1989（1951）: 335]

格式塔思潮起源于20世纪50年代，崇尚无政府主义思想，将道德规范视为过时的固定格式塔，对之加以挑战。这一理论认为道德和行为规范应由个人意志决定或商定。那时对格式塔治疗潜在的伤害缺乏认识，对伦理规范或社会的价值缺乏热情。我们认为这导致了格式塔治疗案例中治疗关系的滥用，并持续地造成格式塔治疗的道德和行为规范问题。

事实上，我们认为，格式塔关于个体健康以及神经症行为的理解还是有许多可取之处的。例如，大多格式塔文献都明显支持下列两极中左侧的价值观（当然，远不止下列例子）。

相互依赖	优于	独立
凝聚	优于	分裂
整合	优于	离散
集体主义	优于	个人主义
坦诚	优于	操控
热情	优于	回避
关系	优于	单独
自发性	优于	刻板性
场视角	到	线性视角
真实	到	虚伪

这张表能够提示，格式塔理论自身蕴含着伦理守则和价值基础［对伦理守则应来自于"基本原则"的讨论已超过本书的范畴；请参见 Lee（2004）的系列文章］。在实践中，格式塔治疗师们在伦理规范所包含的内容以及在专业地应用公认规范上，其认识惊人地相似，例如在英国，以下机构有着公认的伦理规范：大不列颠心理治疗委员会、英国心理咨询和治疗协会或者英国心理学会。因此，我们认为这可归功于格式塔理论对健康功能所持的不言而喻的价值观。

建议：反思自己的道德观（伦理的基石）。你的道德规范与你父母或看护者的相同吗？自从你离开原生家庭后，你的道德观有了怎样的变

> 化？你判断对错的依据是什么——比如，宗教或法律准则？你如何决定什么时候应该诚实；什么时候偷窃是错误？你有绝对的价值观还是通常依具体情况而定？你的治疗理论或临床实践中有无绝对的或不容妥协的价值观？

伦理实践会因为格式塔治疗的关系和场理论取向而变得更加复杂。换句话说，关于对错的绝对规则，会与格式塔治疗理论的关系因素或场因素产生冲突（例如，偷窃、杀戮、撒谎总是错的）。即使是考虑了环境因素的"境遇伦理学"（例如，偷窃是错误的，除非是在非常饥饿的情况下；杀戮是错误的，除非出于正当防卫；撒谎是错误的，除非是为了拯救生命等），也并不能真正反映格式塔的关系理念，关系视角将每个事件都视为独特而共同创造的产物，因此不同事件应该有其自身独特的伦理判断。

而伦理的关系取向方法将个体应对困难情境时的伦理反应视为场相关，处理此种反应，即是寻找一种能够"促进个体和环境发展"的解决方法（Lee，2007：2）。Lee 对由一系列规则组成的伦理规范和关系伦理进行了区分，在关系伦理中，伦理的内涵和决定，应该以富有同情心且相互联系的重要人际关系为背景。Carroll 和 Shaw（2012）对这一观点进行了深入研究，他们用神经科学的方法详细说明了关系道德中的情感和信任要素。我们赞同这一研究视角，也希望能有科学的方法来说明在充满抱怨的敌对场中判定道德责任的方法。

Lee（2007：7）引用了 Wertheimer 的一句话，"所有价值观在本质上都是相互联系的，并随着时空变化而变化"。即便如此，治疗师仍需要找到应对伦理问题和伦理实践的方法。我们认同 Elton Wilson（2003，个别交流）的观点，他指出治疗师有时描述的伦理困境往往并非真的是难题。事实上，只是治疗师（可以被理解）不愿意向不良行为挑战。例如，当面临一位同事的不当行为,治疗师往往不愿指出,因为这样的质疑确实难以做到。心理困惑是不存在的;正确的行动步骤也一清二楚——只是因为谨小慎微。真正的困境应该是心理的完全迷失。Elton Wilson 列出了一系列参数,可以用于考量某一情境中的伦理因素。我们发展了 Elton Wilson 的研究,创建了表 24.1,列出了我们认为常见伦理困境的一些相关极性。

真正的伦理困境发生在两种或两种以上的价值观的冲突。例如,一个按道德标准衡量合情合理的行为却可能是"非法的"(例如,因为可能给来访者造成伤害所以在被法院要求出示案例记录时有所隐瞒)。伦理困境也可能事涉"支持自主性"与"承受危险"之间的冲突(例如,当来访者坚持自己有权发生不安全的性行为时)。

下列表格并非行动指南,而只是为了提高读者对专业伦理和行为规范常见问题的意识。格式塔治疗的关系取向方法应是一种能促进个体与社区或更广泛的场发展关系的治疗方法。

表 24.1 用于分析伦理困境的极性

保持接触	或	破坏接触
合法	或	非法
安全	或	不安全
•保护生命		
•保护治疗师		
•保护来访者		
•保护公众		
公正(自然的公正或公平)	或	不公正
提升关系连接	或	减少关系连接
诚实	或	不诚实
富有同情心	或	残酷的
支持相互依赖	或	造成孤立
支持治疗	或	损害治疗

建议:"充分思考",思考以上极性的相关伦理问题(在问题出现之前)将对治疗过程有所帮助。下面我们列出了几个具有挑战性的例子供你参考。

1. 一位初诊的来访者向你透露,因担心被正在参加的心理咨询课程拒绝,他一直对培训机构隐瞒自己严重的心理问题。但是,根据课程要求,他又即将开始接待来访者,而他仍坚持对此避而不谈。

2. 来访者描述的家庭环境让你感觉她三岁的孩子可能身处险境。尽管在治疗一开始你就已经清楚地解释过打破保密协议的条件,其中之一就是如果你认为他可能存在伤害他人的危险。然而,你又担心公开这件事会给治疗关系带来无法挽回的损失。而你还知道来访者能否照顾她的孩子很大程度上依赖于你的治疗。

3. 你的一位来访者向你透露,她的朋友在你的同事那儿接受治疗,并且两人发生了性关系。她说她的朋友非常沉迷于现状,她要求你保守秘密。

上述例子都说明了伦理困境中的价值观冲突。例如,来访者的权利与他人的权利,法律责任与他人伤害,尊重来访者目前的愿望与遵守伦理规范的要求。上述情景都没有"正确答案"。当治疗师面临这些伦理困境时,需要仔细思考这些问题,并尝试找到最佳解决办法。我们认为下列清单提供了一个框架和程序,以帮助你处理这些重大的问题。

应对伦理困境

1. 总结困境现状。
2. 识别相关的伦理方面。

3. 找出相关的伦理规范。

4. 识别相互冲突的价值观。

5. 核实司法要求条款（例如，需要汇报虐待儿童事件）。

6. 运用头脑风暴，想象所有可能采取的行动（或不行动）。

7. 寻求咨询或督导（在做决定前）。

8. 评估每个决定可能带来的后果。

9. 选择危害最小或是结果最好的行动。

10. 记录你考虑的行动步骤和督导意见（标明日期）。

11. 考虑如何支持自己的决定。

12. 将已经决策好的方案付诸行动。

切记，通常情况下不可能有万无一失的安排。你需要寻找的往往是针对困境的最佳的折中方案。

在这个过程中，你可能会想频繁地与你的督导和这一领域有特殊经验的同事切磋。你也可能会发现你的专业机构或所投保的保险公司有免费的热线服务，为你提供法律方面的相关建议。

我们应力求忠于格式塔治疗的关系和场理论视角，因为它们蕴含着对心理健康过程的一种信任——即本节开篇所引用的 Perls 等人提出的"完善自我是本能"。治疗的关系取向方法能够帮助我们理解与来访者共同创造的治疗关系，共同创造了关系模式、移情和其中的体验。当然，这些互动都可能是无意识的、非语言的、隐性的，而且往往事后才被当事人觉察。

上述观点必然使我们认识到：伦理决定很难具有客观性或确定性。要做到遵循伦理、真诚待人并觉察更为广阔的治疗场，可能需要治疗师持之以恒地用心投入开拓思路，并承受结果的不确定性。

关于多样性的推荐书目

Appel-Opper, J. (2012) 'Intercultural body-oriented psychotherapy: The culture in the body and the body in the culture', in C. Young (ed.) *About Relational Body Psychotherapy*. Body Psychotherapy Publications. UK.

British Gestalt Journal (1998) 'Special focus on gay and lesbian issues', special edition, 7 (1) .

Brown, J. (2004) 'Conflict, emotions and appreciation of differences', *Gestalt Review*, 8 (3) : 323-35.

Counselling Psychologist (2007) Special issue on racism, 35: 13—105.

Davies, D. and Neal, C. (eds) (1996) *Pink Therapy Two: Therapeutic Perspectives on Working with Lesbian, Gay and Bisexual Clients*. Buckingham: Open University Press.

Fernbacher, S. (2005) 'Cultural influences and considerations in Gestalt ther. apy', in A. L. Woldt and S. M. Toman (eds) , *Gestalt Therapy-History, Theory and Practice*. Thousand Oaks, CA: Sage.

Jacobs, L. (2000) 'For whites only', *British Gestalt Journal*, 9 (1) : 3-14.

Levine Bar-Joseph, T. (ed.) (2005) *The Bridge: Dialogues Across Cultures*. New Orleans: Gestalt Institute Press.

Lichtenberg, P (1990) *Community and Confluence: Undoing the Clinch of Oppression*. Cleveland, OH: Gestalt Institute of Cleveland.

Ponterotto, J. G., Utsey, S. O. and Pederson, P B. (2006) *Preventing Prejudice: A Guide for Counsellors, Educators and Parents*, 2nd edn. London: Sage.

Ryde, J. (2009) *Being White in the Helping Professions*. London: Jessica Kingsley Publications.

Thompson, C. E. and Carter, R. T. (eds) (1997) *Racial Identity Theory*. New Jersey: Lawrence Erlbaum.

Wheeler, G. (2005) 'Culture, self and field: A Gestalt guide to the age of complexity', *Gestalt Review*, 9 (1) : 91-128.

关于伦理的推荐书目

Bernhardtson, L. (2008) 'Gestalt ethics: a utopia?' *Gestalt Review*, 12 (2): 161-73.

Bond, T. (2009) *Standards and Ethics for Counselling in Action*. London: Sage.

Carroll, M. and Shaw, E. (2012) *Ethical Maturity in the Helping Professions*. Australia: PsychOZ Publications.

Gremmler-Fuhr. M. (2001) 'Ethical dimensions in Gestalt therapy', *Gestalt Review*, 5 (1) : 24-44.

Jacobs, L. (2004) 'Ethics of context and field: The practices of care. inclusion and openness to dialogue', in R. Lee (ed.), *The Values of Connection*. Cambridge, MA: Gestalt Press.

Lee, R. G. (2002) 'Ethics: A gestalt of values', *Gestalt Review*, 6 (1) : 27-51.

Lee, R. G. (ed.) (2004) *The Values of Connection-A Relational Approach to Ethics*. Cambridge. MAI. Gestalt Press.

Melnick, J., Nevis, S. and Melnick, N. (1994) 'Therapeutic ethics: A Gestalt approach', *British Gestalt Journal*, 3 (2) : 105-13.

Pope, K. and Vasquez, M. (2007) *Ethics in Psychotherapy and Counselling: A Practical Guide*. San Francisco, CA: Jossey Bass.

第二十五章　灵性咨询

把灵性（spirituality）纳入心理咨询和治疗的专著，似乎有些怪异。因为，我们治疗师的目的在于解决"尘世"问题，而非满足来访者的灵性需求。当然，设想能对此有所作为，也不免过于狂妄自大。然而，本书之所以谈及灵性有三个重要原因。

第一，来访者的灵性途径通常与他们的生活方式相互交织——以奇妙的方式相互制约或相互支持。

第二，对于治疗师而言，尤为重要的是识别来访者的需求多大程度上属于灵性的范畴，或属于心理治疗和咨询范畴，治疗师推荐来访者寻求灵性指导的资源应是义不容辞的。

第三，东方的灵学对格式塔理论和实践产生了重大影响。许多格式塔原理与东方灵学思想有异曲同工之处。东方的灵学强调清净安然、听任顺从，人与博大的自然相连。例如，禅宗强调生活在现世（此时此地中），要做到心神入定（禅宗强调向内超越，推崇自己整体上知晓自身）。同时，提倡单纯的觉知，反对刻意的"思考"（放下理智，朝向感悟［lose your mind and come to your senses］）。禅宗还要求保持静观（创造性中立），体验*顿悟*（sartori）和真切的开悟（enlightenment）（顿悟、高峰体验、或我-你时刻）。

东方灵学对格式塔思想的影响消长起伏，行之有年；一直以来都是早期格式塔理论与实践中所具有的指导性、个人主义、唯物主义等调性的另一极。近年来，受场理论（field theory）和对话治疗（dialogic therapy）的影响，格式塔治疗则更强调相互连接、共同创建和生态场的重要性。这也促使我们对场中潜在的灵性成分和对话式会谈的灵性因素产生更大的兴趣。

> **建议：** 你认为人类存在最重要的意义或目的是什么？是快乐，创造、成名，成功，亲密关系，组建家庭，帮助他人，皈依宗教，还是寻找灵性意义？和一位与你世界观截然不同的来访者相处，你能保持开放的态度吗？

在开始之前，我们认为在宽泛意义上的灵性议题（spirituality issues）存在两类不同的理解差别。

第一类差别是普世的（exoteric）和小众的（esoteric）灵性之间的差异。普世（或宗教）的灵性是指：信仰人格化的神，遵循仪式、习俗、行为和道德准则。与此不同，小众灵性很少涉及信条或信仰，它更关注能够带来直接体验或灵性连结的练习。在东方宗教和少数西方宗教里，关注信仰和仪式的普世宗教与强调个人体验的小众或秘宗教派之间有明确的分界线。

小众灵性练习的目标是渴望直接与神灵相通。（Ingeroll, 2005:137）

普世灵性的探索或提问将局限于已制定的宗教教义范畴内，而小众灵性练习则超越框架，更开放地面对未知的领域。

第二类差别是灵性这个词语在使用上的差异。一种意思是指在意识范围内的对自身存在的意义、自我界限或"与自然连接"的感受的扩展。而另一种意思是指完全不同的意识状态，是神秘的、谦卑的感觉，往往是指面临伟大的神灵（a large presence）。

第二十五章 灵性咨询

从未有过意识转换状态的直接体验的人会将此视为幻想或精神疾病的表现。这种体验有时也被称为一种脱离现实的异常，Wilber（2000:205）称之为"前世/超个人的谬论（pre/trans fallacy）"，其中：

> 真实的神秘体验或冥想体验……被（错误地）视为退行或被归为返回婴儿期的自恋、成人期万能感……甚至是原始孤独。

我们相信最重要的是你与来访者需要澄清或商议关于"灵性"的意义，这样，你才能够知道如何进行恰当地回应。

上述两类差别都与治疗有着重大的联系。来访者如果出现重大的生命意义的问题、可能的精神危机或绝望，这意味着他可能正面临着下列潜在情况中的一种，每一种情况所对应的治疗方式都是不同的：

◆ 第一，来访者可能正在经历关于人生意义的存在危机（我们相信，有时这也会被错误地称为精神危机）。对于这样的来访者，使用人本/存在主义格式塔治疗较为合适，该疗法关注如何面对生存的危机、如何与焦虑共存，以及如何寻找人生意义等。

◆ 第二，来访者可能正在经历宗教信仰或行为规范的丧失。治疗师可以就此展开讨论，但最好是转介给更合适的宗教导师、助人的牧师或长者。

◆ 第三，来访者可能感到生活失去意义，无法从日常生活的回馈中得到精神满足。此类来访者通常是带着对自身成功生活的"向往"或追求精神目标的困惑前来求助。对于这类探索小众灵性精神的来访者，需要帮助他们面对不确定性，通过练习来帮助他们识别哪些行为可以支持其探索。对于这些来访者来说，这意味着他们需要找到灵性的意义（spiritual path）或参与灵性修练（然后他们可能会继续或离开治疗）。

灵性探索

如果灵性方面的问题是咨询的主题之一,那么就有必要探索来访者精神信仰的背景。开启此类谈话的有效方式就是询问来访者关于灵性体验以及如何看待这些体验的问题。

在评估初期,询问来访者的灵性和宗教信仰取向会对治疗有所帮助。你应尽量将他们的灵性和宗教信仰与前来治疗的原因联系起来加以了解。

下述提问可以帮助你了解来访者的灵性背景对其目前问题的影响,以及灵性在来访者生活中的重要性,进而判断来访者是否需要额外的指导。例如,你可以询问:

◆ 你的父母或抚养者有怎样的宗教或精神信仰?
◆ 在你的成长过程中这对你产生了怎样的影响?
◆ 你目前持有什么宗教或精神信仰?
◆ 你的精神信仰在你的生活中起到了多大的作用?
◆ 什么能够支持到你?例如,冥想、祷告、灵性社团、教堂、寺庙等?
◆ 灵性问题是如何影响着你目前的问题或困难的?
◆ 我的宗教或灵性信仰对你来说重要吗?如果是,它会如何影响你呢?

案例

Jake 因为某种幻灭感,并感觉生活没有意义而前来求助治疗。不管怎么说,他都算得上是一位成功人士,有一个相爱的伴侣,生活中也不乏诸多的兴趣爱好。随着治疗师的不断探索,发现他所寻找的显然是良好的物质生活和情感生活所无法提供的东西。他对传统的宗教没有太大

> 兴趣，并且坚称，虽然他正在经历这种无意义，但这并不是意味着他对现实有任何的不满，事实上，他感觉是与一种自己也无法解释的东西之间失去了联系。尽管他的童年时期也有过一些常见的人际关系问题，但是他和治疗师都不认为那是目前问题的根源。随着对他个人史的进一步探索，Jake 提到每当假期去参观教堂、寺院或做礼拜的地方时，他会感到宁静和充实。这些体验似乎都涉及了一些超越一般"自我"的感受，例如平静、开放与接受。治疗师鼓励他积极寻找这种体验，留出时间用于沉思，去拜访一些当地开展此类活动的组织，例如教友派信徒聚会、静思活动，以及佛教冥想课程。治疗师还建议他努力去感受身体的哪些部位需要与自己对话，而不是用思维来判断与决定。Jake 决定参加冥想课程，并且最终找到了一位精神导师。这些年来，他第一次充满信心地觉得生命旅程充满联系并富有意义。

致使来访者寻求治疗的原因有很多，其跨度可以从连续体的一端——想要解决（或已经被解决）问题，到中间区域——自我认识和个人成长，一直到连续体的另一端——灵性实现（spiritual realization）。

　　　　问题或症状……………个人成长……………灵性实现

当然，这三种需求可能会同时呈现，或者随着治疗的进展三种需要交替摆动。治疗师能否在连续谱上灵活自如地转换，取决于他对灵性的兴趣和受训经历。在有些个案的治疗历程中，如果治疗师意识到来访者的议题已超出自己的能力，应及时向精神导师请教这方面的知识。

觉察力

广义的觉察力包括普通感悟和超越感悟这两层含义。它是指以人类普遍的方式以及超凡脱俗的方式全身心地关注此刻。这是一种带有灵性意识的感悟或像禅宗所描述的顿悟，并且包含在 Martin Buber 所描述的我－你时刻（I-Thou meeting）的超凡品质中。这些体验以引人入胜、不可思议和难以言表为特征。人们把觉察力形容成一种融会贯通、超凡脱俗的感觉，以及面对重大事件时的敬畏感或上述感觉的综合。这种时刻，个体几乎体验不到"自己的存在"，更多的是面对重大意义或目标时的谦卑感。

　　……一个超越此时此地知觉的觉察境界，是一种向自身偏转的感悟，它吞噬了此时此地的知觉，并进而转化为一种漫无目的的意识状态……是对"存在背景（ground of being）"的清晰的觉知（Naranjo, 1981:9）。

　　最基本的灵性体验是一种神秘感，是一种人际联系，是一种存在感，是一种无限的可能。灵性体验通常不会丧失自我，但是会超越自我。

　　Kennedy（1994）指出了灵性体验内在的神秘感，他认为高峰体验（peak experiences）或我－你时刻（I-Thou moments）都具有超越普通人性的特点，此时，寻常的自我感或认同感被最小化或暂时消遁。充分沉浸于灵性之中的个体可以感受不到自我的存在，却能感知全身心的投入和超越现实。这种体验在佛经中广为记载（Claxman, 1990），被形容为无我的境地（佛经术语，能自我知觉的虚幻），这是灵性开悟（spiritual enlightenment）的特征。

　　许多格式塔技术，诸如接地练习、关注呼吸、觉察感觉、开放性态度都是将简单的知觉转向超凡的觉察。格式塔倡导的"放下理智，朝向感悟"也是遵循相同的原理，焦虑不安的思维阻碍了灵性觉察力。事实上，许多灵性修炼和冥想练习都始于第一章中所描述的自我准备练习（为治疗做准备）。

　　想象、冥想、祈祷、音乐、宗教仪式以及亲近大自然，都有可能激发灵性体验。但是，上述练习并非是格式塔学派的技术方法，如果来访者有这方面的兴趣，格式塔治疗师也对此有一定的经验和天赋，便能适当地将其整合进格式塔的治疗。的确，正如 Hemming（2009:273）所说，"我们在格式塔治疗中的践行也为灵性修养创造了一定的基础。"

> **建议：** 回顾自己的一生，识别曾感觉强烈的灵性体验和人生重要时刻。当时你处于怎样的状态，这些体验是如何影响你目前的治疗工作的？

有一点忠告：灵性时刻（spiritual crisis）或者灵性浮现（spiritual emergence）会包含异乎寻常的体验和自我界限的丧失。如果此时没能得到恰当的支持，灵性时刻就有可能诱发精神疾病或被看作离经叛道。例如，灵性的绝望（spiritual despair）——灵魂的黑暗时期——可能被误认为是抑郁。灵魂出窍（out-of-body experiences）、通天眼等在一些人群内被作为灵性沟通而受到欢迎，而在另一些人群中则被当作精神疾病治疗。有时如果治疗师不从灵性的角度理解问题，往往会漠视来访者的灵性需求而试图将之改变。因此，作为治疗师你需要了解在来访者生活的文化和信仰系统中是否信奉灵性体验。

总结

近年来，在格式塔著作中呈现出这样一种趋势，即越来越多的人开始确认格式塔理论中的超越维度（transcendent dimension）。包括 Jacob "成长驱力（urge to growth）"的成熟过程（1989）、Buber 的"我-你时刻（I-Thou moments）"（1958/1984）、Clarkson 的超个人因素（transpersonal elements）、和"格式塔的灵魂（the soul in gestalt）"（1989）、Parlett（1991）的灵性本质（spiritual quality of presence）、Williams（2006）的格式塔-超个人（Gestalt-transpersonal)、Hemming 的"宏场（larger field）"（2009）以及 Denham-Vaughan 的"阈空间（liminal space）"（2010）：

> 阈空间……的特征是对一切熟悉的都愿意舍弃，而对任何正在呈现的持开放态度。因此，它在时间上衔接当下与未来，是临存与超越的结合（P.35）。

灵性项目还有许多其他方面的成果（详见本章最后的推荐目录），例如 A.H.Almaas 建立的圆满学苑（Ridhwan School）就相当出色地将灵修之路整合在许多格式塔心理治疗实践中。

格式塔治疗和传统的灵性都强调对此时此地的关注和感悟，强调超越信念或教条的体验。两者都要求对于生命本身的神秘性和自然性之间的关系持开放态度，并且寻找一种不同寻常的更为精确的体验。两者都能够给生活带来重大转变。

推荐书目

Almaas, A. H. (2008) For articles see website: www. ahalmaas. com

Bate, D. (2001) Letter to editor: 'Gestalt and spirituality', *British Gestalt Journal*, 10 (2) : 125-6.

Brownell, P. (2012) 'Spirituality in gestalt therapy', in T. Levine Bar-Joseph (ed.), *Gestalt Therapy. Advances in Theory and Practice.* London: Routledge.

Crocker, S. F (2005) 'Phenomenology, existentialism and Eastern thought in Gestalt therapy', in A. L. Woldt and S. M. Toman (eds), *Gestalt Therapy-History, Theory and Practice.* Thousand Oaks, CA: Sage.

Denham-Vaughan, S. (2005) 'Will and Grace', *British Gestalt Journal*, 14 (1): 5-14.

(Continued)

(Continued)

Frambach, L. (2003) 'The weighty world of nothingness: Salomon Friedlaender's "Creative indifference"' in M. Spagnuolo Lobb and N. Amendt-Lyon (eds), *Creative License: The Art of Gestalt Therapy*. New York: Springer-Verlag Wien. pp. 113-28.

Harris, E. S. (2000) 'God, Buber, and the practice of Gestalt therapy', *Gestalt Journal*, 23 (1) : 39-62.

Hemming, J. (2009) 'A larger field', in D. UIlman and G. Wheeler (eds) *Co-creating the Field-Intention and Practice in the Age of Complexity*. New York: Routledge.

Ingersoll, R. E. (2005) 'Gestalt therapy and spirituality', in A. L. Woldt and S. M. Toman (eds) , *Gestalt Therapy-History, Theory and Practice*. Thousand Oaks, CA: Sage.

Naranjo, C. (2000) *Gestalt Therapy: The Attitude and Practice of an Atheoretical Experientialism*, 2nd rev. edn. Nevada City, CA: Crown House Publishing.

Snir, S. (2000) 'A response from a Kabalistic perspective to "The spiritual dimen- sions of Gestalt therapy"', *Gestalt!* 4 (3) (Fall) .

Uiiman, D, (2009) 'Mindfulness, magic and metaphysics', in D. Uiiman and G. Wheeler (eds) *Co-creating the Field-Intention and Practice in the Age of Complexity*. New York: Routledge.

Williams, L. (2006) 'Spirituality and Gestalt: A Gestalt-transpersonal perspective', *Gestalt Review*, 10 (1): 6-21.

参考文献

Agaibi, C. and Wilson, J. (2005) 'Trauma, PTSD, and Resilience: A review of the literature', *Trauma Violence and Abuse,* 6: 195-216.

Appei-Opper, J. (2012) 'Relational living body psychotherapy', in C. Young (ed.) *About Relational Body Psychotherapy.* Body Psychotherapy Publications, UK.

Arnold, H-P. (2008) 'Gestalt-integrated strategy development, making the gestalt approach available for the coaching process', *International Gestalt Journal,* 31 (2): 77-107.

Asay, T. P. and Lambert, M. J. (1999) 'The empirical case for the common factors in therapy: quantitative findings', in M. A. Hubble, B. L. Duncan and S. D. Miller (eds), *The Heart and Soul of Change: What Works in Therapy.* Washington, DC: APA Press. pp. 33-56.

Barber, P. (2006) *Becoming a Practitioner Researcher, A Gestalt Approach to Holistic Enquiry.* London: Middlesex University Press.

Batts, V. (2000) 'Racial awareness in psychotherapy', Workshop Presentation, ITA Conference, Canterbury.

Baumgardner, P. (1975) *Legacy from Fritz: Gifts from Lake Cowichan.* Palo Alto, CA: Science and Behaviour Books.

Beaumont, H. (1993) 'Martin Buber's 1-Thou and fragile self organisation', *British Gestalt Journal,* 2 (2): 85-95.

Beisser, A. R (1970) 'The paradoxical theory of change', in J. Fagan and I. Shepherd (eds), *Gestalt Therapy Now.* Palo Alto, CA: Science and Behavior. pp. 77-80.

Blake, W. (1969) *The Complete Writings,* ed. G. Keynes. Oxford: Oxford Paperbacks.

Blom, R. (2006) *The Handbook of Gestalt Play Therapy: Practical Guidelines for Child Therapists.* London: Jessica Kingsley Publishers.

Bohm, D. (1996) *On Dialogue,* ed. Lee Nichol. London: Routledge.

Bordin, E. S. (1994) 'Theory and research in the therapeutic alliance', in O. Horvath and S. Greenberg (eds), *The Working Alliance: Theory, Research and Practice* . New York: Wiley.

Bowman, C. (2002) 'To ground zero and back.' *Gestalt,* 6: 1-11. Online journal no longer available.

Brown, M. T. and Landrum-Brown, J. (1995) 'Counselor supervision: cross-cultural perspectives', in J. Ponterotto, J. M. Casas, L. A. Suzuki and C. M. Alexander (eds), *The Handbook of Multicultural Counselling.* London: Sage.

Brownell, P. (2005) 'Gestalt therapy in community mental health', in A. L. Woldt and S. M. Toman (eds), *Gestalt Therapy- History, Theory and Practice.* Thousand Oaks, CA: Sage. pp.257-78.

Brownell, P (ed.) (2008) *Handbook for Theory, Research and Practice in Gestalt Therapy.* Newcastle: Cambridge Scholars Publishing.

Buber, M. (1958/1984) *I and Thou.* Edinburgh: T & T Clark.

Buber, M. 1967 *A Believin Humanism.* New York: Simon & Schuster.

Burley, T. and Bloom, D. (2008) 'Phenomenological method', in P. Brownell (ed.), *Handbook for Theory, Research and Practice in Gestalt Therapy.* Newcastle: Cambridge Scholars Publishing.

Butollo, W. Karl, R. Konig, J. and Hagl, M. (2014 in press) 'Dialogical exposure in a Gestalt-based treatment for posttraumatic stress disorder', *Gestalt Review.*

Butollo, W., & Karl, R. (2012). *Dialogische Traumatherapie. Ein Manual zur Behandlung der Posttraumatischen Belastungsst6rung.* [Dialogical exposure therapy. A treatment manual for posttraumatic stress disorders.] Stuttgart: KlettCotta.

Carroll, M. and Shaw, E. (2012) *Ethical Maturity in the Helping Professions.* Australia: PsychOz Publications.

Carter, R. T. (1997) 'Race and psychotherapy: the racially inclusive model', in C. E. Thompson and R. T. Carter (eds), *Racial Identity Theory.* Mahwah, NJ: Lawrence Erlbaum.

Clarkson, P (1989) *Gestalt Counselling in Action.* London: Sage.

Clarkson, P with Cavicchia, S. (2013) *Gestalt Counselling in Action,* 4th edn. London: Sage.

Clarkson, P (1992) *Transactional Analysis - An Integrated Approach.* London: Routledge.

Claxman, G. (1990) *The Heart of Practical Buddhism.* London: Aquarian Press.

Clemmens, M. (2005) *Getting Beyond Sobriety.* London: Taylor & Francis.

Clemmens, M. (2008) Team development workshop. Metanoia Institute, UK.

Clemmens, M. (2012) 'The Interactive Field: Gestalt therapy as an embodied dialogue', in T. Levine Bar-Yoseph (ed.), *Gestalt Therapy: Advances in Theory and Practice.* London: Routledge.

Cohen, A. (2002) 'Gestalt therapy and post-traumatic stress disorder: the potential and its fulfilment', *Gestalt,* 6 (1). On line journal no longer available.

Cohen, A. (2003) 'Gestalt therapy and post-traumatic stress disorder: The irony and the challenge', *Gestalt Review,* 7 (1): 42-55.

Cohn, H. (1997) *Existential Thought and Therapeutic Practice.* London: Sage.

Cooper, M. (2008a) Lecture to the 8th Person Centred and Experiential Conference. Norwich, UK.

Cooper, M. (2008b) *Essential Research Findings in Counselling and*

Psychotherapy: The Facts Are Friendly. London: Sage.

Cozolino, L. (2006) *The Neuro-science of Human Relationships.* New York: W. W. Norton & Co.

Crocker, S. F. (1999) *A Well Lived Life: Essays in Gestalt Therapy.* Cleveland, OH: Gestalt Institute of Cleveland Press.

Davis ,M. and Wallbridge, D. (1981) *Boundary and Space: an introduction to the work of D. W Winnicott.* Harmondsworth: Penguin.

Davis, M. and Hayes, J. (2011) 'What are the benefits of mindfulness? A practice review of psychotherapy-related research', *Psychotherapy,* 48 (2): 198-208.

Del isle, G. (2011) *Personality Pathology: Developmental Perspectives.* London: Karnac Books.

Delisle, G. (2013) *Object Relations in Gestalt Therapy* London: Karnac Books.

Denham-Vaughan, S. (2005) 'Will and Grace', *British Gestalt Journal,* 14 (1): 5-14.

Denham-Vaughan, S. (2010) 'The liminal space and twelve action practices for gracious livin', *British Gestalt Journal,* 19 (2): 34-45.

Duncan, B. and Miller, S. (2000) *The Heroic Client.* San Francisco, CA: Jossey-Bass.

Eliot, T. S. (1942) *The Complete Poems and Plays of T.S. Eliot.* London: Faber & Faber.

Elliott, R. (2002) 'The effectiveness of humanistic therapies: a meta-analysis', in D. Cain and J. Seeman (eds), *Humanistic Psychotherapies: Handbook of Research and Practice.* Washington, DC: American Psychological Association . pp. 57-81.

Elliot, R., Slatick, E. and Urman, M. (2001) 'Qualitative change process research on psychotherapy: alternative strategies', in J. Frommer and D.L. Rennie (eds), *Qualitative Psychotherapy Research: Methods and Methodology.* Lengerich: Pabst Science Publishers. pp 69-111.

Elliott, R., Greenberg, L. S. and Lietaer, G. (2004) 'Research on experiential psychotherapies', in M. Lambert (ed.), *Handbook of Psychotherapies and Behavior Change,* 5th edn. New York, NY: Wiley. pp. 493-539.

Elton Wilson, J. (1993a) 'Towards a personal model of counselling', in W. Dryden (ed.), *Questions and Answers in Counselling in Action.* London: Sage. pp. 95-102.

Elton Wilson, J. (1993b) *Ethics in Psychotherapy.* Training Workshop. London: Metanoia.

English, F. (1975) 'The three cornered contract', *Transactional Analysis Journal,* 5 (4): 383-4.

Erskine, R. G. and Trautmann, R. (1996) 'Methods of an integrative psychotherapy', *Transactional Analysis Journal,* 26 (4) : 316-28.

Erskine, R. G., Moursund, J. and Trautmann, R. L. (1999) *Beyond Empathy.* New York: Brunner-Mazel.

Etherington, K. (2004) *Becoming a Reflexive Researcher - Using Our Selves in Research* . London: Jessica Kingsley.

Fisher, J. (2011) 'Attachment as a sensorimotor experience: The use of sensorimotor psychotherapy', *Attachment: New Directions in Psychotherapy and Relational Psychoanalysis,* 5 (2): 99-107

Fisher, J. (2013) *When Shame gets in the Way* Reflective Practice Webinar, 10 April 2013, www.janinafisher.com.

Fodor, I. (2002) 'Reflections on September 11th', *British Gestalt Journal,* 10 (2): 80-5.

Fosha, D. (2009) 'Emotion and recognition at work', in D. Fosha, D. Siegel, and M. Solomon (eds), *The Healing Power of Emotion: Affective Neuroscience, Development and Clinical Practice.* New York: W. W. Norton & Co. pp. 204-31.

Francesetti, G. (2013) 'Gestalt therapy perspective on panic attacks', in G. Francesetti, M. Gecele, and J. Roubal (eds), *Gestalt Therapy in Clinical Practice: From Psychopathology to the Aesthetics of Contact.* Milan:

FrancoAngeli Books.

Francesetti, G. and Roubal, J. (2013) 'Gestalt therapy approach to depressive experiences', in G. Francesetti, M. Gecele, and J. Roubal (eds), *Gestalt Therapy in Clinical Practice: From Psychopathology to the Aesthetics of Contact.* Milan: FrancoAngeli Books.

Francesetti, G., Roubal, J. and Gecele, M. (2013) *Gestalt Therapy in Clinical Practice: From Psychopathology to the Aesthetics of Contact.* Milan: FrancoAngeli Books.

Frank, R. (2003) 'Embodying creativity', in M. Spagnuolo Lobb and N. Amendt-Lyon (eds), *Creative Licence- the Art of Gestalt Therapy.* Vienna: Springer-Verlag.

Frank, R. (2013) *The First Year of the Rest of Your Life: Movement, Development and Psychotherapeutic Change.* New York: Routledge.

Fredrickson, B. L., Tugade, M. M., Waugh, C. E. and Larkin, G. R. (2003) 'A prospective study of resilience and emotions following the terrorist attacks on the United States on September 11th, 2002', *Journal of Personality and Social Psychology,* 84 (2) : 365-76.

Freud, S, (1917) *Mourning and Melancholia. The Standard Edition of the Complete Psychological Works of Sigmund Freud,* Volume XIV, 1914-1916. London: Hogarth Press. pp. 237-58.

Gaffney, S. (2009) 'The cycle of experience re-cycled: then , now … next', *Gestalt Review,* 13 (1): 7-23.

Gilbert, A. (2006) 'A phenomenological exploration of a traumatic incident (death of a child) on social services staff', *European Journal for Qualitative Research in Psychotherapy,* 1 (1): 1-19.

Gladwell, M. (2006) *Blink: The Power of Thinking Without Thinking.* London: Penguin.

Gold, E. and Zahm, S. (2011) 'Gestalt therapy training integrating Buddhist psychology and mindfulness methods', in D. Bloom and P. Brownell (eds),

Continuity and Change: Gestalt Therapy Now. Newcastle: Cambridge Scholars Press. pp. 221-35.

Goulding, R. (1992) 'Transactional analysis and Gestalt therapy', in E. C. Nevis (ed.), *Gestalt Therapy.* New York: Gardner Press. pp. 129-46.

Green, A. (1986) *On Private Madness.* London: Karnac.

Greenberg, E. (1989) 'Healing the borderline', *Gestalt Journal,* 12 (2): 11-56.

Greenberg, L. S. and Watson, J. (2006) *Emotion-Focused Therapy for Depression.* Washington, DC: American Psychiatric Association.

Hanson, R. and Mendius, R. (2009) *Buddha's Brain: The Practical Neuroscience of Happiness, Love, and Wisdom.* Oakland, CA: New Harbinger Publications.

Harris, C. (1992) 'Gestalt work with psychotics', in E. C. Nevis (ed .), *Gestalt Therapy.* New York: Gardner Press. pp. 239-62.

Harris, E. S. (2000) 'God, Buber and the practice of Gestalt therapy', *The Gestalt Journal,* 22 (1): 39-62.

Harris, E. S. (2007) 'Working with forgiveness in Gestalt therapy', *Gestalt Review,* 11 (1): 108-19.

Hawkins, P. (1991) 'Approaches to the supervision of counsellors', in W. Dryden and B. Thorne (eds), *Training and Supervision for Counsellors in Action.* London: Sage.

Hayes, S., Follette, V. and Linehan, M. (2004) *Mindfulness and Acceptance: Expanding the Cognitive-Behavioral Tradition.* New York: Guilford Press.

Hemming, J. (2009) 'A larger field', in D. Ullman and G. Wheeler (eds) *Go-creating the Field - Intention and Practice in the Age of Complexity.* New York: Routledge.

Herman, J. L. (1992) *Trauma and Recovery.* New York: Basic Books.

Hooker, K. E. and Fodor, I. E. (2008) 'Teaching mindfulness to children', *Gestalt Review,* 12 (1): 75-91.

Horowitz, M. J. (1982) 'Strategic dilemmas and the socialisation of psychotherapy researchers', *British Journal of Clinical Psychology,* 21 (2): 119-27

Houston, G. (2003) *Brief Gestalt Therapy.* London: Sage.

Houston, G. (2013) *Gestalt Counselling in a Nutshell:* London: Sage.

Howdin, J. and Reeves, A. (2009) 'Working with suicide', *British Gestalt Journal,* 18 (1): 10-17.

Hunter, M. and Struve, J. (1998) *The Ethical Use of Touch in Psychotherapy.* London: Sage.

Husserl, E. (1931) *Ideas: Genera/Introduction to Pure Phenomenology,* Vol. 1. New York: Macmillan.

Hycner, R. A. (1991) *Between Person and Person.* Highland, NY: Gestalt Journal Press.

Hycner, R. A. and Jacobs, L. (1995) *The Healing Relationship in Gestalt Therapy.* Highland, NY: Gestalt Journal Press.

Ingersoll, R. E. (2005) 'Gestalt therapy and spirituality', in A. L. Woldt and S. M. Toman (eds), *Gestalt Therapy, History, Theory and Practice.* Thousand Oaks, CA: Sage.

Jacobs, L. (1989) 'Dialogue in Gestalt theory and therapy', *Gestalt Journal,* 12 (1): 25-68.

Jacobs, L. (1996) 'Shame in the therapeutic dialogue', in R. G. Lee and G. Wheeler (eds), *The Voice of Shame.* San Francisco, CA: Jossey-Bass. pp. 297-315.

Jacobs, L. (2000) 'Enduring relational themes', in Respectful dialogues British Gestalt Journal, 9 (2): 105-16.

Jacobs, L. (2002) 'it's not easy to be a field theorist: commentary on "cartesian and post-cartesian trends in relational psychoanalysis"', *Gestalt!* 6 (2): 17-26

Jacobs, L, (2003) 'Ethics of context and field', *British Gestalt Journal,* 12 (2): 88-96.

Jacobs, L. (2004) 'Ethics of context and field: the practices of care, inclusion and openness to dialogue', in R. Lee (ed.), *The Values of Connection.* Cambridge, MA: Gestalt Press.

Jacobs, L. (2006) 'That which enables - support as complex and contextually emergent', *British Gestalt Journal,* 15 (2): 10-19.

Joyce, P. and Sills, C. (2001) *Skills in Gestalt Counselling and Psychotherapy.* London: Sage.

Joyce, P. and Sills, C. (2010) *Skills in Gestalt Counselling and Psychotherapy,* 2nd edn. London: Sage.

Kabat-Zinn, J. (2003) 'Mindfulness-based interventions: past, present and future', *Clinical Psychology: Science and Practice,* 10 (2): 144-56.

Kaufman, G. (1989) *The Psychology of Shame: Theory and Treatment of Shame.* New York: Springer Publishing.

Kazdin, A. E. (1981) 'Drawing valid inferences from case studies', *Journal of Consulting and Clinical Psychology,* 49: 183-92.

Kelly, C. (1998) Body Process workshop. Metanoia Institute, London.

Kennedy, D. J. (1994) 'Transcendence, truth and spirituality in the Gestalt way', *British Gestalt Journal,* 3 (1): 4-10.

Kepner, J. (1987) *Body Process: A Gestalt Approach to Working with the Body in Gestalt Therapy.* New York: Gardner.

Kepner, J. (1995) *Healing Tasks in Psychotherapy.* San Francisco, CA: Jossey-Bass, for the Gestalt Institute of Cleveland Publications.

Kepner, J. (2003) 'The embodied field', *British Gestalt Journal,* 12 (1): 6-14.

Kim, J. and Daniels, D. (2008) 'Experimental freedom', in P. Brownell (ed.), *Handbook for Theory, Research and Practice in Gestalt Therapy.* Newcastle: Cambridge Scholars Publishing.

Kohut, H. (1971) *The Analysis of the Self.* New York: International Universities Press.

Kohut, H. (1977) *The Restoration of the Self.* New York: International Universities Press.

Lambert, M. (2003) *Bergen & Garfield's Handbook of Psychotherapy and Behaviour Change,* 5th edn. New York: John Wiley.

Leader, D. (2008) *The New Black.* London: Penguin.

Lee, R. G. (ed.) (2004) *The Values of Connection- a Relational Approach to Ethics.* Cambridge, MA: Gestalt Press.

Lee, R. G. (2007) 'Shame and belonging in childhood: the interaction between relationship and neurobiological development in the early years of lite', *British Gestalt Journal,* 16 (2) 57-83.

Lee, R. G. and Wheeler, G. (eds) (1996) *The Voice of Shame.* San Francisco, CA: Jossey-Bass, for the Gestalt Institute of Cleveland.

Levine, P. (1997) *Waking the Tiger. Healing Trauma.* Berkeley, CA: North Atlantic Books.

Lewin, K. (1951) *Field Theory in Social Science.* New York: Harper & Brothers.

Luborsky, L., Singer, B. and Luborsky, L. (1975) 'Comparative studies of psychotherapies: is it true that "everyone has won and all must have prizes"?', *Archives of General Psychiatry,* 32: 995-108.

Luborsky, L., Rosenthal, R., Diguer, L., Andrusyna, T., Levitt, J., Seligman, D. Berman, J. and Krause, E. (2003) 'Are some psychotherapies much more effective than others?', *Journal of Applied Psychoanalytic Studies,* 5 (4): 455-60.

Luthar, S. S. (2006) 'Resilience in development: A synthesis of research across five decades', in D. Cicchetti and D. J. Cohen (eds), *Developmental Psychopathology: Risk, Disorder, and Adaptation,* 2nd edition. New York: Wiley. pp. 739-95.

Mackewn, J. (1997) *Developing Gestalt Counselling.* London: Sage.

McGilchrist, I. (2009) *The Master and His Emissary: The Divided Brain and the Making of the Western World.* New Haven, CT: Yale University Press.

McLeod, J. (2010) *Case Study Research.* London: Sage.

Mann, D. (2013) *Gestalt Therapy - 100 Key Points.* London: Routledge.

Melnick, J. and Nevis, S. (1997) 'Gestalt diagnosis and DSM- IV', *British Gestalt Journal,* 6 (2): 97-106.

Melnick, J. and Nevis, S. (1998) 'Diagnosing in the here and now: a Gestalt Therapy approach', in L.S. Greenberg, J.C. Watson and Lietaer, G. (eds), *Handbook of Experiential Psychotherapy.* New York: The Guilford Press. pp. 428-49.

Melnick, J. and Nevis, S. (2005) 'The willing suspension of disbelief: Optimism', *Gestalt Review,* 9 (1) 10- 26.

Melnick, J. and Roos, S. (2007) The myth of closure: *Gestalt Review,* 11 (2): 90-107.

Miller, S. D., Hubble, M. and Ouncan, B. (2008) 'Supershrinks', *Therapy Today,* 19 (3): 4-9.

Mothersole, G. (2006) 'Contracts and harmful behaviour', in C. Sills (ed.), *Contracts in Counselling.* London: Sage. pp. 87-97.

Mullen, P. (1990) 'Gestalt therapy and constructive developmental psychology', *Gestalt Journal,* 13 (1): 69- 90.

Muller, B. (1996) 'lsadore From's contribution', *Gestalt Journal,* 19 (1): 57-82.

Naranjo, C. (1981) 'Gestalt conference talk', *Gestalt Review,* 5 (1): 3-19.

Neff, K. (2011) *Self Compassion.* New York: William Morrow.

Nevis, E. (1987) *Organisational Consulting: A Gestalt Approach.* New York: Gardner Press.

Nevis, E. (2003) 'Blocks to creativity in organisations', in M. Spagnuolo Lobb and N. Amendt-Lyon (eds), *Creative Licence - the Art of Gestalt Therapy.* Vienna: Springer-Verlag.

Norcross, J. (2011) *Psychotherapy Relationships That Work: Evidence-Based Responsiveness,* 2nd edn. New York: Oxford University Press.

Oaklander, V. (2006) *Hidden Treasure: A Map to the Child's Hidden Self.* London: Karnac Books.

Ogden, P (2009) 'Emotion, mindfulness, and movement: Expanding the regulatory boundaries of the window of affect tolerance', in D. Fosha, D. Siegel and M. Solomon (eds), *The Healing Power of Emotion: Affective*

Neuroscience, Development, and Clinical Practice. New York: W. W. Norton & Co. pp. 204-31.

Ogden, P, Minton, K. and Pain, C. (2006) *Trauma and the Body: A Sensorimotor Approach to Psychotherapy.* New York: W. W. Norton & Co.

Ogden, T. (1982) *Projective Identification and Psychotherapeutic Technique.* New York: Jason Aronson.

Orlinsky, D. E., Grawe, K. and Parks, B. K. (1994) 'Process and outcome in psychotherapy', in A. E. Bergin and S. L. Garfield (eds), *Handbook of Psychotherapy and Behavior Change,* 4th edn. New York: Wiley.

Paivio, S.C. and Pascuai-Leone, A. (2010) *Emotion focused therapy for complex trauma: An integrative approach.* Washington, DC: American Psychological Association.

Parlett, M. (1991) 'Reflections on field theory', *British Gestalt Journal,* 1 (1): 69-80.

Parlett, M. (1993) 'Towards a more Lewinian gestalt therapy', *British Gestalt Journal,* 2 (2): 115-20.

Parlett, M. (2007) 'Introduction', in G. Wollants (ed.), *Gestalt Therapy: Therapy of the Situation.* London: Sage.

Parlett, M. (2009) 'A part of the whole, a part to play', in D. Ullman and G. Wheeler (eds) *Go-Creating the Field -Intention and Practice in the Age of Complexity.* New York: Routledge.

Perera-Diltz, D.M. , Laux, J.M. and Toman, S.M. (2012) 'A cross-cultural exploration of PTSD: assesment, diagnosis, recommended gestalt treatment. *Gestalt Review,* 16 (1): 69-87

Perls, F. S. (1947) *Ego, Hunger and Aggression.* New York Vintage Books.

Perls, F. S. (1969) *Gestalt Therapy Verbatim.* Moab, UT: Real People Press.

Perls, F. S. (1970) 'Four lectures', in J. Fagan and I. Shepherd (eds}, *Gestalt Therapy Now.* Palo Alto, CA: Science and Behavior. pp. 14-38.

Perls, F. (1979) 'Planned psychotherapy', *Gestalt Journal,* 2 (2): 5-23.

Perls, F., Hefferline, R. and Goodman, P (1989 [1951]) *Gestalt Therapy: Excitement and Growth in the Human Personality.* London: Pelican Books.

Perls, L. (1970) 'One Gestalt therapist's approach', in J. Fagan and I. Shepherd (eds), *Gestalt Therapy Now.* Palo Alto, CA: Science and Behavior. pp. 125-9.

Perry, A. (2008) *Claustrophobia. Finding Your Way Out.* London: Worth Publishing.

Philippson, P. (2004) 'The experience of shame', *International Gestalt Journal,* 27 (2): 85-96.

Philippson, P. (2009) *The Emergent Self. An Existential-Gestalt Approach.* London: Karnac Books.

Philippson, P. (2012) *Gestalt Therapy: Roots and Branches.* London: Karnac Books.

Polster, E. (1985) 'Imprisoned in the present', *Gestalt Journal,* 8 (1): 5-22.

Polster, E. (1991) 'Tight therapeutic sequences', *British Gestalt Journal,* 1 (2) 63-8.

Polster, E. (1995) *A Population of Selves.* San Francisco, CA: Jossey-Bass.

Polster, E. (1998) 'Martin Heidegger and Gestalt therapy', *Gestalt Review,* 2 (3): 253-68.

Polster, E. (1999) *From the Radical Centre.* Cambridge, MA: Gestalt Institute of Cleveland Press.

Polster, E. and Polster, M. (1973) *Gestalt Therapy Integrated.* New York: Vintage Books.

Porges, S. (2011) *The Polyvagal Theory: Neurophysiological Foundations of Emotions, Attachment, Communication, and Self-Regulation.* London: W. W. Norton & Co.

Porges, S. (2013) *Clinical insights from the Polyvagal Theory.* New York/ London: W. W. Norton.

Proctor, B. and Sills, C. (2005) 'Personal therapy for trainees - a three-cornered conundrum', *Counselling and Psychotherapy Journal,* 16 (5): 38-42.

Rachid, T. and Seligman, M. (2013) 'Positive psychotherapy', in D. Wedding and R. Corsini (eds), *Current Psychotherapies,* 10th edn. Belmont, CA: Cengage Learning.pp. 461-98.

Racker, H. (1982 [1968]) *Transference and Countertransference.* London: Karnac Books.

Reason, P. and Bradbury, H. (2001) 'Inquiry and participation in search of a world worthy of human aspiration', in P. Reason and H. Bradbury (eds), *Handbook of Action Research: Participative Inquiry and Practice.* London: Sage.

Resnick, R. (1990) 'Gestalt therapy with couples', *Workshop.* London: Metanoia Institute.

Rizzolatti, G., Fadiga, L., Gallese, V. and Fogassi, L. (1996) 'Premotor cortex and the recognition of motor actions', *Cognitive Brain Research,* 3: 131-41.

Robine, J-M. (ed.) (2001) *Contact and Relationship in a Field Perspective.* Bordeaux: L'Exprimerie.

Robine, J-M. (2013) 'Anxiety within the situation: Disturbances of Gestalt construction', in G. Francesetti, M. Gecele and J. Roubal (eds), *Gestalt Therapy in Clinical Practice.* Milan: FrancoAngeli and EAGT. pp. 479-93.

Ronall, R. (2008) 'Intensive Gestalt workshops: Experiences in community', *British Gestalt Journal,* 17 (2): 39-50.

Roubal, J. (2007) 'Depression - A Gestalt theoretical perspective', *British Gestalt Journal,* 16 (1): 35-43.

Scheinberg, S., Johannson, A., Stevens, C. and Conway-Hicks, S. (2008) 'Research communities in action: Three examples', in P. Brownell (ed.), *Handbook for Theory, Research and Practice in Gestalt Therapy.* Newcastle: Cambridge Scholars Publishing.

Schore, A. (2000) 'Minds in the making', Seventh Annual John Bowlby Memorial Award Conference. London: Centre for Attachment-based Psychoanalytic Psychotherapy.

Schore, A. (2003) *Affect Regulation and the Repair of the Self.* New York: W. W.

Norton & Co.

Schore, A. (2012) *The Science and Art of Psychotherapy* London: W. W. Norton & Co.

Shapiro, F. (2001) *Eye Movement Desensitising and Reprocessing.* New York: Guilford Press.

Shub, N. (1992) 'Gestalt therapy over time: Integrating difficulty and diagnosis', in E. C. Nevis (ed.), *Gestalt Therapy.* New York: Gardner Press.

Sichera, A. (2003) 'Therapy as an aesthetic issue', in M. Spagnuolo Lobb and N. Amendt-Lyon (eds), *Creative Licence: The Art of Gestalt Therapy.* New York/ Vienna: Springer. pp. 93-9.

Siegel, D. (1999) *The Developing Mind.* New York: Guilford Press.

Sills, C. (2006) 'Contracts and contract making', in C. Sills (ed.), *Contracts in Counselling,* 2nd edn. London: Sage. pp. 9-26.

Spence, D. P. (1989) 'Rhetoric vs. evidence as a source of persuasion: a critique of the case study genre', in M. J. Packer and R. B. Addison (eds), *Entering the Circle: Hermeneutic Investigation in Psychology.* New York: State University of NY Press.

Spence, D. P. (2001) 'Dangers of anecdotal reports', *Journal of Clinical Psychology,* 57: 37-41.

Staemmler, F-M. (1993) 'Projective identification in Gestalt therapy with severely impaired clients', *British Gestalt Journal,* 2 (2) : 104-10.

Staemmler, F-M. (1997a) 'Towards a theory of regressive process in Gestalt therapy', *Gestalt Journal,* 20 (1): 49-120.

Staemmler, F-M. (1997b) 'Cultivating uncertainty: An attitude for Gestalt therapists', *British Gestalt Journal,* 6 (1): 40-8.

Staemmler, F-M. (2007) 'On Macaque monkeys, players, and clairvoyants: Some new ideas for a Gestalt therapeutic concept of empathy', *Studies in Gestalt Therapy- Dialogical Bridges,* 1 (2): 43-64.

Staemmler, F-M. (2009) *Aggression, Time, and Understanding.* New York:

Routledge.

Staemmler, F-M. (2012a) 'Compassion and self-esteem', *British Gestalt Journal,* 21 (2): 19-28.

Staemmler, F-M. (2012b) *Empathy in Psychotherapy.* New York: Springer Publications.

Stawman, S. (2011) 'Empathy and understanding', *British Gestalt Journal,* 20 (1): 5-13.

Stern, D. N. (1985) *The Interpersonal World of the Infant.* New York: Basic Books.

Stern, S. (1994) 'Needed relationships and repeated relationships: an integrated relational perspective', *Psychoanalytic Dialogues,* 4 (3): 317-45.

Storr, A. (1979) *The Art of Psychotherapy.* London: Heinemann.

Stratford, C. D. and Brallier, L. W. (1979) 'Gestalt therapy with profoundly disturbed persons', *Gestalt Journal,* 2 (1): 90-104.

Strumpfel, U. (2004) 'Research on Gestalt therapy', *International Gestalt Journal,* 12 (1): 9-54.

Swanson, J. (1988) 'Boundary processes and boundary states', *Gestalt Journal,* 11 (2): 5-24.

Taylor, M. (2014) *Trauma Therapy and Clinical Practice: Neuroscience, Gestalt and the Body.* Maidenhead: Open University Press.

Tobin, S. (1982) 'Self-disorders, Gestalt therapy and self-psychology', *Gestalt Journal,* 5 (2): 3-44.

Tobin, S. (2004) 'The integration of relational Gestalt therapy with EMDR', *International Gestalt Journal,* 27 (1): 55-82.

van Rijn, B., Sills, C., Hunt, J., Shivanath, S., Gildebrand, K. and Fowlie, H. (2008) 'Developing clinical effectiveness in psychotherapy training: Action research', *Counselling and Psychotherapy Research,* 8 (4): 261-8.

Verhaeghe, P. (2004) *On Being Normal and Other Disorders.* New York: Other Press.

Verhaeghe, P. (2007) 'Chronicle of a death foretold', Keynote address at the Health4Life Conference, Dublin City University.

Vidakovic, I. (2013) 'The power of moving on: gestalt therapy approach to trauma treatment', in G. Francesetti, M. Gecele, and J. Roubal (eds), *Gestalt Therapy in Clinical Practice: From Psychopathology to the Aesthetics of Contact*. Milan: FrancoAngeli Books. pp. 317-30.

Wampold, B. E. (2001) *The Great Psychotherapy Debate*. Mahwah, NJ: Lawrence Erlbaum Associates.

Watson, J. C., Gordon, L. B., Stermac, L., Kalogerakos, F. and Steckley, P. (2003) 'Comparing the effectiveness of process experiential with cognitive behavioural psychotherapy in the treatment of depression', *Journal of Consulting and Clinical Psychology*, 71 : 773-81.

Wheeler, G. (1991) *Gestalt Reconsidered*. New York: Gardner Press.

Whines, J. (1999) 'The "symptom-figure"', *British Gestalt Journal*, 8 (1): 9-14.

Wilber, K. (2000) *Sex, Ecology, Spirituality*. Boston, MA: Shambhala Publications, Inc.

Williams, L. (2006) 'Spirituality and Gestalt: A Gestalt-transpersonal perspective', *Gestalt Review*, 10 (1): 6-21.

Williams, M. and Kabat-Zinn, J. (2013) *Mindfulness: Diverse Perspectives on its Meaning, Origins and Applications*. London: Routledge.

Williams, M., Teasdale, J., Segal, Z. and Kabat-Zinn, J. (2007) *The Mindful Way Through Depression*. New York: Guilford Press.

Woldt, A. L. and Toman, S. M. (eds) (2005) *Gestalt Therapy - History, Theory and Practice*. Thousand Oaks, CA: Sage.

Wollants, G. (2007a) 'Therapy of the situation', *British Gestalt Journal*, 14 (2): 91-102.

Wollants, G. (ed.) (2007b) *Gestalt Therapy: Therapy of the Situation*. London: Sage.

Worden, W. (1991) *Grief Counselling and Grief Therapy: A Handbook for the*

Mental Health Practitioner. London: Routledge.

Yontef, G. (1991) 'Recent trends in Gestalt therapy', *British Gestalt Journal,* 1 (1): 5-20.

Yontef, G. (1993) *Awareness, Dialogue and Process: Essays on Gestalt Therapy.* Highland, NY: Gestalt Journal Press.

Yontef, G. (2005) 'Gestalt therapy theory of change', in A. L. Woldt and S. M. Toman (eds), *Gestalt Therapy-History, Theory and Practice.* Thousand Oaks, CA: Sage.

Yontef, G. and Fuhr, R. (2005) 'Gestalt therapy theory of change', in A. L. Woldt and S. M. Toman (eds), *Gestalt Therapy- History, Theory and Practice.* Thousand Oaks, CA: Sage. pp. 81-100.

Yontef. G. and Jacobs, L. (2013) 'Gestalt therapy', in D. Wedding and R. Corsini (eds), *Current Psychotherapies,* 10th edn. Belmont, CA: Brooks-Cole.pp. 299-338.

Yontef, G. and Philippson, P. (2008) 'A unified practice', in P. Brownell (ed.), *Handbook for Theory, Research and Practice in Gestalt Therapy.* Newcastle: Cambridge Scholars Publishing.

Zinker, J. (1975) 'On loving encounters: a phenomenological view', in F. Stephenson (ed.), *Gestalt Therapy Primer.* Chicago, IL: Charles Thomas.

Zinker, J. (1977) *The Creative Process in Gestalt Therapy.* New York: Random House.